最難関のリーダーシップ

変革をやり遂げる意志とスキル

THE PRACTICE OF
ADAPTIVE
LEADERSHIP
Tools and Tactics for Changing Your Organization and the World

ロナルド・A・ハイフェッツ
マーティ・リンスキー
アレクサンダー・グラショウ
水上雅人［訳］

Ronald A. Heifetz
Marty Linsky
Alexander Grashow
translated by
Masato Mizukami

英治出版

THE PRACTICE OF ADAPTIVE LEADERSHIP

by Ronald A. Heifetz, Marty Linsky and Alexander Grashow

Published by arrangement with Harvard Business Review Press, Watertown, Massachusetts through Tuttle-Mori Agency, Inc., Tokyo

日本語版への序文——ロナルド・A・ハイフェッツ

あなたはいま、どんな問題に取り組んでいるだろうか。

その問題の解決のために、これまでどれほどの時間とエネルギーを注いできただろうか。自分や組織が持っている経験、専門性を総動員しているかもしれない。だが、それでもまだ問題を解決できていないとしたら、問題の捉え方を今すぐ改める必要があるかもしれない。なぜなら、その問題はおそらく、「技術的問題《テクニカル・プロブレム》」ではなく「適応課題《アダプティブ・チャレンジ》」だからだ。

これまで約三五年にわたってハーバード・ケネディスクールの教壇に立ち、ビジネス、教育、政府、病院、NPOのリーダーシップの実践者たちとともに、彼らが抱える様々な問題について議論してきた。また世界中の営利・非営利・公共の現場に赴き、リーダーたちが自分にとって最も大切な問題を前進させ、人と組織をまとめ動かせるよう支援してきた。

私のクライアントや卒業生の中には、大統領、首相、国際的な非営利団体や企業のＣＥＯやエグゼクティブが含まれている。

彼らとの素晴らしい経験を通じて私が信じていることは、あふれるほどの時間、エネルギー、技術、経験を投じても、私たちがなお解決できずにいる問題のほとんどが、「技術的問題」ではなく「適応課題」だということ。そして、私がこれまでのキャリアを通じて見てきた彼らの失敗の最大の原因は、向き合っている問題が「適応課題」であるにもかかわらず、それを「技術的問題」として扱ってしまうことだ。

例をあげて説明しよう。あるクライアントが、数年前に大規模な企業と合併した。合併当時に彼らが直面したＩＴシステムやオフィスの統合は、簡単な問題ではないが、過去の成功体験、高い専門性と十分な予算を投入することによって解決された。これは「技術的問題」である。

だが、成功のカギとなるのは「適応課題」である。以前は独立していた二つの企業が一つの組織となってシナジーを生み出し、グローバルな顧客サービスを展開し、コスト効率の追求に取り組むためには、それぞれの企業がお互いに大切にしてきた価値観や業務の進め方を変える必要があった。しかし彼らは合併後数年経った後も、合併前の自分たちのやり方を変えようとせず、そのまま続けていた。この会社が合併を成功させ、成長するために不可欠なのは技術的問題の解決だけではなく、それぞれの企業の従業員が従来の価値観や習慣の一部を手放し、お互いが持つベストなものを融合して新たな企業の力を育てること――つまり、「適応課題」に取り組むことなのだ。

「技術的問題」であれば、これまで成果をあげてきた経験や専門性、さらには私たちの文化、伝統、組織、科学から蓄積された知識を使って問題を解決することができる。こうしたやり方は、誰の痛みも伴わず、犠牲も想定でき受け入れられる。だからほとんどの組織が、直面している問題を適切に診断することなく「技術的問題」と断定し、技術的解決策に飛びつき、そして問題は残り繰り返される。

それに対して「適応課題」は、経験や専門性だけでは前に進まない。社会やコミュニティや組織の人々が大切にしている価値観や信念を明らかにし、彼らが変化に適応できるように戦略的かつ政治的に対処することが求められる。それは厳しい現実を直視し、価値観の一部を手放して優先順位をリセットし、過去の忠誠心を見つめ直し、一時的な痛みや失望や恐怖に対処するよう突きつけることである。

誰も好んでやりたいとは思わないだろう。相手に痛みをもたらすだけでなく、自分にもキャリアや生活の危機を招くことになる。だが古今東西の歴史が物語っている通り、誰かがやらなければ、国家、社会、コミュニティ、組織は変化に適応できず、崩壊してしまう。だから、リーダーシップとは最も危険で、最も価値ある行動なのだ。

本書を手に取ってくださった日本の読者の皆さんは、いまどんな問題に取り組んでいるだろうか。もう「昔話」になってしまうが、二〇年から三〇年前、アメリカの家電量販店には、パナソニックやソニーなどの日本のブランドがひしめいていた。だが今はアップルやサムソン、中国や台湾のメーカーにその座を譲り、残念ながら日本のブランドは輝きを失ってしまっている。

このことをリーダーシップの観点で考えると、かつての日本企業は、より高品質の製品をより安価で提供するという「技術的問題」に卓越した技術と経験で対処し、成功を収めてきたと言える。一方、今日では、あらゆる国や地域の多様な価値観とニーズを理解し、これまでの延長線上ではないイノベーションを生み出すことが求められている。それは、これまで何十年にもわたって成功を収めてきたビジネスモデルを見直すことであり、自分たちにとって心地のよい仕事のやり方を変えるということだ。直面しているのは、まさに「適応課題」なのである。にもかかわらず、日本企業はいまだにこれまでの経験や専門知識の活用に固執しているのではないだろうか。

いま必要なのは、「適応」である。私たちは、「適応する組織」にならなければならない。技術や経験は尊いが、それだけではいま直面している課題を前に進めるには十分ではない。だが幸い、日本人と日本の文化には、「適応」を可能にする強みがあるように私は感じる。「改善力」はその一例だ。生産現場においてコストダウンの目標が出されるとき、幹部がそのための具体的な方法を示すのではなく、従業員が自ら考えるよう奨励する。そして従業員は、自分の仕事の範囲を超えて「改善」のアイデアを考え、チームの枠を超えた周囲のメンバーを巻き込んで取り組むことで目標の達成に貢献する。これは、従業員が過去の習慣や成功体験を見直して新しい手法を実験し、周りの人をまとめあげて成果につなげる、まさに適応だと言える。

この強みをさらに深めて、日本が直面する適応課題に対処するためには、メンバーが、権威者から出される指示や目標の達成に追従するだけでなく、問題を自ら診断し、適応課題を明確にし、その先の目指すべき方向性を自らの目的と結びつけて行動を起こすことが重要だ。日本人の強みと素晴らしい文化は、適応課題に対応する「アダプティブ・リーダーシップ」を実践する上でも有効に働くことは間違いない。その実践は簡単ではないが、本書には変革の道筋と、変革に挑戦していった人々の貴重な経験が記されている。

ビジネスだけでなく、政治や社会や教育の様々な分野において、日本の読者の皆さんがリーダーシップを発揮することを願っている。本書が、そのリーダーシップの旅路の助けとなれば、望外の喜びだ。

二〇一七年七月

訳者まえがき

ロナルド・ハイフェッツ氏といえば、二〇一三年に放送され大きな話題となった「リーダーシップ白熱教室」（NHK教育テレビ）、あるいは二〇〇七年に出版された『最前線のリーダーシップ』（新版が英治出版から刊行予定）が日本の読者にとっておなじみかもしれません。

私はこれまで、いくつかのグローバル企業の日本法人の人事部門責任者として、ビジネスの成長を推進するための人や組織に関わる施策の立案と実行に取り組んできました。二〇一三年から二〇一四年に進めていた組織文化の変革において「人と組織のマインドセットと行動のシフト」を手掛けたことが、ハイフェッツ氏の提唱する「アダプティブ・リーダーシップ」との本格的な出会いです。試行錯誤しながら変革を実践する中で、この考えとスキルは日本人が世界を相手にリーダーシップを発揮するためにとても有効だと確信し、日本に広める力になりたいと強く願うようになり、本書の翻訳に携わらせていただきました。

本編をお読みいただく前に、日本の読者の皆さんにとって特に重要な、本書のメッセージをお伝えしたいと思います。

「あなたはリーダーシップを発揮していますか?」と聞かれたら、何と答えるでしょうか。組織でリーダーの立場にいる人であれば、「チームの方向性とやるべきことを明確にし、先頭に立って指揮して自らも行動しています」と答えるかもしれません。その立場にない人なら「目の前に問題を見つけたとき、率先して解決に向けて動いています」とか、「私はリーダーではなくそういう役割は得意でないので、組織やリーダーのサポートに徹しています」と答えるかもしれません。

これらは間違いではありません。しかし、リーダーシップを「リーダーが発揮するもの」「自ら答えを示して行動することで人々を率いること」と捉えてしまうと、リーダーシップの可能性が大きく損なわれてしまいます。「これは可能性についての本である」というのは、まさに著者の言葉です。リーダーシップの持つ可能性とはどんなものなのでしょうか。このことを考える上で、リーダーシップの意味を、誤解のないように整理してみましょう。

第一に「誰もが実践できる」。リーダーシップというと、組織の長でリーダーと呼ばれる人が発揮するものと考えがちですが、本書ではリーダーという言葉を使いません。リーダーシップとリーダーを全く別のものとして明確に切り分け、地位や役割、権威や権限を問わず、本人が選択さえすれば誰でも使うことができるものという前提に立っています。

次に「誰もが身につけられる」。本書ではリーダーシップを、生まれもった資質によって左右されるものではなく、挑戦し実践し失敗しながらも学び続けることによって誰もが身につけられるスキルであると強調しています。

また、リーダーシップを発揮する対象が「課題の規模や種類を問わない」ことも重要です。政治、経済、社会、ビジネス、学校、コミュニティ、家庭にいたるまで幅広く、さらにビジネスであれば業界、会社、部署、プロジェクトチーム、学校であれば部活、サークル、クラスというように対象範囲は多種多様です。不特定多数の人々から身近にいる数名の人たちまで、リーダーシップは相手を選ばず、また上司と部下、先生と生徒、親と子、同僚、友人などの一対一の関係もそのスコープに入ります。

「人生をリーダーシップの実験室と考えよう」と著者は言います。リーダーシップは特別なものではなく、行使できる場は日々どこにでもある、とても身近なスキルなのです。また実験だと思えば、失敗を恐れず、自分にとって居心地のよい場所を飛び出して未知の領域にチャレンジできるでしょう。

ビジネスであっても学校の活動であっても、何らかの目的を実現するためには、多様なバックグラウンドを持つ人々が本音をぶつけ合い、痛みや犠牲を伴いながらも協力し合って課題に取り組むことが不可欠です。大切な何かを成し遂げたいという強い思いがあるときに、自分の役割や立場を超えて、周りの人たちの持つ力を引き出しながら、自らもリスクをとって課題を前進させること。――本書ではこれを「アダプティブ・リーダーシップ」と呼んでいます。

アダプティブとは「適応できる」という意味です。大切な何かを成し遂げようとするとき、目の前に立ちはだかる問題は決まって、専門的な知識や技術、過去の成功体験だけでは解決できない、いわゆる「答えのない課題」です。このような課題に取り組み前進させるには、その当事者が自分の価値観や信条を問い直し、痛みや喪失を受け入れ、新たな見方や考え方を見つけることによって自らの行動を変えていく（自らを「適応」させる）ことが求められます。それは多くの場合、変革を推進することとも言えます。アダプティブ・リーダーシップとは、こうした答えのない課題（本書では「適応課題」と呼びます）を前進させ変革を推進するために、課題の当事者たちが自らを適応させながら課題に対処できるような力を作り出し、抵抗や排除に遭いながらも人々をまとめあげ動かしていくこと、そんなイメージです。

さらに、アダプティブ・リーダーシップは「リーダー育成」の観点からも注目すべき考え方です。例えば、私自身も長年取り組んでいる「グローバルに通用する日本人のリーダーを育てる」ことは、英語のスキルの問題以上に多くの理由や背景（階層や上下関係や同質性を重んじる日本固有の文化など）があり、なかなか難しいのが現実です。しかしアダプティブ・リーダーシップは、従来のリーダーシップと少し違ったフレームワークを提供しています。それを細かく見ていくと、日本人が比較的得意とする行動や考え方が多く、私たちが習得し実践できる可能性を広げてくれます。

例えば、リーダーシップといえば問題に対してすぐに決断し実行することだと考えがちですが、アダプティブ・リーダーシップでは、動く前に「診断する」ことを重視しています。これは、組織が直面する課題が一体どういうものなのか、その本質を見極めるステップです。その際、言葉として発せられていることと発せられていないことの奥底にあるメッセージを読み取ることや、相手が変化や喪失を受け入れられるような「包み込む環境」をつくるために「頭」と「心」を使って相手を理解し尊重することは、実は私たち日本人の強みを活かせる領域であり、取り組みやすく身につけやすいものだと言えるでしょう。

「変革の推進」「リーダー育成」に加えて、アダプティブ・リーダーシップの実践が「自己成長」につながる点も見逃せません。これは私がアダプティブ・リーダーシップに魅せられ、その考え方を広く紹介したいと思うに至った最大の理由でもあります。

アダプティブ・リーダーシップは、組織や集団といったシステムに対する働きかけ（本書の第2部と第3部）と同じように、自分自身への働きかけ（第4部と第5部）にも重点を置いています。組織や集団と同様に自分自身もシステムと捉え、行動様式、価値観、信念といった個人のアイデンティティに関わるものでさえ環境や状況次第でいくつもの側面を見せる、複雑な存在だと考えます。そんな自己と向き合うために、「バルコニーに上がり」内省を深めます。組織や集団に働きかけ適応を促しながら、同時に自らの価値観や信条を問い直し、新たな価値観や考え方を見出し、大切なものを失うリスクをとって自らを適応させ行動を変えていく。アダプティブ・リーダーシップには、自己と向き合い内省することによって学習・成長しながら、本当に大切な目的を成し遂げていくという側面もあるのです。

本書は、私たち日本人にとっても共感しやすく理解しやすいものです。斬新なアイデアというよりも自然に受け入れられるシンプルなものですが、それゆえに奥深いものだとも言えます。一読した後もその行間に隠されているメッセージについて深く掘り下げて考える。頭で理解すると同時に心でも感じてみる。そしてリスクを恐れず目の前の小さなことから試してみる。公私を問わず、あなたにとって大切な何かのためにぜひ実践してみてください。

なお本書の翻訳にあたって、ロナルド・ハイフェッツ氏には多大な支援をいただきました。二〇一六年六月に米国ケンブリッジのオフィスを訪ねたときには、日本の現状について話が及び、日本の文化が持つ他では見られない強みについても意見交換し、その内容は日本語版序文で述べられています。また二〇一七年五月、ハーバード・ケネディスクールのThe Art and Practice of Leadership Development（ハイフェッツ氏が主宰する同校のエグゼクティブ・プログラムの一つで、リーダーシップ育成に従事する世界中のプロフェッショナルを対象とした八日間コース）に私が参加したときのこと。ハイフェッツ氏はコースの最中で多忙にもかかわらず朝早くから学校近くのコーヒーショップで、本書の内容や訳語についての相談に乗ってくださいました。ハイフェッツ氏は「言葉」を驚くほど大切にされていて、日本語にしたときに正しい意味合いになっているかどうか、一緒に確認していきました。ハイフェッツ氏の惜しみない協力とアドバイスに心より感謝申し上げます。

本コースへの参加も、より確かな翻訳作業を実現する一助となりました。少しだけその様子をご紹介しましょう。そこではハイフェッツ氏を中心とする四名の教授陣が、本書でも解説されているスキルやツールを説明し議論をファシリテートします。一方で、それらを使いながら参加者が個々のリーダーシップの失敗事例を持ち寄り、グループであるいは全員で診断を行います。最も特徴的なのは、その場の議論やメンバーの行動などクラスの状況そのものをケースとして取り上げ、全員がリーダーシップについて学びを深める「ケース・イン・ポイント」というスタイルです。参加者からの強烈なコメントがあっても、バルコニーに上がってダンスフロアを見渡し、全員の学びに貢献するように考えて反応される教授陣の姿勢はとても示唆深いものでした。

世界各国から集まった様々な個性とバックグラウンドを持つ五四名の参加者との八日間は、リーダーシップの実践というものを、まさに「頭」と「心」を使ってお互いに学び共有する場となりました。同時に、このような多様な文化を持つ人々に対して日本人がリーダーシップを発揮できるようになることのチャレンジの大きさを改めて実感させられました。

教授陣と参加者全員にもお礼を申し上げます。

本書との出会いのきっかけを作ってもらい、実務を通じて多くの学びを与えていただいたのは、私が勤務していたフィリップス社の日本および世界各国の同僚の皆さんです。なかでもHumanergetics共同創業者で元フィリップス本社のカルチャー担当バイスプレジデント、テディ・フランク氏には、心技の両面にわたってアドバイスをいただきました。テディの存在なしに今の私の取り組みはありません。また、本書を発刊したいという思いを受け入れチャンスを与えていただいた英治出版の原田英治氏、そして二年半にわたって大変な尽力をいただいた山下智也氏への感謝は言葉にすることができません。

この二年半は仕事以外の時間のほとんどを、翻訳とアダプティブ・リーダーシップに関わる活動に割いてきました。一〇年来バンド活動をともにしてきた「バンドマスターズ」のメンバー、そして妻の玲湖と夏実、拓海、直輝の三人の子どもたちの理解と応援のおかげで、本書の翻訳を完成させることができました。心から感謝しています。

二〇一七年八月　水上雅人

最難関のリーダーシップ

目次

はじめに

二〇〇六年、さわやかな春の宵、私たち三人はロナルドの自宅でレッドソックスの試合を観ていた（二人がボストン・レッドソックス、一人がニューヨーク・メッツのファンだった）。試合は、レッドソックスが大差でリードしている。そんなわけで話題は野球から離れ、これまで四半世紀にわたって、クライアントや学生から仕事を通じて学んだことに話が及んだ。困難な重要課題におけるリーダーシップの問題に対して、私たちはさまざまなフレームワークを提供してきたが、実際のところ、それは役に立ったのか。本書は、そんな夜の会話から誕生した。

前著では、主にアダプティブ・リーダーシップの概念と実務的な基礎の構築に重点を置いていた。だが、その夜の会話から、アダプティブ・リーダーシップを実際にどのように行使するのか、という実務上の核心についてもっと多くのことを語ることができると気がついた。

私たちは、地球上の至るところで、行政、民間、非営利の枠を超えて、現場の人とともにこのテーマに取り組んできた。その努力と成果が、適応を要する変革を実現するために、リーダーシップを実務的なツールや手法に変換する学びの実験室を作ってきたのだ。その夜が更ける頃、私たちには現場の経験を踏まえた実績が十分あり、その成功例や知恵をより多くの人たちに伝える機会と責任があることを感じていた。適応を要する変革に取り組むためのツールや手法は、広く一般に開放されているオープンソースのテクノロジーのように扱うべきだというのが私たちの信念である。そうすれば、適応を要する変革をリードする人たちが互いに学習してスキルを高められるだけでなく、誰もが新たな考えを実践に活かせるようになる。

その夜、私たちは最近一緒に仕事をした人たちについて話した。ゲイルは、社内外の問題にスタッフが対処できるよう、自分の役割を大きく超えてまで彼らをサポートしていた。ドリューは、自身の会社がさらに成長できるよう、自分のアイデンティティを明確にし、これまで特異な能力をもって大いに楽しんでいた役割を手放して、自分にとって快適ではなく能力も持ち合わせない領域に踏み出していた。エドは、州が抱える深刻な問題に対して、州全体の熱を注意深く高めなければ本質的な変化は生まれないことを悟り、人々がこれに全力で取り組めるよう研究機関を設立するために、大好きな安定した仕事を離れた。クリーヴとブライアンは、幹部たちがより創造的に、勇気をもってセクターの垣根を越えたコラボレーションやイノベーションを生み出せるようリーダーシップの強化に取り組み、それぞれが所属する行政機関で大きなリスクを負った。デビーは、宗教コミュニティにおけるリーダーシップの必要性を痛感し、幹部に必要とされる資質についての組織の考え方を変えるために、自分の職を危険にさらした。

彼らは、自分たちやコミュニティのために「適応課題《アダプティブ・チャレンジ》」に挑んだのである。この適応課題に対してリーダーシップを行使するには、相手の期待を超越し、人間関係のリスクを検証し、自分と組織を未知の領域に連れて行かなければならなかった。手持ちのリソースや制約を診断しながら、自分にとって好ましい行動も適応させていく、冷静な現実主義者でなければならなかった。また、状況についても冷静な診断が求められた。つまり、組織やコミュニティに潜む根本的な価値観の対立を把握し、誰がどのような利益を現状から享受しているのかを理解する必要があった。さらに、現状維持と変革推進の両面に対する政治的な動きも理解しなければならなかった。彼らは、行動しながら学習し、失敗して軌道修正し、諦めずに実行し続けたのだ。

その道のりは、いわば英雄の物語である。彼らは、リーダーシップのチャレンジがもたらす危険、不透明性、抵抗を乗り越え、即興的な対応によって適応を要する変革をリードしたのだ。本書の執筆時点で、終わってしまったチャレンジは一つもない。リーダーシップの物語は続いている。

本書では、教室や現場において一緒に取り組んできた多くの人々の事例が登場する（ただし多くは仮名である）。あなたが最も重要だと考える課題に取り組むとき、これから紹介する明快かつ実践的なツールと手法がきっと力になるだろう。本書の内容は、すべて現場から生まれ、クライアントや学生によって検証されたものである。みんなが危険と隣り合わせになりながら、さまざまなテクニックを試み、スキルを磨いてくれた。彼らの考えや経験をあなたに届けること。それが私たちの役割だ。

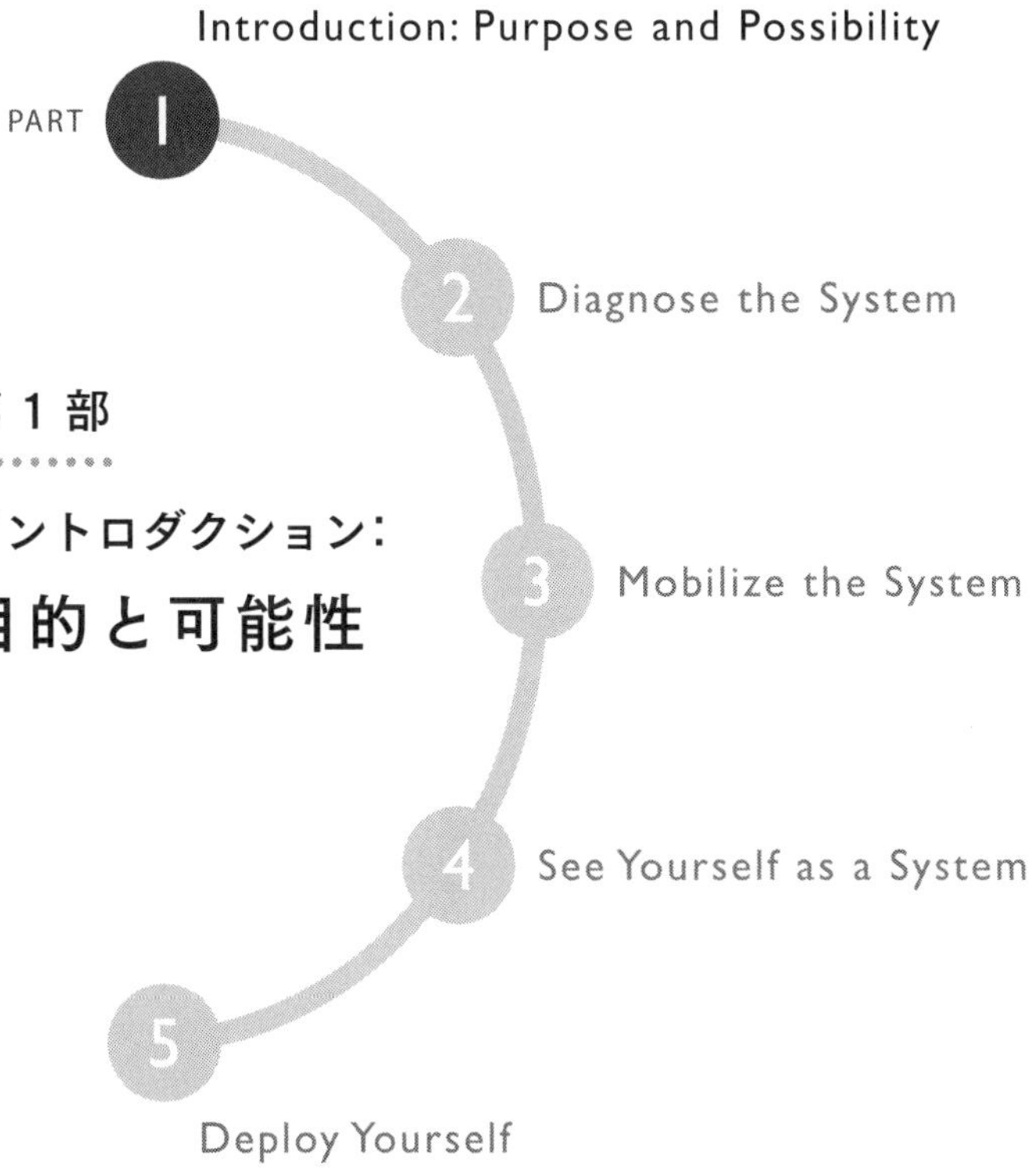

第1部

イントロダクション：目的と可能性

第1部　イントロダクション：目的と可能性

変わり続ける世界において、組織やコミュニティや社会の繁栄に貢献したい。自分にとって最も大切な問題をより大きく前進させたい。社会や組織での立場に関係なく、リーダーシップを実践したい。トレーナーやコーチ、コンサルタントやファシリテーター、あるいは友人として、誰かの自己変革をサポートしたい。『最難関のリーダーシップ』は、こうした人々のために書かれた本だ。

これは、可能性についての本である。空想や希望的観測ではない。本気になって楽観的かつ現実的に、勇気をもって取り組めば大きく前進できる、そんな可能性である。

変革のリーダーシップに不可欠なのは、「鼓舞すること《インスピレーション》」と「汗を流すこと《パースピレーション》」だ。これから紹介するのは、リードしながら生き残り、他者を鼓舞して努力を重ねていき、人々が難題に立ち向かえるようまとめあげるためのツールと手法である。そのヒントになったのは、セクター、文化、国を超えた様々な立場の人々と共に働き、彼らが難題に対処できるよう支援してきた経験だ。組織、コミュニティ、社会の変革をリードする力を人々が身につけるサポートをすることは、私たちにとってこの上ない喜びであった。

驚くべき時代である。新たな時代への転換期にあり、国家、文化、経済がグローバル化する中、誰もがその一員として競争し協力するためのよりよい方法を見つけなければならないという認識が差し迫っている。経済と環境の相互依存が深まりつつある中で、持続可能な世界を作り上げるためには、個人、国家、組織がそれぞれ長年の知恵やノウハウを検証し、歴史に学び、時代遅れの教訓を捨ててイノベーションに取り組まなければならない。さらに、ただ変化するのではなく、自らが本質的で重要だと思える価値観や能力を守り育むことに注力しなければならない。

それは簡単ではない。過去と未来の両方に目を向けなければならない。過去を見て、速やかにトラウマを解消し、次の世界、次の世代の体制を築く新たな方法を探る。同時に未来を見据え、身近な喫緊の課題に向き合いながら、礼節、好奇心、配慮という古くからある理想を実現するための能力を備える。今の時代に求められているのは、日常のビジネスにおける新しい方法であり、それはすなわち、自らを適応させることによって目的に取り組むことである。

前著『最前線のリーダーシップ』の執筆中にアメリカ同時多発テロ事件を経験し、本書の執筆中には世界経済が危機に陥った。同時多発テロや世界的な景気低迷によって突きつけられたのは、旧来の方法が抱える課題であるとともに、新たな問題でもある。適切な分野の専門家が見つかりさえすれば、解決するのではないかという期待があるかもしれないが、これらの問題は権威ある専門知識をもってしても対処できないものだ。

私たちは、これを「適応課題」と呼ぶ。それは、大志と厳しい現実の間で生じるギャップなのだ。そのため、今使えるノウハウのレパートリーを超えた新しいあり方や対処法の構築が必要とされている。リーダーシップの観点で求められているのは、新しい形の臨機応変な技能だ。つまり、人間関係、コミュニケーション、相互に影響し合う方法について、これまでに試したことのないやり方を実験するプロセス的な技能を持ち、今日の専門家の英知をもとにしながら、それを超越する解決策を人々が生み出せるよう支援すること。これが本書の目的である。リーダーシップのプロセスや実践を解説し、あらゆる個人や集団が「適応課題」に対処できるようになるということだ。

その答えは上から与えられるとは限らない。世界が求めているのは、分散型のリーダーシップである。私たちが直面している集団的課題に対する解決策は、世界中の家族、地域社会、組織で適応を進める人々とともに、現場で生まれてこなければならないのだ。

アダプティブ・リーダーシップは、社会の一部において、また自分自身のなかで、あなたが直面する最も重要な問題を前進させていく方法である。それは職業上のもの、あるいはプライベートなものかもしれない。私たちの考え方、ツール、手法を用いれば、個人的な野心を超えた集団としての共通の目的に、人々の力を結集させることができるだろう。

最大の難関は、リーダーシップの苦悩とリスクに向き合う価値のある目標や課題を特定し、主張する勇気を振り絞ることかもしれない。リーダーシップを実践し、上司や配偶者と果敢に意見を交わし、リスクを覚悟で新たな考え方を採用するのは、何か大切なことがあるからだというのが、本書の前提である。では、どんな成果であれば、努力やリスクをいとわないだろうか？　どんな目的であれば、厳しい状況にも向き合い続けられるだろうか？　人によっては、目的を明確にすることよりも、物事を前に進めるために必要なことを実行したり、スキルを用いて未知なる領域に踏み出すことのほうが難しい場合もある。そのため本書では、「目的」と「スキル」の両方について考えていきたい。

私たちが目指すのは、自分自身の根底にある価値観を実現するために行動し、成功のチャンスを最大限引き出しながら、行動力を失うリスクを最小限に抑える実践的なステップを提供することである。あなたが公私にわたる能力を高め、自分が最も大切だと思う価値観を実現することを願っている。

chapter

1 本書の活用法

本書は二つの観点から、現場の本である。

第一に、現状を変えてよりよいものを作り出そうとする多くの人々との経験に基づき、現場からの視点で書かれている。第二に、リーダーシップを発揮する日常的な場面で役立つように、現場のための内容になっている。

自ら率先して重要な課題を前進させようとするも行き詰まり、挫折を感じながら一日を終えて帰宅する。思ったように事が運ばない原因をしっかり理解するために、バルコニーに上がり内省する。次の行動計画を展開していくために、リーダーシップを行使する。こうした人たちを、私たちは本書の読者と想定している。

本書を手に取ったのは、優秀な人材の高い離職率を抑えるために、六カ月間のプログラムを策定する方法を考え出すためかもしれないし、自分の提案に抵抗を示している支持者との特に大切な会議に備えるためかもしれない。おそらく本書の中で共感が得られそうなセクションや、特に役に立ちそうな図表をコピーし、自分たちが直面している課題をメンバーと共有できるようにするのだろう。あるいは、家庭における厳しい問題の進展に役立つと考えるのかもしれない。

本書は、そうした多様な用途に対応できるよう考慮している。最初から通読してもよいし、自分が直面している適応課題を理解し、対処するために最も役立つ考え方やツールだけを選んでもよい。導入部、中間部、結部があり、そこにはストーリーラインと系統だった枠組みがあるが、内容は章ごとに完結している。また、巻末の索引に目を通すと、自分が抱える特定の課題に対する考え方や活動と結びつけられるだろう。

本書ではアダプティブ・リーダーシップの実践について四部に分けて解説する（図1）。これら四つの内容を順序立てて書き進めているが、マトリックスを見れば分かる通り、その順番にこだわる必要はない。読者が重要だと思うところから読みはじめるのが最もよい使い方である。

図1　診断と行動のマトリックス

第2部 システムの 診断	第3部 システムを 対象にした行動
第4部 自分自身の 診断	第5部 自分自身を 対象にした行動

病気の治療と同様に、リーダーシップの実践には中心となる二つのプロセスがある。まず診断し、それから行動する。また、二つのプロセスには、本人が活動する組織や社会といったシステムと、本人自身という二種類の対象がある。つまり、組織やコミュニティで何が起こっているのかを診断した上で、その特定した問題に対処するために行動する。だが、効果的にリードするには、課題に照らして自らを診断

し自分自身に対しても行動を起こさなければならない。組織やコミュニティの複雑な動きに対する介入の度合いをうまく調整するためには、行動の最中においても自分の態度や行動を振り返り、考えることができなければならない。自分が置かれているシステムの全体像だけでなく、自分自身への視点も欠かせないのだ。

そのような診断と行動の**プロセス**は、データ収集と問題の特定（what）から始まる。次にそれらを解釈し（why）、組織、コミュニティ、社会への介入として何ができるのか（what next）を考える。通常、問題解決のプロセスは一直線に進むものではなく、データ収集、その解釈、行動の間を行きつ戻りつするものである。

どのパートからでも読み始められるようになってはいるものの、その順番には理由がある。図1のとおり四つのセクションに整理したのは、よくある二つの障害を排除するためである。

第一に、多くの組織では、すぐに問題を解決する、行動に移すということへのプレッシャーがある。そのため、診断、情報収集、さらには状況について想定できる多様な解釈や、選択肢となり得る介入の精査に充てる時間をできるだけ短くしようとする。本書では、拙速な状況判断に基づく急場しのぎの対応を防ぐために、アダプティブ・リーダーシップのプロセスの中でもシステムと自分自身の双方の診断（実際には、何が起きているのか）に多くの時間を費やしている。

アダプティブ・リーダーシップを実践する上で、何よりも大切でありながら、最も過小評価されている能力は、診断である。ほとんどの企業や社会において、権威を持つ地位に昇りつめた人々は、当然社交的であり、行動力があり、決断力をもって問題を解決できるように訓練されている。先の見えない状況診断をわざわざ苦労して進めようとはしないものだ。はっきりした確実な行動を期待している相手を不安にさせる場合は特にそうだ。しかも行動を迫られているときは、組織やコミュニティにおける選択肢を増やすような診断作業を行うことは難しい。問題解決を期待している相手は、あなたに目の前の正しい行動、つまり電話やメールへの対応、締め切りの厳守、仕事の完了といったことに集中してほしいと思っているからだ。

行動の最中においても、システムや自分自身を診断するためには、現場で起きていることから距離を置く能力が欠かせない。実際に起こっていることを俯瞰して見渡すという意味で、本書では「ダンスフロア」を見下ろせるように「バルコニーに上がる」という喩えを使っている。ダンスフロアで踊っているだけでは、一緒にダンスを踊っている人たちしか見えない。音楽にあわせていれば、最高に楽しいかもしれない。だがバルコニーに立てば、まったく違う景色が見える可能性がある。全体を見渡すと、バンドの音楽が騒々しいので遠くに離れて踊っている様子、音楽がスローテンポになると（あるいはアップテンポに戻ると）ダンスに参加するグループが変わる様子、そしてどんな音楽になっても出口付近の壁際でじっとしている人たちが大勢いる様子などに気づくかもしれない。結局は、それほど素晴らしいパーティーではないのだ。ダンスフロアだけでなく、バルコニーからも見ていれば、ダンスパーティーの様子を聞かれたときの感想も、まったく違うものになるだろう。

組織の中でも「バルコニー」と「ダンスフロア」を行き来していれば、実際に起こっていることを常に把握しながら、途中で行動を修正できる。この能力を習得できれば、周りで今起きている状況に目を向けながら、組織の全体像やダイナミクスを理解することも可能になるだろう。

第二に、多くの組織で起こりやすいことは、問題を特定の個人に結びつけて分析したり（ジョーがリーダーだったら……）、原因を人間関係の対立だと考えたり（サリーとビルは仕事の進め方が正反対なので、うまく協力できない）することである。そうなると状況の本質や全体像が（おそらく深刻さも）見えにくくなる。例えば「厳しい経済情勢における難しい戦略上のトレードオフについて、サリーとビルの見解が対立し、互いが自分たちの役割や仕事を守ろうとする。だが、その対立は個人的なもののように見えて、実は構造的なものなのである」とは考えない。個人に結びつけてしまうという問題を回避するには、まずシステムについての診断と行動に取り組み（「外側から内へ」の動き）、次に自分自身についての診断と行動につなげる必要がある（「内側から外へ」の動き）。

それでもやはり、システムと個人の現実は、常に折り合いをつけられないというのが私たちの考えである。アダプティブ・リーダーシップとは、自分自身とグループの間を往復しながら、双方に関わり続ける行動である。こうしたリーダーシップを実践する能力を高めるには、どこからであっても、とにかく始めなければならない。幸いなことに、プロセスのどこから始めてもよい。システムあるいは自分自身の診断、システムあるいは自分自身の行動、どれからでもよいのだ。

概説

本書は、どんな状況下においても適応を促す作業《アダプティブ・ワーク》をリードするのに役立つ考え方、リソース、実践方法、事例を紹介している。章ごとに、考え方の枠組みと実例を解説し、続いてそれらを俯瞰し内省を促すための「バルコニーにて」、実践に役立つ「現場での実践演習」というコーナーを設けている。「バルコニーにて」では、バルコニーに上がって内省することにより、解説されている考え方や実例について、読者が自身の経験に照らしながら考えられるようになっている。「現場での実践演習」では、読者が試すことのできる、低リスクのリーダーシップ実践アイデアを紹介している。俯瞰し内省することは一人でもできるが、現場での実践には誰かを巻き込む必要がある。

本書の**考え方**は、アダプティブ・リーダーシップの枠組みを確立した二冊の著書『リーダーシップとは何か!』、『最前線のリーダーシップ』[1]が基になっている。すでにこの考え方をよく知っている読者には簡単な復習のため、そうでない読者には全体像を理解するために、次章「アダプティブ・リーダーシップの理論」を設けた。そこでは読者の実務に最も役立ちそうな基本的な概念をまとめている。その後の章では、実務に応用できる手法が多くなり、理論は少なくなっていく。

[1] Ronald A. Heifetz, *Leadership Without Easy Answers* (Cambridge, MA: Belknap Press of Harvard University Press, 1994). ロナルド・A・ハイフェッツ著『リーダーシップとは何か!』(幸田シャーミン訳，産能大学出版部，1996年)

Ronald A. Heifetz and Marty Linsky, *Leadership on the Line: Staying Alive Through the Dangers of Leading* (Boston: Harvard Business School Press, 2002). ロナルド・A・ハイフェッツ，マーティ・リンスキー著『最前線のリーダーシップ――危機を乗り越える技術』(竹中平蔵監訳，ハーバード・MIT卒業生翻訳チーム訳，ファーストプレス，2007年)

本書の**リソース**、すなわち、すべてのツール、リスト、略図、省察、実践例、図表は、規模の大小を問わず、私たちのクライアントである世界中の（ただし南極を除く）公共、民間、非営利の組織とのプロジェクトの中で作り上げたものである。これらのリソースは、課題やチャンスが実際に生じたときに大きな前進の一助となった。それぞれが、広く検証済みである。読者が夜も眠れないほどの深刻な問題に向き合うときに有用な資料集となることを願っている。

そして、この本はチームや組織の至るところで活用できるように作られている。**共通言語**は、適応課題をリードする上で重要である。メンバーが同じ言葉を同じ意味で使うようになれば、たとえ課題に対する取り組み方に大きなバラツキがあっても、コミュニケーションがより効果的になり、誤解が大幅に減り、意思統一が得られる。私たちがアダプティブ・リーダーシップのために培ってきた言葉は、組織において日常的に使われている言葉に比べて、実りのある変革を大きく加速させていくだろう。これらの言葉を活用しやすいように、巻末には用語解説を設けた。

また、本書では**実践方法**として、変革を推進するための具体的なステップを紹介している。だが、あくまで統制のとれた実験手法と思ってもらうのがよいだろう。私たちが考えるアダプティブ・リーダーシップは、科学《サイエンス》ではなく技能《アート》であり、実験的マインドセットが欠かせない。本書で紹介する実践方法は、単独でも他のものとの組み合わせでも成功してきたが、絶対確実というわけではない。ある程度は使う状況に左右される。なぜなら、アダプティブ・リーダーシップの実践のほとんどが試行錯誤であるからだ。試しにやってみて状況を見守り、そこから学んで別の方法を試みる。関わる人や、直面する状況の（そして変化する）特性に合わせて介入していくことになるのだ。

最後に、本書で紹介する**事例**は、読者と同様に組織、コミュニティ、社会で難局に向き合い、前向きで永続的な変革に努力する人たちの話だ。私たちがコンサルティングや教育の現場で経験したものもあれば、私たち自身の私生活や職務で直面した課題、そして書籍やケーススタディといった、私たちのオリジナルではないもののリーダーシップの実践について特有の見方を示してくれるものもある。

適応課題と適応力

エンタテイメント業界向けのある広告デザイン会社が、若くして急成長を遂げたのちに行き詰まっていた。停滞の原因は、CEOでもある創業者と経営陣のなれ合いによって創業者が日常業務から離れられない状況が作られてしまい、その結果、爆発的な成長につながるような戦略的課題に彼が集中する時間をとれなくなっていたことにあった。彼に頼りきりになっていることを経営陣が良しとする一方で、彼自身も、うまくいっている方法、自分の知っている方法を続けることを楽しんでいた。創業者は、事業の拡大に伴いそのようなお互いの関わり方はもはや続けられないものと考え、私たちのところにやってきた。直面していた適応課題《アダプティブ・チャレンジ》は、より広範なオペレーション能力を作り上げ、経営陣の依存性を改善し、創業者自身が組織力を引き上げるためのリーダーシップを強化することだった。

一方で、外部環境の大きな変化が間近に迫り、自分たちにものしかかってきそうだと分かったときに私たちのところに依頼が持ち込まれることもある。自分たちの組織が、新たな現実の中で成功し、適応するために必要な手段を持てているかが心配なのだ。そうした状況に取り組むために、私たちは、より大きな枠組みから入っていく。組織の適応力《アダプティブ・キャパシティ》の構築である。

例えば私たちが手掛けたケースに、最近グローバル化した金融サービス会社がある。この会社は高収益が続き、多くの社員が自らに満足していたが、何人かの経営陣は近い将来、いくつかの要因の組み合わせによって会社の成長が脅かされるだろうと気づいていた。その要因とは、新たな市場におけるより動きの速い競合他社であり、新たに傘下に加えた大企業との合併後に起こる厄介な軋轢であり、あらゆるところに散らばる組織において目標を共有する難しさであり、そして、次世代のリーダーになり得る人材のパイプラインが十分でないということである。彼らは、どれか一つの課題を解決するだけでも、より深刻で広範な問題を避けられることを理解していた。すなわち、環境変化を生き抜くには、組織自体が適応力を身につけ、予測しにくい先行き不透明な競争環境で存続する方法を学ばなければならないと痛感していたのだ。次々と起こる適応課題に立ち向かう適応力を育む支援プロセスにおいて、当然ながら私たちも一緒に、差し迫った個別の課題に取り組まなければならなかった。

本書は、組織内の特異で厄介な適応課題に対処する場合にも、より適応力のある文化を組織全体に築こうとする場合にも、同じように応用できる。この二つは明らかに密接につながっている。組織が個別の適応課題をうまく前進させることによって、適応を要する変革により広く対応するための組織力を高めることができる。さらに、組織が長い期間をかけて適応し繁栄していくために、文化的で価値観に深く根ざした、組織にとっての制約に取り組むことによって、目の前にある課題を難なく特定し、対処できるようになるのである。

chapter

2 アダプティブ・リーダーシップの理論

アダプティブ・リーダーシップの理論は一九九四年以降、『リーダーシップとは何か！』や『最前線のリーダーシップ』を通して進歩し、深く掘り下げられてきた。この新しい分野で急増している文献の中には、研究仲間であるシャロン・ダロッツ・パークスの『リーダーシップは教えられる』、ディーン・ウィリアムズの『リーダーシップ 6つの試練』[1]などがある。

ほかにも、特定の専門分野の課題にアダプティブ・リーダーシップの枠組みを応用した著作がある。巨大企業への適用を取り上げたリチャード・フォスターとサラ・カプランの共著『創造的破壊』とドナルド・L・ローリーの『できる上司の仕事はここが違う！』、ケアサービスのシステムに注目したゲイリー・デ・キャロリスの『バルコニー

[1] Sharon Daloz Parks, *Leadership Can Be Taught* (Boston: Harvard Business School Press, 2005). シャロン・ダロッツ・パークス著『リーダーシップは教えられる』（中瀬英樹訳，ランダムハウス講談社，2007年）

Dean Williams, *Real Leadership* (San Francisco: Berrett-Koehler, 2005). ディーン・ウィリアムズ著『リーダーシップ 6つの試練』（上野真由美，中辻綾太，開発徹，山崎貴弘，幸村長，土谷大訳，英治出版，2011年）

からの展望』、幼児教育についてのステイシー・ゴフィンとヴァロラ・ワシントンの共著『準備の有無』、ユダヤ系組織における女性に着目したシフラ・ブロンズニックとディディ・ゴールデンハー、マーティ・リンスキーの共著『公平な場の提供』、アメリカ国内の教会が直面する課題を描いたケヴィン・フォードの『教会の変革』などだ[2]。

本書は、リーダーシップ、適応、システム、変化の関係を実務的に理解するという取り組みから生まれたものだが、同時に、人間の進化、さらには人類以前の地球誕生に遡るあらゆる生命の進化を明らかにする科学的な取り組みにも深く根ざしている。

私たちの祖先は四百万年近くの間、食料を探し求めるための小さな集団の中で生活していた。狩猟や移動のための道具や戦略が洗練さを増し、進化的変化によって自分たちの活動領域を拡大する方法を作り出すにつれて身体能力も強化された。また、年長者の知恵を自分のものとして取り込んでいく能力を使って、自律的規範を持つ文化を形成し始め、権力による統制は最低限にとどまっていた。ようやく一万二千年前頃になって動植物を育てる方法を学び、食料を備蓄するという新たな能力によって

[2] Richard Foster and Sarah Kaplan, *Creative Destruction: Why Companies That Are Built to Last Underperform the Market—and How to Successfully Transform Them* (New York: Doubleday Business, 2001). リチャード・フォスター，サラ・カプラン著『創造的破壊——断絶の時代を乗り越える』（柏木亮二訳，翔泳社，2002年）

Donald L. Laurie, *The Real Work of Leaders* (Cambridge, MA: Perseus, 2000). ドナルド・L・ローリー著『できる上司の仕事はここが違う!——経営の現場に学ぶ実践リーダーシップ』（小林薫訳，早川書房，2001年）

Gary De Carolis, *A View from the Balcony* (Dallas: Brown Books, 2005).

Stacie Goffin and Valora Washington, *Ready or Not* (New York: Teachers College Press, 2007).

Shifra Bronznick, Didi Goldenhar, and Marty Linsky, *Leveling the Playing Field* (New York: Advancing Women Professionals and the Jewish Community, 2008).

Kevin G. Ford, *Transforming Church: Bringing Out the Good to Get to Great* (Colorado Springs, CO: David C. Cook, 2008).

長期間定住することが可能かつ求められるようになり、文化的規範というものが人類に著しい適応性と拡張性をもたらした。その結果、大勢の人々が共同生活をするようになり、大規模な組織やコミュニティの統治という新たなニーズが生まれたのだった。

私たちの祖先が取り組んできた新たな可能性や課題への適応は、その範囲、構造、統治、戦略、政治と営利活動の調整などの面で、有史時代を通じて成長し変化しながら続いてきた。また、こうした適応の実践についての理解は、私たちがいまアダプティブ・リーダーシップと呼ぶものを含めて、同じように進化を続けてきた。

アダプティブ・リーダーシップとは、難題に取り組み、成功するように人々をまとめあげ動かしていくことである。ここでの「成功」の概念は、進化生物学における繁栄と同義であり、そのための適応《アダプテーション》には、次の三つの特性がある。

1　種の生き残りに不可欠なＤＮＡを守る
2　種のニーズに合わなくなったＤＮＡを排除する（再制御あるいは再調整）
3　厳しい環境下において新たな方法で繁栄できるようＤＮＡを創造する

適応に成功することによって、生命体は過去の中からよいものだけを未来に引き継ぐことができる。「適応」の特性を、アダプティブ・リーダーシップと関連づけて詳しく見ていこう。

● **アダプティブ・リーダーシップとは、変化そのものである。その変化によって、人や組織がますます繁栄する。**新たな環境で新たな夢を実現するには、新しい戦略や能力とともに、それらを動かしていくリーダーシップが欠かせない。進化の過程のように、それらの要素の新しい組み合わせや変異によって、組織は厳しい環境下においても消滅、後退、弱体化することなく、むしろ繁栄するようになっているのだ。そのため、リーダーシップは、価値、目的、プロセスといった規範を明確にするような問いに取り組まなければならない。では、組織にとって繁栄とは、何を意味するのだろうか？

生物学における繁栄とは、繁殖である。だがビジネスにおける繁栄の指標といえば、短期および長期の株主価値の向上、卓越した顧客サービス、従業員の高い意欲、社会や環境へのよい影響などがあげられる。したがって組織的な意味における適応の成功には、繁栄を定義し、その実現のために多数の関係者の優先事項をまとめあげるリーダーシップが求められるのだ。

● **適応を要する変革に成功するには、過去を放棄するのではなく土台として築いていく。**確かに生物学における適応では、DNAの変化によって種の繁殖力が格段に高まる場合もある。だが実際に変化するDNAの量は、ごくわずかであり、例えば、人類の現在のDNAの98％以上がチンパンジーと同じである。つまり、私たちの進化論上の祖先の遺伝情報のわずか2％未満が変化するだけで、私たちの生息域が格段に広がり、能力が高まったのだ。したがってアダプティブ・リーダーシップの難しさは、変えずに残すべきものと捨ててしまってよいものの見極めに、人々を参画させることにある。適応に成功するためには、保守的かつ先進的であることが必要だ。過去の知恵とノウハウを最大限活用するのである。最も効果的なリーダーシップは、組織に脈々と引き継がれるべき価値観、能力、戦略の中に、変革そのものをしっかりつなぎとめることだ。

- **実験が組織的適応の原動力となる**。生物学の有性生殖は、一つの実験であり、急速に変種を作り出す。失敗率も高く、一般的に受胎から数週間で三分の一もの妊娠が自然に失敗する。胚の遺伝的変異が、生命体として維持できないくらい急激だからである。組織でも同じことが起こる。製薬の巨大グローバル企業であれば、将来利益を上げる薬を開発するためには、失敗への投資をためらってはいけない。適応を要する変革をリードしようとする人には、実験的マインドセットが不可欠なのだ。一連の実験の途中で、時間とリソースを調達し、リードしながら臨機応変に対処することを学ばなければならない。
- **適応は多様性に左右される**。進化生物学では、自然はファンドマネジャーの役割を果たし、リスクを分散している。受胎それぞれが変異体であり、新たな実験であり、他の個体群とは異なる能力をもつ生命体を生み出すのである。多様な遺伝子プールを作れば、かなり高い確率で、いずれかの種が生態系の変化を生き抜く力を身につける。一方、生殖モデルの原形がクローン（無性生殖）の場合、高い増殖率を生み出すという点ではかなり効率的だが、有性生殖にくらべて個体差がほとんどない。そのため新たな環境での発見や繁栄のためのイノベーションを生み出す確率は格段に低い。つまり進化のカギは変異にあり、組織用語では集団的知性あるいは分散型知性と呼ばれるものである。経済政策においてアダプティブ・リーダーシップを発揮する場合も、経済に多様性を持たせ、人々が生計の手段として一つの企業、一つの業界にあまり依存しすぎないことが望ましい。組織においては、成功の見込みを下げてしまうような本部による計画や少数のトップの才能に依存せず、さまざまな見解を大切にする文化を醸成しなければならない。このことは多様な環境でビジネスを行うグローバル企業にとって、まさに真実である。

- **新たな適応によって、古いDNAの一部に大幅な置き換え、再制御、再調整が起こる**。適応課題に対するリーダーシップは、喪失を生み出す。学びは苦痛であることが多い。誰かのイノベーションによって、無力さを知ったり、裏切られたと感じたり、あるいは無関係だと思う人が出てくるかもしれない。「再調整」を受け入れる人たちは多くない。そのため、こうした喪失に気づき、個人やシステムのレベルで起こる予測可能で防衛的な反応を認識する診断力が欠かせない。また、それらへの対処方法も知っておく必要がある。

- **適応には時間がかかる**。種の繁殖能力を大幅に高める生物学上の適応のほとんどは、数千年あるいは数百万年以上の歳月が必要である。長い期間で見たときに進化は劇的といえるが、目前の変化は少しずつしか進まない。こんな形で起こるようだ。既存の種の変異体がその世代における生息領域を超えて、少し危険を冒しながら進めるような適応力を持ち、自分自身や子孫が耐えられそうな領域近くに自分自身を押しやっていく。例えば、寒冷地や高地に移り、そこで暮らせると気づく人もいる。その行動が「誘因」となり、子孫の中では新たな環境にはより強い変異体が望ましいという選別の圧力が次の世代にわたって起きるようになる。そうやって時間をかけて、新たな適応力が強化されていく。その子孫は、もはや能力の限界領域で生きているのではなく、それが普通になる。適応を通じて、体温調節のための皮下脂肪や毛細血管も変化している。その次の子孫の一部が、危険を冒しながらさらに前へ進むにつれて、その進化のプロセスも続いていく。組織や政治における適応は、生物の進化に比べれば瞬時のように思えるが、やはり時間をかけて新たな規範やプロセスに整理統合されている。

このようにアダプティブ・リーダーシップには持続性が求められる。大きな変革は、長期間にわたる小さな実験の積み重ねから生まれる。文化の変化にも時間がかかる。こうしたリーダーシップを実践する人たちは、途中で批判を受けることがあっても決して役割を放棄してはいけない。

リーダーシップにおける短期的課題は、周りの人たちをまとめあげ、目前にある適応課題に取り組ませることである。こうした文化形成の取り組みによって、組織の適応力が時間をかけて築きあげられ、新たな規範を生むプロセスが作られていく。その結果、続々と押し寄せてくる適応課題にも組織が対処できるようになるのだ。

システムの崩壊という錯覚

変革に向けた取り組みの多くを台無しにしてしまう俗説がある。組織に変革が必要なのは、組織が崩壊しているからだという考えである。実際のところ、社会システム（組織、国家、家族など）が成立しているのは、そのシステムに参加する人たち（少なくとも最も影響力のある個人やグループ）が望ましいと思っているからだ。その意味では、全体としてみると、結局システムはうまく機能しているということなのだ。たとえメンバーの一部や外部から見れば、「機能不全」に見える点があったり、すぐ目の前に危機が迫っているとしてもだ。研究仲間であるジェフ・ローレンスはこう断言している。「機能不全の組織という考え方はない。どの組織も、現在出している結果の達成に合致するレベルで機能しているにすぎないのだ」

組織において、機能不全という呼び方や、機能不全に対処することそのものが、おそらく歓迎されない。かなりの人々は、言葉ではどう言おうと、本人がそうでないと思っていても、現状維持を望んでいるものだ。例えば、透明性が大切だと公言しているにもかかわらず、内部では厳格な情報管理が行われている組織があったとしよう。その実態を整然と指摘することを買って出たとしても、評価や喝采を得る可能性は低く、なかでも情報管理による恩恵を受けている人たちには喜ばれない。明らかに組織のシステムは、理想とされる価値観と現実とのギャップを抱えたままにされてきた。組織の実権を握る人々にとっては、そのギャップを抱え続けるよりも、埋めようとするほうが苦痛なのだ。

どのように問題に対処するかを決める上で、この考え方は重要である。みっともないかもしれないが、組織は、結果が読めない変革に挑戦して多くの人たちにデメリットが生じるよりも、現状維持を好む。そのことを考慮すれば、理想と現実のギャップを埋めるための戦略も違ってくる。システムにおいて機能不全と見えるものが、他の人たちには機能していると気づいたときは、自分の意見の正当性を説くのではなく、まず「適応を要する変革」がもたらす一定期間のリスクに相手が向き合うように動かし、支える方法を考えるのだ。

私たちが手掛けたケースを使って説明しよう。あるアメリカの大手非営利組織が、高い離職率に苦しんでいた。優秀な若い人材を採用しても、数年後には他の組織の同じ分野の仕事に転職してしまう。高い離職率が続けば、人材のパイプラインが作れず、必要な能力と経験を満たした力量のある幹部を将来にわたって確保できないという意見に、組織のほぼ全員が口先では賛同していた。人材をつなぎとめるための議論も繰り返され、対策チームも次々と生まれている。新しい業績ボーナスのプログラムも導入されている。しかし、ほとんど何も変わっていない。なぜだろう？　実のところ、経営陣やミドルマネジャーが、優秀な若い人材に長く働き続けてもらいたいとは思っていないのだ。自分たちの立場が脅かされ、昇進できなければ辞めるしかない状況に陥ること、あるいは、そうした人材に組織の方向性や目的に疑問を持たれたり、それらを変えられたりすることを望んでいないということだ。組織がこうなってしまうのは、権限を持つ人々や勤続年数の長い社員が、現状維持を望んでいるからである。彼らはこうした問題を嘆きながら、堂々巡りを続けられる状況を願っているのである。

一九七〇年代後半の第一次オイルショックや一九八〇年代から九〇年代にかけての地球温暖化への意識の高まりなどにより、アメリカの自動車業界は数十年間にわたって警告されていた適応を強く求められる状況に一気に突入した。それは、「現在出している結果の達成に合致するレベル」で文字通り機能する極めて複雑な組織の、最も典型的な例だろう。二〇〇八年後半までは輝きを続けていたが、その後表面化した適応の失敗は、かなり細分化された相当数の強固な利害関係に原因があると診断せざるをえない。その関係の範囲は、取締役、経営幹部、マネジャー、組合員から、取引先とその組織、幅広い層にまたがる投資家、大型で馬力のある車、トラック、あるいはミニバンよりSUVを「かっこいい」と思うなど様々な好みをもつ数百万人の購入者まで広がっていたのだ。

「技術的問題」と「適応課題」を区別する

リーダーシップで失敗する最大の原因は、「適応課題*」を「技術的問題」として対処してしまうことだ。それらは何が違うのだろう？　技術的問題は、かなり複雑で重要な場合もあるが（例えば心臓手術における欠陥のある心臓弁の置換）、すでに解決策が分かっており、既存の知識で実行可能である。高度な専門知識、組織内の既存の構造、手続き、実行方法によって解決できる。一方で、適応課題は、人々の優先事項、信念、習慣、忠誠心を変えなければ

［＊訳注］Adaptive challenge：問題の当事者が適応することによってのみ前進させられる課題。「適応を要する課題」とも訳されるが、本書では「適応課題」で統一する。

図2　技術的問題と適応課題の比較

課題の種類	問題の特定	解決法	作業の中心
技術的問題	明確	明確	権威を持つ人
技術的問題かつ適応課題	明確	学習が必要	権威を持つ人と問題の当事者
適応課題	学習が必要	学習が必要	問題の当事者

対処できない。発見を導くような高度な専門性だけでなく、ある凝り固まった手法を排除し、失うことを許容し、改めて成功するための力を生み出さなければ前に進められないのだ。図2は、「技術的問題」と「適応課題」の違いを示している。

この図からも分かるように、「技術的問題」と「適応課題」はいつも明確に区別できるわけではない。仕事で新たな課題を引き受けるとき、これは「技術」、これは「適応」と記されてはいない。ほとんどの問題は、両方の要素が絡み合っており、混ざった状態で現れる。

分かりやすい事例で説明しよう。マーティ（本書共著者）の母親ルースは、九五歳で元気に暮らしている。白髪はない。一人暮らしで、車の運転を夜間でも依然続けている。ニューヨークに住むマーティが、マサチューセッツ州ケンブリッジのハーバード・ケネディスクールでの講義に出向くとき、ルースは一緒に食事をするために、チェストナットヒル近郊にある自宅マンションからレストランまで車でやって来ることがよくある。

だがしばらく前から、食事に出かけるたびに車に傷がついていることに気づいた。まず考えられる問題は、車を修理に出さなければならないということである。つまり技術的問題であり、修理工場での専門知識と技術によって傷は解決できる。だがその裏には、適応課題が潜んでいる。ルースと同年代の人々の中で、夜でも気にせず運転するドライバーはあまりいない。一人で暮らし、高齢者施設にも入らず、ほぼ問題なく独立した個人として生活できていることと同じように、ルースにとって運転を続けられることは、大きな誇りとなっている（便利でもある）。運転を止めるということは、それがたとえ夜だけであったとしても、彼女にとっては由々しい変化、つまり適応が必要になる。

技術的問題は、タクシー代を払う、もしくは友人に送迎を頼む必要が生じるということだ。適応課題は、この変化が意味する喪失である。彼女が一人の人間として自分自身を語るストーリーの重要な部分、すなわち夜であっても依然運転ができるという意味で、彼女の知る唯一の九五歳の人間である、ということを失ってしまうのだ。心は傷つき、自立した女性としての大切なアイデンティティを奪ってしまう。単に技術的問題として対処するのであれば、それは車を修理するということだ（ただし一時しのぎにすぎず、おそらく修理工場へ行く頻度は増えていくだろう）。だが、その裏にある適応課題にはたどり着けない。つまり、自分のアイデンティティを変えて、新たな制約の中で成功するための方法は見つけられない。

企業の合併や大規模な買収では、重大な技術的問題を伴う適応課題を見ることがある。例えばITシステムやオフィスの統合など、非常に大きな技術的問題がある。だが成功を脅かすのは、適応課題である。以前は独立した組織だった企業同士が一つの組織をつくり、新たな取り決めによって生き残りと成長が実現するように、それぞれの企業文化を支えるDNAや大切にしている習慣、職務、価値観の一部を捨てなければならない。

私たちは、国際的な金融サービス企業から、そのような状況に対処するためのサポートを求められたことがある。合併から数年経っているにもかかわらず、合併前のそれぞれの企業の残党が、依然として自分たちのやり方でビジネスを行っており、協働の進展、グローバルな顧客サービスの展開、コスト効率の追求といった取り組みへの壁が作られていた。一つの企業であるという考え方のもとで、一方の何か大切なこだわりを変えようとすると、大事なものを失うように感じる側が、交渉において巧みに抵抗する。ここに極めて明らかな暗黙の取引がある。それは、自分たちのＤＮＡをそのまま守ってくれれば、相手のＤＮＡも保証するということだ。両社の統合は、基本的な技術とコミュニケーションシステムの一部に限定され、その結果、大切にしてきた価値観や業務の進め方の変革を迫られることはなく、全員にとって楽な形に収まった。同じような顧客の事例でアメリカの大手エンジニアリング会社の場合は、フランチャイズ経営のような状態だった。ほとんどの営業所は、自分たちで作ったものでなく買収したものであり、それぞれの営業所が自分たちのやり方を続けている。だが企業の主力製品はコモディティ化しており、以前の小規模組織では強みでもあり特徴でもあった自主独立性が、大型契約における価格競争の障害になろうとしていた。

かつては高収益だった独自のサービスがコモディティ化する状況は、法律事務所のようなプロフェッショナルサービスのビジネスでも見られるようになってきている。この世界においては、関係の構築が目指すべき価値であるとともに主要な戦略であり、価格に重点を置いて競争することは、自分たちの存在意義を修正するという大きな痛みを伴う作業である。

関係構築を重視する専門職が、一部業務のコモディティ化という適応課題に対処する一方で、プロダクトセールスのモデルや考え方で成り立ってきたビジネスにおいてその逆のプロセスが進んでいる。二一世紀以降、世界のフラット化やグローバル化が進み、イノベーションのスピードが加速する中で、最高の商品をいつでもすぐに提供できるだけでは生き残れない。私たちのクライアントであるグローバルなテクノロジー製品企業をはじめ、多くの企業が適応を試みている。製品販売という取引中心のビジネスから、信頼と相互理解に基づいてソリューションを提供するという関係構築を重視するビジネスへ移行するために懸命に取り組んでいるのがその一例である。

このような変革の必要性は、プロフェッショナルサービス、保険、デジタル関連のメーカーなど多数の企業にのしかかっている。こうした企業は、進化を続ける製品群、優秀な販売員、巧みなマーケティング戦略で偉大な成功を収めてきた。そして今これらの企業においては、顧客との関係と組織内における相互関係の両方を構築するために、技術的なスキルよりも対人関係の能力が必要とされていることに気づき始めている。だが例えば営業という枠組みの中で訓練され成功してきた人材は、人間関係の構築と相手への対応が成長を左右する環境下での有効な経験やスキルを備えているとは言えない。これまで成功してきた人材が、自身のキャリアの後半になったところで従来の手法を捨てて未知の能力に挑み、クライアントの新たなニーズに適応するよう求められるのだ。

マーティや母親のルースと同じように、システムや組織、家族やコミュニティは、適応課題には対処したがらない。何かを失うことになるような変化が必要だからだ。前述の合併した企業のやり方はルースと共通するところがあり、自分たちの独自性を放棄したくないものである。

もちろん適応課題が自分たちの能力を超えたもので、まったく何もできない、やってみたとしてもかなり難しいこともある。ヴェスヴィオ山の噴火のように。しかし、過去数十年間のアメリカの自動車業界のように、うまく対応する能力があっても、チャンスをつかもうとしない事例も少なくない。

「変化には抵抗がつきもの」という言葉がある。だが本当はそうではない。人は愚かではない。変化が素晴らしいと分かれば、人は変化が大好きになる。宝くじの当選券を返すような人はいない。抵抗しているのは変化そのものではなく、変化がもたらす喪失である。変化によって何かを失ってしまう、あるいはその可能性があれば、人は現状に固執し、変化に抵抗する。

おそらく適応に失敗する共通の要因は、「失うこと」に対する抵抗である。したがってリーダーシップを発揮するには、命、最愛の人はもちろん、仕事、財産、地位、関連性、コミュニティ、忠誠心、アイデンティティ、能力など、状況の変化によって失うリスクを診断する力が求められる。アダプティブ・リーダーシップは、人々が喪失を超えて新しい世界に進めるように、喪失を評価し、上手に扱い、割り振り、背景事情を説明するといった仕事を、ほぼ例外なくあなたに課すことになる。

同時に、適応は失うばかりでなく、維持するプロセスでもある。変化による喪失は辛いが、適応を要する変革の多くは、変化だけではない。問題は、「私たちが大切にしているものの中で、前進しながら、生き抜き、繁栄するためには、何を諦めなければならないか?」だけでなく、「私たちが大切にしているものの中で、どの部分が重要で、将来に向けて守らなければならないか？　大切な価値観やコア・コンピタンスの中で、それを失うと私たちが私たちでなくなってしまうようなものは何なのか？」ということである。実際には、うまく適応できれば伝統やアイデンティティ、歴史の最もよい部分を未来に継承できる。

適応に向けた変化や、それによって失うものを明らかにするのは、簡単なことではない。なぜなら、厳しい選択や二者択一、あるいは不確実性の高い試行錯誤が求められるからである。高い知性が必要であるとともに、個人や組織の人間関係や能力、アイデンティティに対する取り組み方も変えてしまうような厳しい仕事である。自分が何を信じ、何を支持し、何を象徴するのか、自分自身にも外の世界にも伝え続けてきた内容を修正しなければならない。

アダプティブ・リーダーシップとは、このような難しい課題に個人、組織、コミュニティが対処できるようサポートし、大切に引き継ぐべきDNAと排除するDNAを区別し、変化する環境下で成功するための組織の適応力を作り出すべく革新し続けることなのだ。

リーダーシップと権威《オーソリティ》を区別する

アダプティブ・リーダーシップの実践は、自分の職務を完璧にこなすこととは全く異なる。権威*のある専門知識とも違い、政治や組織のヒエラルキーで高い地位に昇ることでもない。信頼、信用、尊敬、称賛、道徳的権威といった、巨大な非公式な力を持つことでもない。

確かによく知られているように、多くの人々が、適応力が求められる難しい変革を率先して

［＊訳注］Authority：権威、権限、権威や権限を持つ人物など。本書では基本的に「権威」と訳すが、文脈に応じて「権限」などの訳語を使う。

実行した経験がないまま、権威のある高い地位に就いている。また、重要な公式の権威の有無によらず、自分を称賛する大きな「支持者」のグループを持つような人々でも、最も困難な課題に向き合うように支持者をまとめ、動かせないことは多い。非公式な権威を守り、拡大させるために、有権者に迎合することがよくある。最終的な決着をつけることを拒んだり、先送りにしたりするために、支持者にとって痛みを伴う調整は最小限にとどめようとし、「ほかに変わるべき人、変えられるべき人がいる」と論点を変えようとするのだ。

リーダーシップの概念は、権威、権力、影響力と長年混同されてきた。リーダーシップとは実践であり、誰かの具体的な行動だと、私たちは考えている。リーダーシップという言葉は、職務の名前ではなく動詞である。権威、権力、影響力は大切な手段だが、リーダーシップを定義するものではない。例えば、手術の執刀や、安定した市場で長く成功を続けている組織の経営など、権威、権力、影響力を用いた方策は、あらゆる種類の目的や仕事のために使われているが、これらはリーダーシップとまったく関係がない。

権威から生まれる権力と影響力は、その権威が公式であろうと非公式であろうと基本的には同じ仕組みである。グループAがサービスを受けるためにグループBに権力を委ねる社会的な契約という点で違いはない。その契約は、職務記述書として明記される場合もあれば、特別チーム、組織体、政府機関を設立する権限や組織のミッションとして正式なものになることもある。また、暗黙の契約の場合もあり、それは、カリスマ的な権力者とその支持者、あるいはあなたの部下や同僚との間で見られるようなものだ。そこでは、程度の差はあれど、相手はあなたに信頼、敬意、称賛の念を抱いており、だからあなたに「注目」という重要な力の源泉を与えるのだ。しかし、権威による関係は、公式、非公式にかかわらず、同じような基本的な定義の形に収まっている。すなわち、何かをやってもらうために権力を委ねる、「あなたなら、私が大切にしている目標の達成に尽力してくれるにちがいない」という考えである。

つまり権威は、一人あるいは複数の人物が、あなたなら自分の望んでいることをやってくれるという前提で与えるものである。それは組織においては、問題に対して迅速に解決策を提供してくれるということである。誰かがあなたに権限を与えたり、自主的についていこうとしたりするのは、相手が自分に何かを与えてくれると期待しているからだ。つまり、この人なら推進派、代表者、専門家、実行者として、自分たちがほしい解決策を提供してくれると思っているからである。だから、もし技術的問題しか起きないのであれば、問題解決の専門家を頼れば必要なものが得られるであろう。

アダプティブ・リーダーシップと権威の違いをさらに詳しく見てみよう。組織におけるあなたにとっての権威の授与者（相手に権威を与える人物）とは、あなたの上司、同僚、部下であり、さらに顧客やメディアなどの組織外の人々も含まれる。つまり、あなたに注目し、問題の解決策を提供するというあなたの仕事に対して支援をする人たちのことである。

与えられた役割が親であっても、CEO、医師、コンサルタントであっても、権威の授与者が期待する明確な権威の範囲があり（図3）、その範囲内の行動が求められる。期待どおりの行動をしている限り、相手は満足する。やるべきことをかなりうまくやれば、報酬が与えられる。その内容

図3　公式・非公式の権威

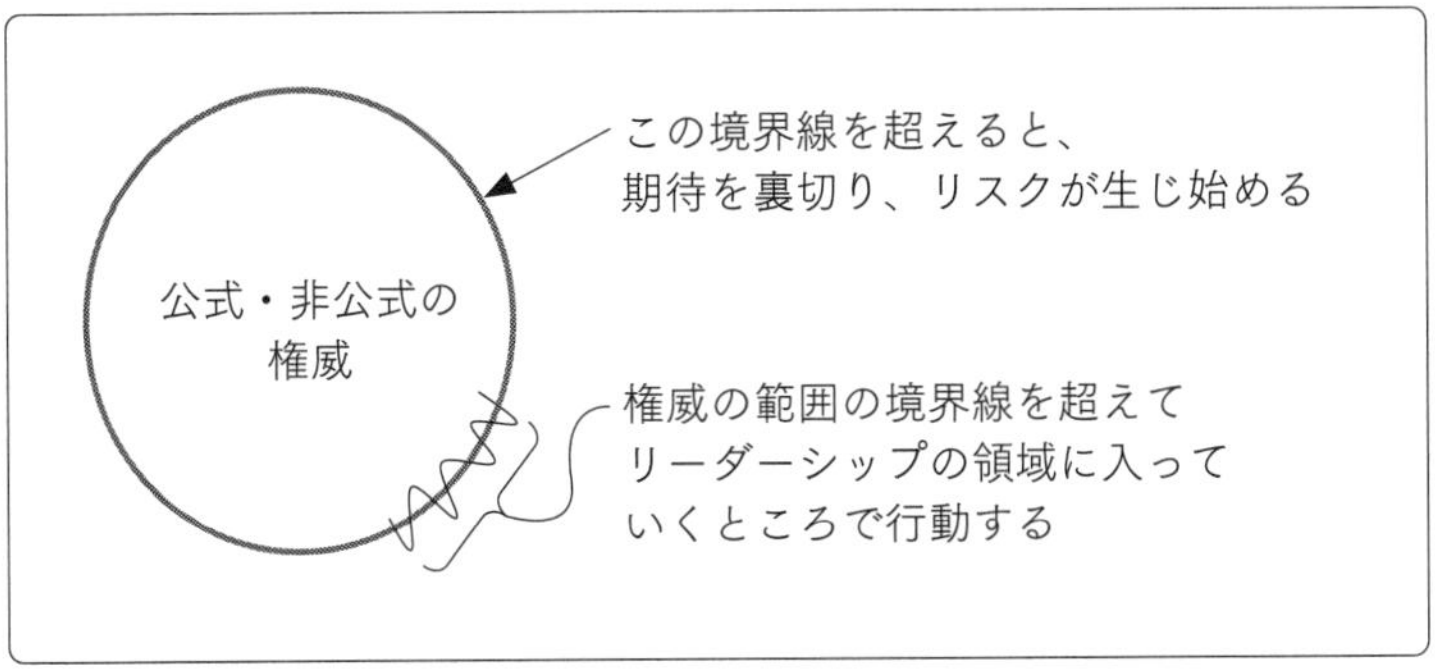

は、昇給、賞与、より大きな仕事、賞状、素晴らしい肩書、快適なオフィスなど、さまざまである。

組織から期待されることをそのまま実行し、他者の指示通りに効率的に仕事を完了した際に与えられる報酬として何よりも魅惑的なことは「リーダー」と呼ばれることである。多くの人はリーダーの名前に強く憧れているので、その肩書を与えることでアダプティブ・リーダーシップの仕事を行うことなく、権威の範囲の中で組織が求める行動をとってくれるだろう。

二〇年前、ロナルド（本書共著者）はハーバード大学でアメリカ軍の幹部研修を担当していた。スタートから六週間後、一人の空軍大佐が落ち込んだ様子でセミナールームにやってきた。「どうしたのですか？」と聞くと、「私は何年も前に将校に任命され、リーダーと呼ばれてきました。今になって、それは権威を持っていただけだと気づきました。リーダーシップを実践してきたとは、まったく思えなくなりました」と打ち明けられた。翌週、その憂慮すべき問題についてじっくり考えた上で、またセミナールームにやって来たが、元気を取り戻した様子でこのように言った。「これまでは分からなかったのですが、今はリーダーシップを行使するという選択肢があることが分かりました」

組織があなたにリーダーという肩書を与えるのは、権威の授与者が望むことをあなたが実行することに対する報酬である。もちろん期待に応えるのは大切である。医療現場では、医師や看護師が日々命を救い、信頼できるサービスの提供を自分たちに委ねている患者たちの望みをかなえている。だが素晴らしい仕事をしているからといって、必ずしもそれが適応課題への対処につながってはいない。そのような課題への対処には、自分が本当に大切だと思う目的のために、図3で示した円の境界線の近くで、あるいはそれを越えたところで行動する意志とスキルを持たなければならない。

アダプティブ・リーダーシップは、権威の授与者の期待に応えたり、上回ったりすることではない。その期待の一部にチャレンジし、完全には裏切らずに相手の期待に背く方法を見つけ出すことである。必然的に起こる抵抗への対処も必要である。アダプティブ・リーダーシップを実践すると、当然、権威の授与者は押し返そうとする。彼らがあなたを雇い、あるいはあなたに投票し、何かを行うためにあなたに権威を与えたのに対して、あなたが別のことを行っているからだ。現状に異議を唱え、タブーとなっている問題を取り上げ、価値があると言っていることと実際の価値の矛盾を指摘する。人を怖がらせる存在になっているのだ。人はあなたを排除するかもしれないし、自分たちの命令を実行してくれる誰か別の人を探そうとするかもしれない。

例えば心臓外科医を想像してみよう。患者が自らの責任を果たせないのであれば、すなわち、手術後の日常生活の中で禁煙、運動療法、健康的な食生活を守れないのであれば、手術を拒否すると言ったとする。しかもその外科医は約束を守らせるために、患者に半年間、全資産の半分を第三者に預託するよう求めている。そうなるとおそらくほとんどの患者は、そんな義務を課さずに手術を行ってくれる別の外科医を見つけるだろう。適応を促す作業を患者に強く働きかけたこの心臓外科医は、結果的に仕事を失うことになる。

組織における日常の中で、アダプティブ・リーダーシップがほとんど見られないのは、無理もない。その実践は、危険なのだ。リーダー（leader）という言葉の語源は、インド・ヨーロッパ語のリート（leit）であり、戦場に向かう部隊の先頭で旗を運び、通常は敵の最初の攻撃で犠牲になる人物を意味する。自分が犠牲になって残りの部隊に先に危機があることを知らせるのだ。

公式、非公式の権威を与えてくれた、まさにその本人の期待に異を唱えなければならないとき、危険は存在する。ただ、ほとんどの場合、リーダーシップの課題は、自分の権威の範囲内で起こる対立の対処である。例えば政治家が何とか当選しようと、複数の派閥から、あるいは他の重複する派閥から権威を与えてもらうと、対立が起こるだけでなく、相互に矛盾することになりかねない。このような経験は、あなたにもあるかもしれない。中間管理職の経験者であれば、自分が擁護し代弁しなければならない部下の期待と、部下の給与、経費、年末賞与といったコストの抑制や部下の何名かを解雇するといった上司からの期待の間で板挟みになったことがあるはずだ。また親として、配偶者あるいはパートナーと子ども、さらに悪いケースだと、配偶者やパートナーと自分の母親の間に挟まれて困った経験があるかもしれない。

先日私たちの友人が、大手ウェブデザイン会社のデザインスタジオの初代マネジャーとして採用された。経営陣が彼女に求めていたのは、若い優秀なウェブデザイナーに対して規律やプロ意識、ビジネス意識を持たせることだった。一方で若手ウェブデザイナーたちは、彼女のことを上層部に対する自分たちの代弁者として見ていた。彼女が経営陣に求められた仕事を成し遂げるためには、若手ウェブデザイナーたちの信頼を得る必要があったのだが、結果的に彼女はどちらの側の期待にも応えることができなかった。問題は、どちらのグループの期待を犠牲にするか、許容できるレベルの中で、どのように行動できるかである。うまくやり抜くには、タイミングと順序付けが重要になる。一般的には、最初は上層部の意向に従うほうが、部下を擁護して反対するよりも簡単である。

権威を持ってリーダーシップも発揮するというのは、古くからある分かりやすい習慣である。自分に期待されている職務をひたすら立派に果たしさえすれば、リーダーシップを実践できるのだと誰もが信じたがる。しかし、リーダーシップの実践と権威の行使の違いは、極めて重要である。権威を行使するマネジメントを超越して、アダプティブ・リーダーシップを実践すれば、相手が聞きたいことではなく、あえて相手が聞くべきことを伝えるというリスクを抱えることになる。だが同時に、あなたの組織、コミュニティ、社会が、最も困難な課題を前進させるための支援を行うことができる。

国や企業のトップであっても、病院や権利擁護団体の代表者であっても、一人の親であっても、権威者としての役割は大きく違わない。三つの主要な責任があり、それを果たすことだ。

1　**指揮**…役割を明確にしてビジョンを示す
2　**保護**…グループ、組織、社会を外的脅威から守る

3　**秩序…**安定を維持する

適応課題に対処するには、未知の領域に踏み出し、均衡を破らなければならない。そのため、どうしても不確実で、組織や個人にとってリスクがあり、混乱を引き起こすことが多い（図4）。

図4　権威のある立場のリーダーシップ

責任	技術的問題	適応課題
指揮	問題の定義と解決策の提示	適応課題の明確化：カギとなる質問と問題の整理
保護	外部の脅威からの保護	外部脅威の開示
秩序		
位置づけ	現在の役割に位置づける	現在の役割に疑問を提示：新たな役割への性急な位置づけの抑制
対立	秩序の回復	対立の開示、顕在化
規範	規範の維持	規範へのチャレンジ、チャレンジの容認

不均衡の中で生き抜く

アダプティブ・リーダーシップを実践するには、どうしても必要なことと、たいして必要ではないことを選り分け、目の前にある適応課題に対する解決策を実験しながら、混乱の中で前に進めるよう人と組織をサポートしなければならない。この不均衡は、対立、不満、パニックから不明瞭、混乱、大切なものを失う恐怖心まで、あらゆることを引き起こしている。これは割に合う仕事とは言えない。能力の範囲内で対応できる、あるいはすぐに得られる専門知識で対処できる、いわゆる技術的問題に取り組むために人々をまとめ動かしていくときと違って、こうした状況は歓迎されない。結果として、アダプティブ・リーダーシップを実践するには、特別なスキルと洞察で、飛び交う強力なエネルギーに対処しなければならない。そのとき二つのことが求められる。(一) そのような環境下での自己管理、(二) メンバーの不愉快な気分を和らげるためのサポート、である。不均衡を生き抜かなければならないのだ。

適応のプロセスには苦悩を伴う。そして、その現実に敬意を表すことは、すなわち重大な変化をもたらす苦痛に思いやりを示すことである。苦悩は変化の一部かもしれないが、戦略的視点で見れば、メンバーが困惑すること自体は重要ではなく、目的でもなく、一つの結果である。目的は、共有している厳しい課題を前進させることである。車を運転するとき、どうしてもエンジンからの発熱は避けられないので、調整して良好な温度範囲内に抑えなければならない。運転の目的はエンジンの発熱ではなく（冬場に暖を取る場合は別である）、どこかへの移動である。だが、エンジンの温度も時々チェックし、冷却システムが正常に機能していることを確認しなければならない。

　難しい課題に目を向けさせ、既存の規範や職務内容にとらわれない責任感を引き出そうとすると き、集団的、個人的不均衡が必ず生まれる。組織も個人も、居心地のよい場所《コンフォートゾーン》から離れたくないというのは当然である。難題を持ち出し、深い価値観の対立を表面化させると、相手は居心地のよい場所から引き出され、温度を急上昇させられることになる。油断できない作業だ。システムがどれだけの熱さに耐えられるかを見極めるために、絶えず炎の微調整を行わなければならない。求められるのは、私たちが**不均衡の生産的領域（PZD）**と呼ぶ範囲内の温度維持である。注意をひき、エンゲージメントを高め、前進させるために、介入して十分な熱を生み出さなければならないが、組織（とあなた自身）が爆発しない程度に抑える必要がある。

　圧力鍋の仕組みと同様に、設定する温度と圧力が低すぎると、鍋の食材がおいしい料理に仕上がらない。逆に温度と圧力が高すぎれば、ふたが吹き飛んで食材が部屋中に散乱する。分かりやすく言えば、サーモスタットの上に手を置いて、自ら温度と圧力を慎重に管理していると思えばよい。そのとき、あなたが組織内で若手であるよりも、シニアで権威のある立場であるほうが、管理はスムーズになる。組織で権威のある立場にいる人は、サーモスタットに手を置いていることを期待されているからだ（ただし、温度を上げるのではなく下げることを期待される場合が多い）。

図5で詳しく説明しよう。「技術的問題」のラインは、組織が技術的問題に対処するときの不均衡な状態の推移を示している。「適応課題」のラインは、組織が適応課題に対処するときの不均衡な状態の推移を表している。グレーの横帯は、「不均衡の生産的領域」(PZD)を示し、それより下であれば組織や個人は快適で満足している。一方、それを超えると極度に不安定で、温度が高すぎて組織内は緊張し、均衡が崩れた状態になる。PZDの範囲内では、ストレスのレベルが十分な高さであり、メンバーが避けたくなるような問題にも集中し関与するよう動かしていくことができる。「回避行為」の点線は、組織が難しい課題への対処を避けたときの不均衡の緩和を示している。

ここで再び「技術的問題」のラインに戻ろう。技術的問題において不均衡のレベルがどのように変化するかを理解しやすいように、例えばスキー中に足を骨折したとしよう。骨折した瞬間、不安はピークであり、実際に我慢できない。雪の上に横たわり、凍えながら激しい痛みに耐えていると、スキーヤーたちは横を通り過ぎていく。その後、親切なパトロール隊がストレッチャーと毛布、同情の気持ち、さらにもし望めば一杯のウイスキーをも持って来てくれる。これにより不安定な状態は、やや耐えられるレベルまで低下する。だが救急搬送されて医師を待っているときや、数カ月間の辛いリハビリ期間になると、不安は再び上昇するかもしれない。しかし最終的には治癒すれば不安は弱まり、やがて解消する。

一方、適応課題においての不均衡のパターンは、まったく違う。不均衡状態はまず低レベルからスタートする。あなたが問題を見つけ、企業が対処すべきだと思っても、周りの人たちには分から

図5　不均衡の生産的領域

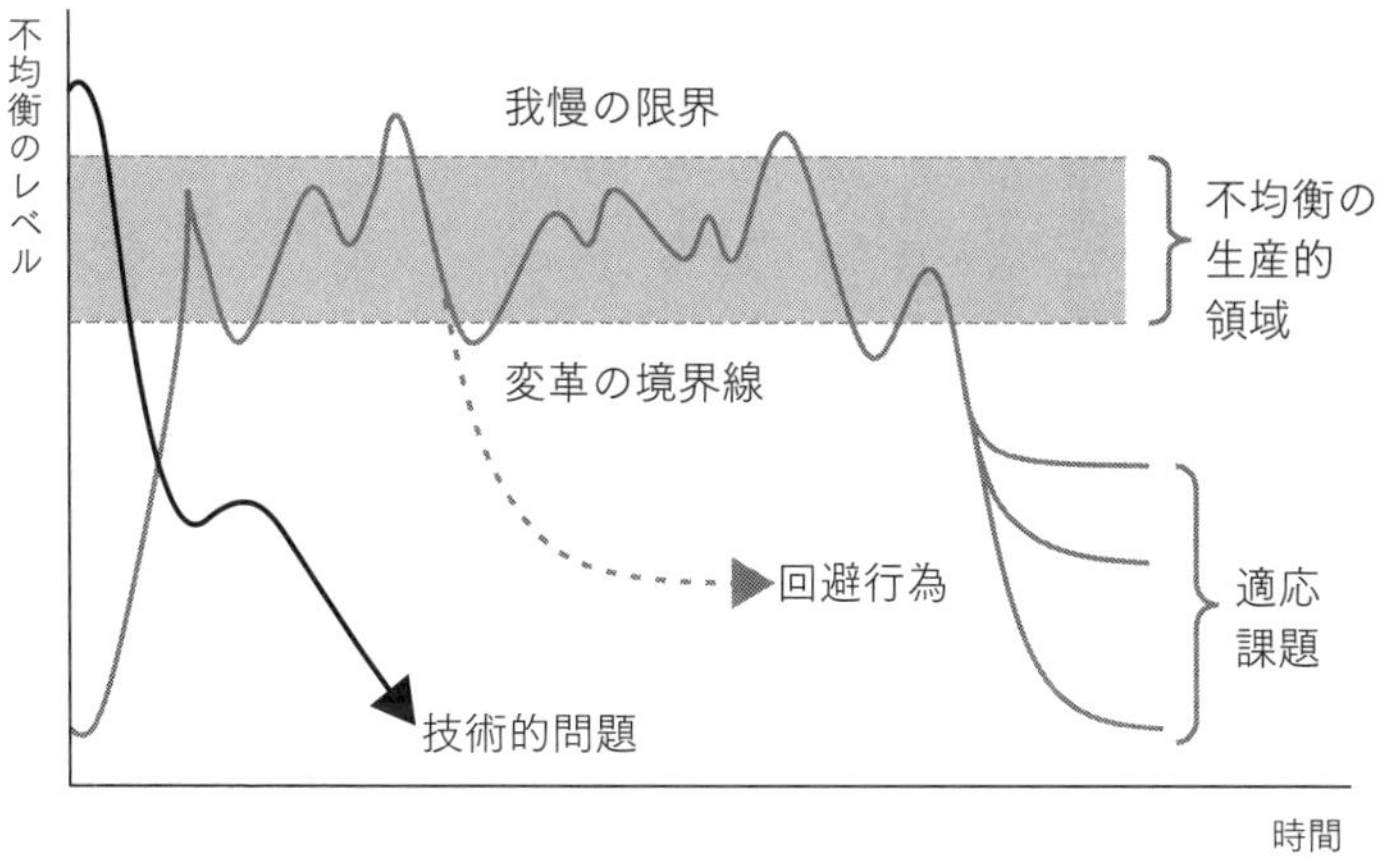

出所：Ronald A. Heifetz and Donald L. Laurie, "Mobilizing Adaptive Work: Beyond Visionary Leadership," *The Leader's Change Handbook*, eds. Jay A. Conger, Gretchen M. Spereitzer, and Edward E. Lawler Ⅲ (San Francisco: Jossey-Bass, 1998)

ない、あるいは分かっていても対処しようとしない。そうなると、問題に対処しない場合の不快感が、問題を放置したことで生じるとんでもない結果による不快感と同等、もしくはそれを上回るところまで温度を上げなければならない。つまり、周りの人たちをＰＺＤに引き入れなければならない。

適応課題に対処するとき、すぐに変動も大きくなる。介入を進めるにつれて、不均衡の度合いは上下を繰り返し、二歩前進して一歩後退するかのように感じるときもある。忍耐と根気がなければ前に進まない。より快適なレベルまで温度を下げるための駆け引きに、先手を打って対抗することも必要である。こうした「回避行為」の手法は、権限のない新しい委員会を作ったり、スケープゴートを見つけたりなど、数限りなくある。技術的問題と違って、はっきりした一つの解決策があるわけではない。プランは必要だが、新たな発見や状況の変化、新たな抵抗が生じれば、プランからの逸脱も必要になる。一度、問題対処へのエネルギーを放出するように仕向ければ、結果はコントロールできない。

そのため適応課題の成果は、決まったものにならない。求められるのは、柔軟性とオープンな態度であり、これらは成功の定義においても必要である。その道のりは、真っ直ぐではない。適応課題への対処では、何かしらを失うことが避けられず、たとえ重要な目的のためであっても、結果として起こる組織の力学、変化の駆け引きには予測できない要素が数多くある。まるで飛び回るハチのように、自分が正しい方向に向かっているのだろうかと感じる。だから、はじめの想像とはまったく異なる結果になるかもしれない。

観察、解釈、介入

アダプティブ・リーダーシップでは、次の三つの主な活動を反復する（図6）。

①周囲の出来事やパターンの**観察**
②観察したことの**解釈**（実際に何が起こっているかについて複数の仮説を設定）
③観察と解釈に基づく**介入**（特定した適応課題に取り組む）

この三つの活動は、それぞれ前の活動に基づいており、繰り返していくなかで観察、解釈、介入の精度を上げていく。各項目を詳しく見ていこう。

▼観察

マーティの妻リンには美術の心得がある。彼女が夫を美術館に誘い（というより引っ張り出し）、二人は展示されている絵画をじっと見る。マーティはリンの25％程度しか分からない。リンは夫にもっと作品に近づくよう促し、いくつかの点を指摘する。うまくいけば、50％まで理解が深まる。

二人の人物が同じ出来事や状況を観察しても、過去の経験や独自の視点によって見え方は違う。観察は極めて主観的な行動である。だが、アダプティブ・リーダーシップを実践するには、できる限り客観的な観察を目指さなければならない。そのために有効な方法が、ダンスフロアを離れて、バルコニーに上がることである。少し距離を置き、行動している自分を他者と同様に観察することで、起こっていることのパターンを見ることができるようになる。低い所にとどまっていては分からない。

ビル・ラッセルは、プロバスケットボール選手として殿堂入りを果たしたスタープレーヤーだ。

図6　アダプティブ・リーダーシップのプロセス

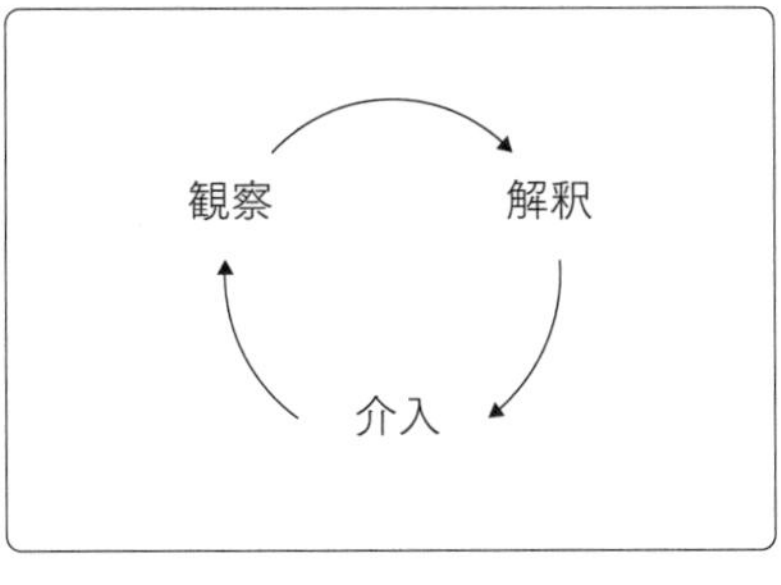

一九五〇年代から六〇年代にかけての絶頂期にボストン・セルティックスの選手兼監督を務めた。その著書『セカンドウインド』[3]には、どうすればコート全体や自分自身を含む一〇人のプレーヤーの行動パターンや位置関係を見渡せるのか、いかにプレーヤーの次の動きを予想してパスやカットの判断をするのかが解説されている。ＮＢＡでは選手兼監督として二度優勝しており、ゲームを中と外から同時に見渡す能力は、計り知れないほど価値のあるものだった。

事実情報を見つけ出し理解するために、あらゆる事実情報を集めることが、極めて重要な第一歩となる。何が起こっているかを注意して見るのは、それほど簡単ではない。とりわけ、自分が組織内で行動の当事者である場合は、客観的な観察は難しい。疑問は終わることがない。「誰が誰と話をしているのだろう？　誰が誰に応えるのだろう？　組織図を超えた連携や関係はどうなっているのだろう？　現在直面している問題のこれまでの経緯は？　どんな異なる意見がある？　自分が探さなければ顕在化しない問題に関連する行動パターンは？　メンバーの行動に影響を及ぼす組織の文化や構造はどのようなものだろう？」

私たちはクライアントとの仕事で会議やワークショップを行う際に、誰かに「バルコニーに立つ人」の役割を依頼することが多い。部屋の後ろに座り、何が起こっているかを記録し、参加者のコメントや行動をまとめてもらう。少しの間、観察と記録に専念すれば、驚くほど多くのことが見える。通常「バルコニーに立つ人」には、まず自分が観察した事実だけを、何の解釈も含めずに話してもらう。聞いている人たちは、録画したサッカーの試合を解説なく観ているようなものである。

[3] Bill Russell and Taylor Branch, *Second Wind: The Memoirs of an Opinionated Man* (New York: Random House, 1979).

▼解釈

解釈は観察より難易度が高い。自分の仮説をはっきりと述べ、観察から感じたことを明らかにすれば、別の解釈を作っていた人たちの反感を買う恐れがある。相手は自分たちに有利となるどんな「事実」も、受け入れてもらいたいと思うだろう。例えば同僚のマネジャーとあなたが同じ会議の様子を見ていたとする。唯一のアフリカ系アメリカ人女性は話し方が穏やかで、何度も話を中断させられている。あなたの解釈は、「彼女の見解をグループが無視してしまうのは、グループの偏見によって信頼度が低くなっているからだ」というものだ。しかし同僚は、「話を遮られるのは、ささやくような話し方のせいだ」と解釈している。二人の解釈は相反することとなり、同僚は彼女にパフォーマンスコーチをつけることを提案し、一方あなたはチームのメンバーに、どれだけ難しいとしても彼女の見解に注目すべきだと伝え、おそらくダイバーシティに関するカウンセリングも必要だと意見する。

解釈という作業は、衝突につながるかもしれないが、どうしても避けられない。人の脳は、見たものを意味づけし、五感を通じて得るさまざまな情報からパターンを探すようにできている。解釈に基づくパターンの大半は、意識せず瞬時に形成され、「自分の状況説明は正しいのだろうか？ほかにどんな仮説があるだろう？」などと自問自答する前にすぐに行動に移ってしまう。アダプティブ・リーダーシップを実践するには、すぐさま行動に移す前に、自分が観察したものの解釈を考え抜くことに時間をかけなければならない。

解釈という行動は、いわば「言葉に隠れたメッセージ」に耳を傾けるようなものである。その意味は、最大限広い範囲で五感を使って情報を捉え、それをよく考えて、できる限り正確な解釈を行うということである。周りの人たちが、明らかに話し、行っていることに注目するだけでなく、ボディーランゲージや感情にも目を向け、言葉にあらわれないことにも気づかなければならない。「背景にあるどんな価値観や忠誠心が問題なのか?」「現状を、適応課題でなく技術的問題だと見なしているのは、私の周りにいる人のどれくらいの割合なのか?」と自問してみる。そのとき、もしあなたが、自分自身やグループが好ましいとする解釈に疑問を呈したりしなければ、それはすなわち適応課題に背を向けるということだ。

とはいえ、熟慮の末の解釈であっても、それはよい推測にすぎない。あらゆる事実情報を入手して完全に全体像を把握するのは不可能である。観察した事象からあらゆる解釈の可能性を見つけ出して評価できるような人はいない。

アダプティブ・リーダーシップの実践において重要なのは、どんなときでも、ある一つの観察内容から複数の解釈を積極的に見つけ出すことだ。それらの中には、前述の穏やかな話し方をする女性が話を聞いてもらえない事例のように、互いに矛盾する解釈が含まれる場合もある。人は常に唯一の「正しい」答えを探そうとするため、同時に複数の解釈をとるのは簡単ではない。こうした思考のバランスを保とうとする行為には、一つの事実情報を多様な視点から評価する能力が必要になる。

解釈は、推測にすぎないが、経験とともに精度は高まる。自分の解釈を公表すること自体が介入であり、挑発的になることも少なくない。実験的に発表し、反応を見れば（それから解釈すれば）、どれくらいうまく推測できているかを評価しやすくなるだろう。

▼介入

問題解決のダイナミクスを観察し、解釈した後、何をするのだろう？　パフォーマンスコーチかダイバーシティのトレーナーを、あるいは両者を雇うのだろうか？　自分の解釈を会議で伝え、小規模なグループで試してみる、あるいは次の会議まで待つのだろうか？　次の動き、すなわち介入は、問題についての自分の仮説を反映し、（自分自身とおそらく他者によって）実験をデザインし、その実験が共有された目的のもとに実行されていなければならない。うまく考え抜かれた介入には、つながりが見える。解釈と、目的や目の前の仕事が結びついているので、その考え方が協働して取り組むこととしてふさわしいと理解できる。もし関連性が見えなければ、あなたが自分の得意なことをやっているとみなされ、見限られてしまうであろう（それは「他人事」になってしまう）。

よい介入は、組織や自分のリソースも計算されている。例えば、ボーナスを50％カットされたばかりであれば、大規模の全社的なダイバーシティやパフォーマンスコーチのプログラムといった介入は提案しないだろう。さらに、介入を考えるときには、組織における自分の「立場」や成功の可能性という点で、その介入が何を意味するのかも考慮すべきである。CEOの場合、グループ内の唯一の女性の場合、チーム内の最も新しいメンバーの場合では、それぞれとるべき行動が違う。最終的に、介入を立案するときには、手持ちのスキルやリソースも考えなければならない。自分は何が得意なのか？　どのような介入が強みなのか？　人によっては、一対一の親密な会話よりも、会議で一〇人のグループと話すほうがずっと得意かもしれない。手持ちのスキルが多ければ多いほど、自ら進んで着手できる介入の範囲もより広がるだろう。ひいては、望んでいる結果につながる可能性も高まることになる。

さらに介入は、自分の居心地のよい場所《コンフォートゾーン》を抜け出したところで実行しなければならない。課題に対処するための行動をとるとき、誰もが自分のレパートリーを持っている。その介入に人々が慣れてしまう（そして対処が得意になる）と、それらは残念ながら組織にとって「いつもの」やり方になり、予測できてしまうため、効果も限定的になる。周りの人たちは次の行動が分かり、したがって回避する方法も分かるのだ。例えば、あなたが感情に訴えるような説得を行うことを得意としていたら、周りの人たちは平静を保ち、あなたにコントロールされないようにするだろう。

居心地のよい場所の外での効果的な介入のデザインは、リーダーシップの重要な要素である。それができれば、状況に応じた介入が可能になるだけでなく、相手に予見されにくくなる。その結果、相手があなたを避けて無力化することが、より難しくなる。

実験を重ね、効果的なリスクを上手にとる

適応課題に向き合っているとき、「何が起こっているのか?」という質問に対する明確な答えはない。その曖昧な状況を乗り切るには、実験的なマインドセットが求められる。色んなことを試してみる、何が起こるかを見極める、そして、それに応じた変化を生み出すのだ。

実験的なマインドセットとは、自分の考えた介入に尽力しながらも、それに固執しないということ

とだ。すると、たとえ失敗しても、それを守らなければという気持ちに駆られることはない。その気持ちを持つことで、他の想定外の可能性も受け入れやすくなる（ベンジャミン・フランクリンやトーマス・エジソンが、ある研究をしているときに偶然素晴らしい発見をしたという話はおなじみである）。試しにやってみるというマインドセットは、学習しようという意欲にもつながる。自分が間違っているかもしれないという可能性も受け入れられる。また、試行錯誤を繰り返すというアダプティブ・リーダーシップのプロセスにおいても効果的である。状況について自分で解釈し、それに基づいて介入する。そして何が起こっているかを理解する。実験的行動の結果は、次のステップや軌道修正に活かされる。

頭の中に矛盾した考えを同時に抱えるというのは、結婚の決断に似ている。この人とこれからの人生を共にしたいと決めた瞬間、自分の選択を100％受け入れなければならない。自分の判断は正しいと心から信じなければならない。だが実際の自分は、状況が変われば別の人と恋に落ちるかもしれないということも知っている。では、どうすれば意中の人が自分にとって唯一の「理想の人」だと言えるのだろう？　ある人と結婚するという決断が、90％の確信と10％の疑問ではなく、51％の確信と49％の疑問であれば、思い切って結婚したりはしない。同じパラドックスは、アダプティブ・リーダーシップにおける介入にも通じる。そのため実験しながら、強くかつ希望に満ちた信念を持ち続けなければならない。

F・スコット・フィッツジェラルドは、次のように述べている。「一流の知性とは、同時に二つの相反する考えを持ちながら、その両方を機能させる能力である」[4]。アダプティブ・

[4] ジョージ・オーウェル著『1984年』（高橋和久訳，早川書房，2009年）の「新語法（ニュースピーク）」を参照。

リーダーシップでは、自分の介入が、それをやると決めた時点では絶対正しいと信じなければならない。だが同時に、自分が間違っているかもしれない可能性も否定してはいけない。

やはり、アダプティブ・リーダーシップとは、意志プラススキルだと言える。効果的な介入は、あなたにとって有利な形で、生き残りと成功の可能性を高める。確率が五分五分でも、うまくデザインされた介入であれば六対四に変えられる。これから説明するツールや手法は、きっとその役に立つだろう。

「頭」と「心」を働かせる

リーダーシップには意志とスキルが不可欠だ。そしてこの二つを活かすには、「頭」と「心」の両方を働かせなければならない。意志を高めるには、「心」、そして知性、精神、気力が求められる。スキルを高めるには、診断と行動という新たなテクニックに習熟できるように、「頭」が「体」を訓練しなければならない。つまりリーダーシップの実践とは、あなたの全身全霊を投じることなのだ。

アダプティブ・リーダーシップの特徴の一つは、行動を起こしてもらう相手の価値観、信条、不安を深く理解し、あなたとつながりを持つことである。相手の内面とあなた自身が心から一体にならなければ、つながった状態でいることは難しい。そのためには、意志、スキル、知恵といった、あなたのすべてのリソースを活用できるように、あなたのあらゆる部分に自ら働きかけることが求められる。さらに、同じようにあなたのすべてを使って相手を引き込むことが、成功には不可欠である。

理詰めで答えが得られないときが、リーダーシップの出番だ。適応を要する変革をリードすることとは、相手と賢明な議論をすることでも、いくつもの事実を積み上げることでもない。喫煙を例に説明しよう。友人のイアンが喫煙者だとする。イアンが一般的な喫煙者と同じであれば、喫煙習慣は健康に悪いと十分に理解している。タバコの危険に関する報告書や病気になった肺の写真をいくら見せても、喫煙習慣は変わらない。どうしてもタバコをやめられないのは、「頭」ではなく「心」が関係している。タバコをやめるように「仕向ける」には、タバコを吸わせる原因を理解し、対処しなければならない。タバコが楽しみや不安の解消になっているかもしれないし、愛する父親を思い出させるのかもしれない。

リーダーシップも同じである。理屈や事実では納得しない人たちを動かそうとしているのだ。いつもと違う行動をとるよりも現状維持を望んでおり、頭ではなく心や体が固執している。行動させるには、そこに働きかけなければならない。もし自分自身の頭と心がかみあっていなければ、他者とつながることは実質的に不可能である。

目的と結びつける

どうしても達成したい目標のためでなければ、リーダーシップを実践し、成功や財産をリスクにさらす意味はない。では、そのような目的とは、どのようなものだろう？　ある目的が、リスクに挑むほどの価値があるかどうか、どのように判断できるのか？　その目的を達成することは、組織にとって価値ある結果につながるのか？　それらの疑問は、自分自身の価値観がはっきりしていなければ答えを出しにくい。

自分の人生や仕事を方向づける価値観を明らかにし、自分が全力を注ぐ目的を明確にすることは、勇気のいる行為だ。どれも正しいが両立しない、いくつかの目的から選択しなければならず、一つあるいは少数を選んで、多数を犠牲にしなければならない。その過程で、命をかけてもやりたいこと、生き甲斐となるものをはっきりさせるのだ。

私たちは、幼稚園から高等学校までの多くの教育関係者と仕事をする機会がある。教師、教育委員長、親、校長、本部担当者、選挙で選ばれた学校の委員会メンバーたちは、私生活上、職業上、時にはイデオロギー上の考えや立場が様々なので、適応課題に対する集団行動の障害になることが多い。難しい議論や厳しい選択が白熱すると、若者の教育という共通の目的から逸脱してしまう。そんなときは「新たな方針は目的とどのように結びつくのか？　子どもたちの教育にどのように役立つのか？」と聞けば、既得権の一部を放棄するような方法も探りやすくなる。

例えば教師は、学び合いを目的に互いの授業を見学することによって、自分たちの独立性が損なわれるかもしれない。あるいは、親との関わり方について教師は学んだことがなく、そのための奨励や援助が教育制度にないとしても、教師は子どもの教育における親や家族との関わり方を改善する方法を探らなければならないかもしれない。

目的という概念は、企業においても大きな役割を果たす。私たちのクライアントのあるマーケティング企業は、分岐点に来ていた。その企業は相当なスピードで業界第二位まで上り詰めた。しかし、急成長を遂げたいま、急激に成長するということが、もはや会社にとって目的にはならなくなっていた。そうなると次々と疑問が浮かび上がる。成長は誰にとっての利益なのか？　さらなる成長は可能なのか、いや望ましいのか？　成長の余地はどこにあるのか？　クリエイティブの担当者と営業陣の間の緊張も高まり、誰が急成長の立役者であり、誰の価値観が将来の方向性を決めるのか、意見の対立が生じていた。その企業は大きな成功は得られたものの、方向性を見失っていた。そこで経営陣は、企業の目的についての話し合いを始めた。その議論は誰にとっても気まずいものであったが、そのおかげで企業の将来像や新たな経営理念が明確になった。

共通の目的を決めることは、困難であり辛い仕事だ。一部の利害は、全体の利益のために犠牲になるからだ。しかし、価値ある修正作業でもある。難しい決断に直面したときや、成功に向けた展望に翳《かげ》りが見えたとき、自分がやろうとしていることを思い起こしてみると、必要なアドバイスやひらめきがもたらされる。

chapter

3 はじめる前に

アダプティブ・リーダーシップの実践は、気軽に足を踏み入れるべきではないが、極めて意義深いものでもある。そこへ踏み出していく前に、次の四つのアドバイスについて考えてみよう。

孤立しない

「簡単で当たり前のようだが正しいこと」をしようとしている人が、結果的に孤立してしまう状況を、これまで私たちは何度も何度も見てきた。孤立すると心細いだけでなく危険でもある。もし自ら退散すれば、あなたのよい仕事を脅威と感じている人たちから、軟弱な相手と見なされる。

そうした危険がごく明らかにもかかわらず、なぜ多くの人が孤立してしまうのだろう？　理由は三つある。第一に、反対意見を持つ人たちが、あらゆる手を使って弱い立場に追い込もうとする。例えば、こんな言い方をされるかもしれない。「ご存じのとおり、あなたの意見には反対です。でも、自分の信念のために戦おうとする勇気は素晴らしいと思います」そんな言葉に気をよくしない人がいるだろうか？　結果として、喜んで相手の言いなりになり、どんどん自分を孤立させることになっていく。

第二の原因は支持者だ。巧妙であり危険である。通常こんな形で起こる。あなたの支持者は、あなたが最大限の努力で取り組んでいて、最前線に立って喝采を受けることを喜んでいると分かっている。例えば「彼が自ら進んで前に出て行って、凍った湖の状況をチェックしていれば、彼はきっと満足だ。氷の強度が確認できれば、自分たちも後に続こう」と考える。あなたが凍った湖をゆっくりと歩いていくと、そのペースに合わせて拍手を強め、すぐ後ろにいるように感じさせる。ところが振り返ると、自分たちも湖に入って本当に安全なのかを確かめるため、湖岸でじっと見つめている。また、相手をやる気にさせたい場合は、「あなたがこの会社にやってくるまでは、誰ひとり私たちの問題を理解せず、私たちの声も代弁してくれませんでした。あなたは私たちの恩人で、かけがえのない人です」などと言うかもしれない。やはりうれしい言葉だ。完全に優しい気分にさせられる。もう一度聞きたい？　ならば凍った湖をさらに一歩進めばよい。だが、そんな間違いを避ける方法もある。誰かに素晴らしいとほめられたら、「確かに自分は素晴らしい。でもそれほど素晴らしいわけでもない」という自分の声に少し耳を傾ければよいのだ。すると、何か違うことが起こっているのだというシグナルを感じることができる。

自らを孤立させる第三の原因は、自分自身の情熱と思い入れである。自分がやっていることへの信念は、適応を要する変革をリスク覚悟で推進するためには不可欠である。だが同時に、それが弱みにもなる。自分の目的にとらわれすぎると、危険を知らせるシグナルに気づけなくなってしまう。そして介入は失敗に終わる。

私たちは先日、ニューヨークでの二〇一二年のオリンピック招致に失敗した幹部の一人から話を聞いた。本人によると、目標に情熱を注ぎすぎて思い込みが強くなり、愛するニューヨークの同時多発テロからの復興の象徴として何が何でもオリンピックを開催したいと思っていたそうだ。そのため危険なシグナルに気づかなかった。開催地を決めるメンバーが自分のようには明確に状況を把握できていないとは思いもせず、立ち止まって軌道修正もできなかった。もしできていれば、結果は違っていたかもしれない。

リーダーシップを発揮する対象が小さなことでも（チームのミーティングで難しい課題を提起するなど）、大きなことでも（ニューヨークへのオリンピック招致など）、決して一人で進めてはいけない。危険を共有し一緒に表に立ってくれるパートナーを見つけよう。誰かが一緒なら、反対意見の人たちの攻撃を避け、目的を追求できる可能性は、大いに高まる。

人生はリーダーシップの実験室だと考える

アダプティブ・リーダーシップを実践する機会は、家庭でも、職場でも、地域での生活、宗教活動、コミュニティ活動でも、毎日あなたの前に現れる。それらを見渡して、好機を探ろう。

私たち専門家も例外ではないが、ほとんどの人たちはそのチャンスを簡単に逃しすぎている。もっともな説明、色んな事情、言い訳が、数多く繰り返されている。「忙しすぎる」「ようやく三人の子どもたちを大学まで卒業させたばかりだ」「色々と探して、ようやくいまの仕事に就けた」「私たち四人兄弟は一年に数回しか会わない。両親をケア施設に入居させる問題を持ち出して雰囲気を壊すことはできない」「コミュニティにお返しをしようと思ってNPOの役員をしている。だから価値観に反した行動を指摘して揉めたくはない」「ここは私の教会であり、自分の精神を充実させるために教区委員をしている。寄付金以上に出費が多いという不愉快な現実を、教区民に突きつけるためではない。いつか、おそらく私が他界したずっと後になって、現実に直面するだろう。私は自分の寄付金を増額して自分の役割を果たすだけで、何か手を打つつもりはない」などと言う。

本書の目的は、読者が最も大切に思っているもののために、アダプティブ・リーダーシップを発揮するチャンスをとらえ、うまく実践できるように支援することである。それは、リーダーシップを発揮する時間の割合を、25％から75％に高めるという意味ではない。25％から30％に増やすだけでも、仕事とプライベートの両面で、また家族、仕事、コミュニティにおける目的に対して大きな違いを生み出すことができるはずだ。

アダプティブ・リーダーシップの針を動かすには、これまでは見逃してきたかもしれないような機会を自ら進んで見つけ出さなければならない。まず、そうしたチャンスがいつでも、どこにでもあることを意識することから始めよう。

マーティの友人で、長年ボストンでトークショーの司会を務めた故デヴィッド・ブラドノイは、がんを患って危篤状態になった後、『人生はリハーサルではない』[1]を執筆した。そのなかで、病気

[1] David Brudnoy, *Life Is Not a Rehearsal: A Memoir* (New York: Doubleday, 1997).

を経験して目の前の人生を生きることを教えられたと語っている。あなたが人生は何かのリハーサルだと考えていようと、目の前の瞬間がすべてだと考えていようと、リーダーシップの実践とは、学びのチャンスでもあるのだ。リーダーシップは一種の実験的な技能《アート》であり、私たちは未知の領域にいる。だから、人生はリハーサルなのか、それとも現在の困難な状況を生きることなのかについて、その折り合いをつける一つの方法は、人生をリーダーシップの実験室と見なすことである。そこでは、どうすればより意義ある存在として生きられるか、人生の最大の目的に近づけるか、重要な変革を推進できるかを学ぶ機会に、ずっと直面し続けるのだ。実験室と思えば、挑戦し、失敗し、スキルを高め、未知の領域への旅や実験成果を楽しむこともできるだろう。

ビギナーとマスターの違い。それは、マスターのほうがはるかに多くの実践を重ねていることである。

——ユーディ・メニューイン

拙速に行動しない

リーダーシップを直感的に実践できる人もいるが、多くの人たちにとっては、深く内省することが必要だ。近代の象徴的なリーダーとして知られるネルソン・マンデラ、マハトマ・K・ガンジー、マーティン・ルーサー・キング・ジュニア、マザー・テレサなどは、行動力に加えて、とりわけ思慮深い人たちだった。

組織において、ストレスのかかる問題、あるいは危機に直面すると、プレッシャーから性急な行動につながりやすい。だがそのプレッシャーは、強みになることも多い。過去に経験があるかもしれないが、難局にうまく対処する方法が分かるのだ。たとえ何をすべきか見当もつかなくても、どうにかして相手の要求に応じるために「何とかしなければ」と考える。

もちろん危機管理のスキルは必要である。出火したビルに閉じ込められた人がいれば、何が何でも助け出さなければならない。だがアダプティブ・リーダーシップは、火災現場での人命救助とは違う意味で難しく、危険である。問題の定義が容易ではなく、自分自身の優先順位、いつもの考え方や行動を見直さなければならない場合も多い。適応を要する変革をリードすると、議論を巻き起こし、現状を覆し、不均衡な状態を作ることで自ら抵抗を招くことになるだろう。

適応課題をじっくり見極めるには、時間と内省が必要である。何かを行うことへのプレッシャーをはねのけ、問題の診断により十分な時間を費やさなければならない。そこに多くの時間をかけることが、たとえ非常に不快に感じられたとしてもだ。ためらわず自分のスキルを検証し、介入を実行するのに適任か、それとも他の人のほうが成功の可能性が高いのかを判断しよう。じっくり時間をかけてリスク、自分自身、組織について考え、リスクに値する成果を見込めるかどうかを自問してみるのがよい。

難しい選択の楽しさを知る

リーダーシップには、自らの力が試されるような適応を求められる。そうした適応が単純ではない理由は、どうしても必要なので残していかなければならないもの、自分が価値を認めているものの中で排除できるものを決めなければならない点にある。自分にとって何よりも大切なものを守りながら、同時にかつて大事にしていた関係、価値観、考え方、自分自身のイメージに別れを告げなければならない。だから難しい選択となる。

マーティは、子どもがいる場合の離婚を、よく喩えに使う。彼もロナルドも、ともに経験のあることだ。自分は自己実現の正当性を信じていると言い聞かせながら、子どもの心を傷つけるようなことは決してしたくないとも強く思う。どちらも重要な価値観であり、どうしようもないと頭では分かっている。けれど、いざ離婚を決めると、二つの同じように大切だった価値観に突然、一番二番と優先順位がついてしまう。自分自身の目で見る自分と、家族やコミュニティの目で見る自分とは、別の人間であり、称賛されることはない。確かに辛いプロセスだが、真実が明らかになり、解放感を生むことにもなる。

自分にはもっと大切なことがあるから、リーダーシップの実践という選択をとらなかったのだと認めることは、自己認識の第一歩になる。ソクラテスの定義によると、徳である（弟子のプラトーによる証言）。責任をもって自ら選択すれば、自分がどういう人間なのか、少し理解が深まる。心の奥深くにある複数の価値観からの選択は、正しいか間違いかというものではなく、明確にするということだ。そうした選択は、辛いものとなるかもしれない。

自分が何を言っているかを聞くよりも、何を行っているかを見ることによって、自分が本当はどういう人なのかが最もよく分かる。何を信じているかを実際に知る唯一の場面は、ある信念と自分が信じていると言っている何かの間で矛盾が生じてしまうときに起こる。もし大切にしている価値観のリストの中でもかなり下に位置するからといって、その考えに基づいて行動することがないというのであれば、その価値観はあなたにとって、それほど意味はないということだ。「世界中の飢餓の撲滅を重要だと思っている」人や「地球環境の保護が重要だと思っている」人の数に比べて、自分の信条に基づいて実際にあらゆる行動をとる人は圧倒的に少ない。せいぜい共感できる政治家に投票したり、少し違った行動をとってみたり（例えば慈善団体への寄付や自宅での消灯）するくらいである。

忠誠心が、日常の信念を形づくっている身近な実例がある。ある友人は、中華料理を食べていなかったのに、二〇年間、自分が中華料理好きだと思っていた。だがある日、友人たちから中華料理を食べに行こうと誘われ、「どこか別の店に行こうよ。あまり中華料理は好きじゃないんだ」と答えた自分の言葉にハッとした。なぜ、自分は中華料理好きだと思い込んでいたのだろう？　しばらく考えた後、中華料理への思いは、本当は家族への強い思いだったのだと気づき始めたのだ。子どもの頃、日曜日になると両親や兄弟と中華料理を食べに行っていた。家族の決まりごとだったのだ。だから自分が中華料理を嫌いだと認めれば、家族の行動への非難になると感じたのであろう（おそらく両親もそう感じただろう)。考えや行動を続けるのは、考えや行動そのものではなく、考えや行動の背景に強いこだわりがある場合が少なくない。

アダプティブ・リーダーシップの実践とは、自分にとって重要だと言ってきたことのために、以前とは違う選択をすることだ。自らを躊躇させるどんなコミットメントや懸案事項があったとしてもである。かつてある知識人が、一日一回きっぱりノーと言うのが大人のしるしだと言っていた。それは、はっきりさせる行動であり、自分を理解するための第一歩であり、何かに対する覚悟だ。適応を要する変革をリードするには、何かを諦めなければならない。だがその一方で、個人的に大切なことを明らかにするという、本当の喜びを見出す作業でもあるのだ。

第2部

システムを診断する

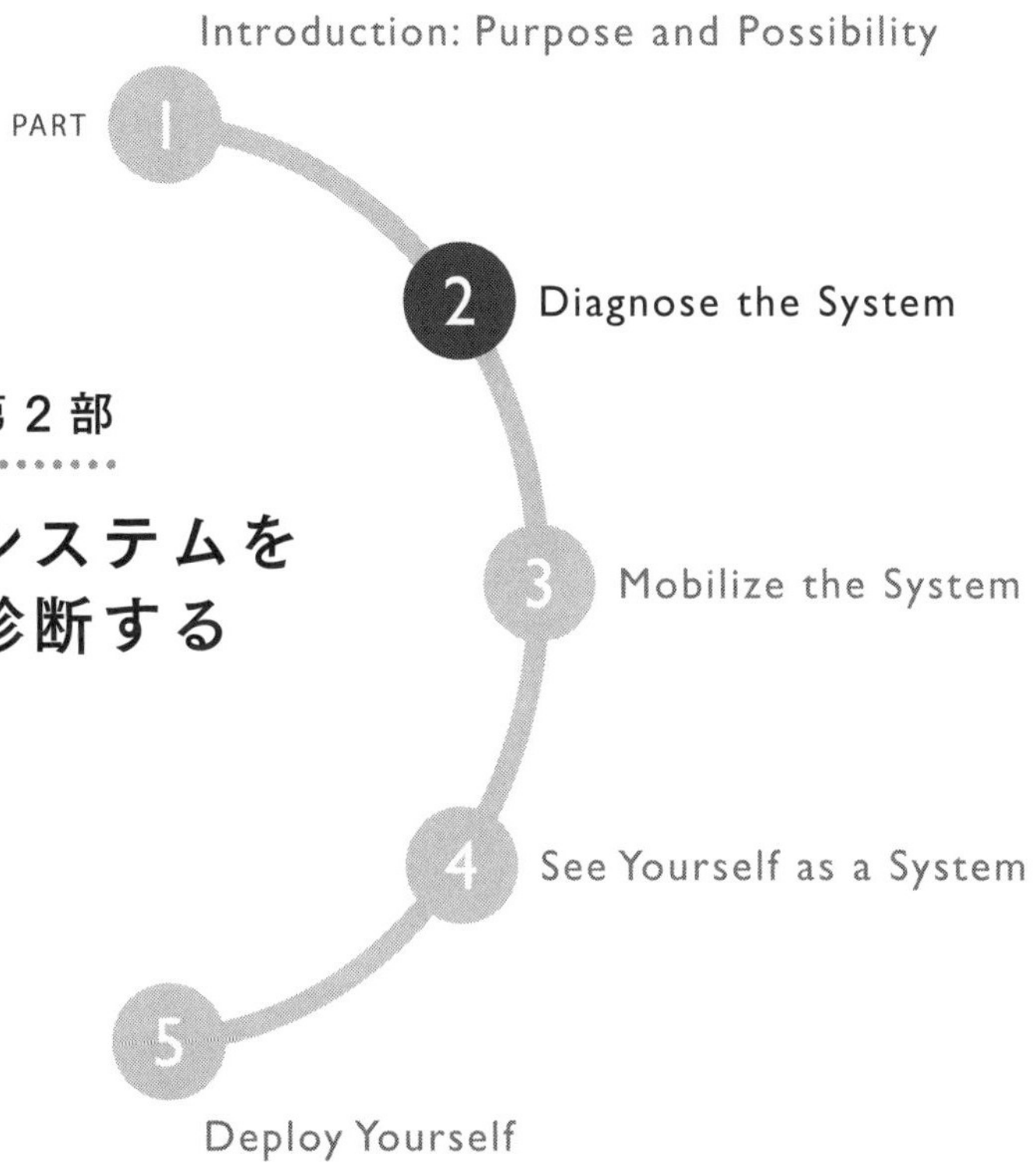
Introduction: Purpose and Possibility
PART 1
2 Diagnose the System
3 Mobilize the System
4 See Yourself as a System
5
Deploy Yourself

第2部　システムを診断する

診断してから治療を始める。それが医療においては常識だ。アメリカの医療ドラマ『ドクター・ハウス』に出てくるように、医師、看護師、技師、研究者たちが頭脳、スキル、エネルギーを投じて問題を見つけ出す。ときには何らかの治療を行い、その効果を確認してから病気を特定することもあるが、多くの場合は検査を行い、時間をかけて考え、議論して、まず問題をはっきりさせる。治療はそれからだ。

だが企業や行政機関では、一歩下がって問題の本質を明らかにすることなく、いきなり治療に進むことが多い。状況について必要不可欠なことを把握せずに、問題解決に膨大な労力を投じ、大々的に新たな戦略やプログラムを展開してしまう。アメリカがイラク戦争で学んだ通り、国家が十分に状況を評価せずに戦争を始めることさえある。イラクには本当に大量破壊兵器が存在したのだろうか？　アメリカには、イラクで戦って平和を勝ち取り、並行してアフガニスタンを安定化させられるだけの人員がいたのだろうか？　戦闘が長引いた場合、政府は国民の同意を得て、長期戦に備えた資金を確保できていたのだろうか？　長引く可能性はどれくらいだったのだろう？　長期化した戦闘が、世界の経済、社会、政治の重要課題にどのような影響を与えたのだろうか？　当時の陸軍参謀総長のエリック・シンセキは、イラク戦争での勝利と平和的安定には数十万人が必要だと主張していた。だが国防長官のドナルド・ラムズフェルドが断固反論した。バグダッド陥落後もシンセキは増派の必要性を訴えたが、その発言を理由に解任されている。

医療においては、高いスキルを持つ二人の専門医の間で、診断とその後の治療についての見解が大きく食い違っている場合、診断を続ける。どちらの診断と見解が真実に近いのかを明らかにするために精査し、より多くのデータを集め、さらに情報を得るために試験的治療を徐々に進めることもある。絶望的な病状でなければ、本質的な問題を明らかにしないまま、本格的な治療に進むようなリスクは避けるだろう。多くの治療は、危険を伴い費用も高額なので、正しい診断だとある程度確信できなければ始められない。

難しい課題に対処しようとする人が賢すぎて、それがかえってプラスにならないことが少なくない。困難な局面において憶測で動いたり、問題がすでに知っていることと同じなので自分たちの認識の通りに全体像を捉えてしまう、といったことが往々にしてあるのだ。診断のプロセスに我慢ができなくなり、あるいは迅速な決断という周りからの期待に神経質になって、拙速に問題解決に進んでしまう。確かに決断力や問題解決力も大切だが、そのことへの誇りと過信が、組織を混乱に陥れる危険もある。

chapter 4

システムの診断

適応課題に取り組む最初のステップは、「バルコニーに上がって」組織がその課題にどう対応しているかを見ることだ。この視点からの情報によって、企業の構造や文化、習慣的対応《デフォルト》（問題にいつもどのように対応しているのか）への理解を深めることができる。

その上で、目の前にある適応課題の本質をしっかりと把握する（第5章）。次に、課題に取り組むために人々を動かしていく効果的な方法である、政治的関係の構図を明確する（第6章）。さらに、適応力のある組織に顕著な特性を考えることによって、あなたの組織の総合的な適応力を評価する（第7章）。

魅力的で頑強な現状

私たちは、現状というものが、次々と起こる問題やチャンスにそつなく対応できていて、すでに進化を遂げたものだと考えている。昨日の適応が招いた重圧、問題、チャンスによって、創造的で成功をもたらす対応が組織内に生まれ、その試行錯誤の結果、組織の構造や文化、規範、習慣的対応、マインドセットが刷新されてきた。つまり、昨日の適応は今日の日常行動であり、昨日の適応課題が今日の技術的問題となる。

人間のシステムと同様に、組織のシステムは極めて複雑だ。そこには、組織を定義し、維持するための頑強な構造、文化、習慣的対応が存在する。その頑強さには理由がある。自己増強するシステムを長い時間をかけて築いてきたのだ。少なくとも昨日までの世界を生き抜いてきたからこそ、消え去らずに存在している。だから繁栄というより残存であり、今日危険にさらされるかもしれないが、過去何十年間にわたって課題に対して適応してきた強力な機能が衰えることはない。

システムは、すぐに頑強になる。組織が生まれたその日から、構造、文化、習慣的対応が形成され始める。組織メンバーがどのように交流し、どんな考え方を共有するのか、また共有しない考え方はどんなものなのか、どんなジョークが組織にふさわしくおもしろいか、誰がディベートやミーティングでの発言権を持つのか、どのような成果が評価されるのか、といったことが決められていく。創業者やCEO、経営陣が懸命に組織の構造、文化、習慣的対応を変えようとする場合もあるが、多くが失敗する。組織のシステムは一つの形になり、メンバーを選抜し、受け入れ、報酬を与え、そしてそのメンバーがシステムを存続させようとするからだ。

転職して最初のスタッフミーティングに参加し、「なぜ私はこの会社に入社したのだろう？　どうすればここになじめるだろう？」と思った経験はないだろうか？　それから数週間、ミーティングに参加する回数も増えると、周りの人たちと同じように行動するようになっていないだろうか？もしそうなら、それが組織システムの自己持続力である。

どんな会合でも二回目になれば、組織システムを構成する構造、文化的要素、習慣的対応が根づきはじめる。行動は型にはまり、その型が徐々に定着していく。すべての人の一つひとつの行動が、システムを作り上げ、持続させているのだ。

おそらく転職から六カ月後には組織システムの独自性を感じることさえなくなる。仲間と同じような服装になり、同じような冗談を言い合い、上司と話すときの声のトーンも覚え、上司、部下、同僚が思いどおりに行動してくれるような対応をし始める。組織で成功する方法を学習したのだ。

組織にとって「成功」は、それぞれが得ようとしている結果によって定義が異なってくる。利益率の改善、エイズの撲滅、マーケットシェアの拡大、公的教育の充実、あるいは画期的商品の開発かもしれない。それらを生み出す行動は報われ、称賛され、そうでなければ価値を下げる。

組織にとって適切な行動をより一層強化するために、人事考課、昇進、表彰、ボーナス、リテンションの基準のような明示的な方法が使われる。その一方、会議での上司の認知や無視、組織の最高あるいは最悪の時期について語り継がれるストーリー、組織で出世する方法についてのスタッフ同士の会話など、表に出ない方法で行われることもある。

マーティがハーバード・ケネディスクールで教員を始めたとき、あるメンターと大学での昇進についての話をした。そのときメンターは突然話を遮り、「いいかマーティ、私はいつでも喜んで、君とその話をするが、それはプライベートのときだけだ。決して校内で他の人と、そのような話をしてはいけない」と告げたそうだ。言いたいことは明らかだ。ケネディスクールの組織システムでは、野心を口外するのは不適切だと考えられているのだ。キャリアに関する意欲を話せば、権力や地位を手に入れようとしていると見なされかねない。仲間や上司からは、学問に対する責任よりも自分自身の将来に関心を持っていると判断される可能性が高いのだ。

そのような組織システムの基盤となる構造、文化、習慣的対応は、次第に深く根づき自己増強するが、新たに形を変えることは困難になる。順調なときは問題ない。だが、二〇〇八年から始まった金融危機、もっと一般的事例では業界にとって新しい競合企業の参入、組織の創設者の退任、顧客嗜好の変化、新たな法律の制定など、何か重要な変化が起きたとき、柔軟性のないシステムは適応できず、新たな環境で生き抜く方法を学べない恐れがある。

多くの組織が現状の物事の進め方によって身動きがとれなくなっている。これまではいつものやり方でうまくいき、実証済みの思考と行動のパターンが組織を成功に導いたので、そのパターンを受け入れた人たちは成功を手にした。そのため、既存システムにうまく対処できたおかげで組織のトップに昇りつめた人は、その構造や文化、習慣的対応を変えようとしない。多大な成功を収めてきた人々にとって、これまでうまく機能していた手法を手放すことは特に難しい。

例えば、私たちが知っている東海岸のある大手証券会社は、ハイテクバブルを一九九〇年代を通じてずっと続くブームとみなし、同社のブローカーは低迷期に入ってしまっていたAT&T株を主要銘柄として顧客に推奨し続けた。だが当時AT&Tでリーダーシップ開発の仕事を行っていた私たちは、外部の組織が次々と気づいている兆候に、社内の多くのマネジャーが目を向けにくい実態を目の当たりにしていた。この場合（ほかのさまざまな業界でも同様だが）、社員は組織システムにどっぷりつかっていたので、目前にある適応課題が見えなかったのである。こうした状況が続く限り、環境変化にあわせて競争力を維持するための変革を起こすことはできないだろう。

閣僚を経験し、非営利組織コモン・コーズとインディペンデント・セクターを創設したジョン・ガードナーはこう言っている。「若いリーダーがトップに昇る道のりが長くなると、たいていの場合、『現状の召使い』になり、『未来の開拓者』になれなくなってしまう。長期にわたってシステムの仕組みを学習し、既存ルールの複雑な構造の中で評価されていく。するとトップになったときには、組織構造にとらわれた人になっている可能性がかなり高い。これは悪い面ばかりではない。あらゆる重要なシステムは、自ら維持する機能をもっているものだ。しかしリーダーたちが十分な独立性をもって変革や成長を支援しなければ、システムは長い期間その重要さを保つことができない」[1]

適応課題には、他にない特徴がある。優秀な人材が辞めて別の組織に移らないようにとどめておくというケースをもとに考えてみよう。

1 **インプットとアウトプットは直接つながらない**。戦略が想定外の結果を生む（営業担当者の特別賞与を増額したにもかかわらず、競合相手に魅力を感じて多くの人が離職してしまう）。

[1] John Gardner, “The Tasks of Leadership.” *Leadership Papers/2* (Washington DC: Independent Sector, 1986).

2 **公式の権威では不十分。**自分が置かれた立場の公式の権威は、変化をもたらすのに十分な力を持たない（営業担当のマネジャーに対して、優秀な人材の指導に費やす時間を増やすよう指示したが、彼らは従おうとしない）。

3 **グループによって求める結果は異なる。**変更に賛成するグループもあれば、反対するグループもある（利益率の高いクライアントを部下に任せ、新規顧客を開拓するように提案しても、マネジャーたちは長年続いてきた関係や手間のかからない再発注元を失い、さらに部下に自分の代わりになるチャンスが増えることに不満を持つ）。

4 **かつての成功法が時代遅れに見える。**過去にうまくいった実証済みのテクニックが古びたものに感じられ、新たな課題には不十分に思える（一九六〇年から一九七四年生まれのX世代の賃金を増やしても、彼らの忠誠心は得られない）。

適応課題は、相互に依存し合うつながりが絡み合って成っている。例えば、（システムとしての）組織はその上位にあるシステム（業界やセクター）の特性を反映している。

非営利、民間、公共という経済活動における主要なセクターを見てみよう。新しい現実への適応を難しくする特性がそれぞれにある。

- **非営利セクター**では、使命を大切にする。そのため合意に基づく意思決定を重視する傾向があり、難しい判断になると、全員が発言権を持つ。また同時に拒否権も持つ。
- **民間セクター**では、利益を重視し、競争環境は熾烈である。ただ厳しい競争環境が変化しても、利益につながらない昔ながらの事業を守る傾向がある。
- **公共セクター**では、リスクを避けて安全性を尊重し、適応への圧力や市場競争は回避しようとする。

複数のシステムの中で同時に活動していると理解することは、適応課題を見極めて対処する上で重要である。

バルコニーにて

- あなたの組織は、非営利、民間、公共のどのセクターに所属するだろう？　そのセクターの特性は、組織運営にどのような影響を与えているだろう？　その結果、適応課題に取り組むための組織能力にどう影響を与えているだろう？
- あなたの組織や家族の特徴的な規範をいくつかあげてみよう。その規範は、適応課題に取り組むグループの力にどう影響を与えているだろう？

現場での実践演習

- 現在の仕事に至る自身のキャリア転換において、何が一番難しかったか、またその転換をスムーズにするためにどのような戦略をとったかを、部下たちに聞いてみよう。またそれらの戦略が、キャリア転換という特有の適応課題の対応に有効だったかを議論しよう。
- 自分たちのチームが最近経験した危機や課題を考える。またチームメンバーとともに、そこに至るまでの経緯をできるだけさかのぼって思い出す。実際に望んでいた様々な結果、またそれらの結果を生み出すために立場を離れて果たした役割を確認する。望ましい結果を生み出すプロセスにおいて現れた、新しく有益な行動、態度、対処法を聞いてみる。こうした新しい強みを、今後起こり得る適応課題の対応に活かすにはどうすればよいだろう?

すべての組織は、一つの全体的なシステムでなく、一連のサブシステムの集まりである。自分の周りで起きている状況を多様な視点でとらえるには、三つの要素を見ればよい。**構造**（インセンティブ・プログラムなど）、**文化**（規範や会議の手法を含む）、**習慣的対応**（問題解決や思考・行動様式といった習慣化しているプロセス）である。

構造の持つ意味を理解する

組織内のあらゆる活動がどこで、どのように行われるかは、構造によって決まる。例えば、その構造によって特定の行動や態度（ミスをしない、新規顧客や顧客満足を獲得するなど）が促されたり、他の行動や態度（リスクに挑む、既存のクライアントとのビジネスを広げる、従業員の士気向上に重点的に取り組むなど）がそれとなく妨げられたりする場合がある。構造の例として、組織図、報告やコミュニケーションのルール、規則や付則、雇用契約、採用方法、報酬制度などがあげられる。それら一つひとつが、ビジネスの変化に対する組織の適応力を強化、あるいは抑制することとなる。メリルリンチの事例を紹介しよう。

メリルリンチの事例

一九九〇年代後半、大手金融サービス会社のメリルリンチは、401k（確定拠出年金）サービスを提供する部署を立ち上げた。強力なライバル企業が、すでに先んじて参入していた市場である。

401kの営業担当者の給与体系は、既存の社内モデルが適用されていた。具体的には、営業担当者のボーナス（通常営業職では年収のかなりの割合を占めている）が社内の相互評価と営業目標の達成度によって決まる仕組みであり、既存の部署ではうまく機能していた。しかし401kの部門では完全に失敗だった。まだ始まったばかりのビジネスだったため、マネジャーや営業担当者がその内容に習熟するまで、業績の大幅な伸びは期待できなかったからだ。こうした従来の給与体系が障害となり、401k部門は社内の最も優秀な人材を引きつけることができなかった。しかも、最も期待されていたメンバーの何名かは、他社の条件に魅力を感じて転職してしまった。

401kで業績を伸ばすには、外部ネットワークを構築し、不慣れな新商品を販売しなければならない。ところが年収を大きく左右するボーナスは、従来どおり営業目標の達成度で決められていたので、当然ながら営業担当者は既存商品の既存顧客への販売に力を入れた。報酬制度という構造が、別の部署では成功を生み、同時に新しい部署の努力をひそかに傷つけていたのだ。

結局メリルリンチは、401k営業のボーナス評価基準を変更した。従来の仕組みを続けていた他の部署とは緊張関係が生じたものの、401kの部署は急速に売上を伸ばし、市場での存在感も大きくなった。

ここでしばらく「バルコニー」に立ち、自分自身の組織の構造や、それによる影響について考えてみよう。

バルコニーにて

- あなたの組織の報酬や表彰制度は、どのような行動を奨励しているだろう？　逆にどのような行動の妨げになっているだろう？　奨励されている行動は、組織の戦略的目標の達成にどれくらい役立っているだろう？
- あなたの会社のどの職務や役割が最も高く評価されているか、また最も評価されていないかについて、組織図は何を示しているだろうか？　誰が誰と直接のつながりを持っているかを見ると、誰が協働し、誰が単独で働くかについて何か分かるだろうか？
- あなたの会社では、どのように部署やチームが組織されているだろうか？　誰が誰の直属となっているか？　そこから、誰が意思決定に関与しているか分かるだろうか？
- 最近採用された幹部や役員について思い出してみよう。どのようなプロセスだっただろう？　組織内の誰と公式に面談しただろう？　これらのことから、新たに採用された人は、組織とどのように関わるべきと考えられるだろうか？
- 役員会の人数、基準、選出システム、報酬を見ると、どのように意思決定がなされ、どんな価値がどのように評価されていると言えるだろうか？

現場での実践演習

- チームメンバーとともに、組織のミッションについてホワイトボードやフリップチャートに書いてみよう。それからミッション達成を支える構造、ミッション達成の妨げになる構造をリストアップする。例をあげてみよう。

私たちのミッション：困っている人々の生活の質の向上

ミッション達成を支える構造	ミッション達成の妨げになる構造
採用活動では、非営利活動の経験や公共サービスでの長年のキャリアを重要視している。	表彰や他の評価は、主に資金提供者からどれだけ寄付金を集められたかによって決まる。クライアント側に費用負担のない方法を考え出しても（コミュニティ内のメンタープログラムなど）、ほとんど評価されない。

組織の文化と影響力を明らかにする

組織の文化を作り上げるのは、伝承（メンバーが頻繁に語り、何が大切かの指標になる話）、慣例

（新入社員の歓迎方法など）、規範（敬意を表す方法、ドレスコードなど）、会議の進め方（問題解決や意思決定の方法など）などである。それら文化的要素すべてが組織の適応力に影響する。

組織の文化は通常、構造と違って書き留められていないし、正式な文書にもなっていないので、正確に言い表しにくいかもしれない。しかし構造と同様に文化は、受け入れられる行動、受け入れられない行動の決定に大きな影響を与えている。

あなたがよく知っている組織の例として、自分の家族を考えてみよう。感情表現の文化的ルールにはどんなものがあるだろうか？　感情的な対応は、しっかりした意思疎通の表れとされるだろうか、それとも弱さの象徴として良しとされないだろうか？　どんな感情であれば出してもよいのだろうか？　どんな状況なら許されるのか？　例えば多くの家族では、怒りをあらわにすることは不適切とされる。悲しみや後ろ向きの気持ちもよくないとされることがある。反対に、人生は厳しいものなので、幸せそうにするのは人生に真剣に向き合っていないとか、懸命に生きていないとか、考えが甘いと見なす文化もある。あなたの家族はどうだろう？（私たちの知っている家族の多くは、怒り、苦しみ、幸せを、まったく気にせずにうまく表に出すことができていれば円満である）

マーティは幼少期、もし相手へのほめ言葉が見つからなければ、何も話さなくてよいと教えられたことを覚えている。一九八八年、大統領選に出馬したマイケル・デュカキスは、もし妻がレイプ被害者になったらどうするかと聞かれ、分析的に回答して批判を受けた。幼少期から感情をあらわにしてはいけないと教えられてきたそうだ。怒りの表情を見せてはいけないという規範を身につけると、そうしなくなるまでにどれくらいかかるのだろう？

アダプティブ・リーダーシップでは、グループの文化を理解し、変化を促すものと疎外するものを判断しなければならない。組織の難しい課題に取り組むときに、そのような状況診断にほとんど時間をかけないのは、コミュニティ、民族、家族の文化に比べて組織の文化は、個人に関わるものと見なされていないからである。だが家族と同様に組織でも、一人ひとりのメンバーが文化をつくり、またその影響も受ける。

組織文化の診断には、「バルコニー」でどうすればよいのだろう？ 文化の旗印となる、伝承、慣例、規範、会議の進め方を探ってみよう。

▼伝承

コミュニティと同様に組織においても、ストーリー、ジョーク、伝説などの長く語り継がれている話（伝承）によって、人々は周りの出来事や状況の意味を理解するということがある。伝承が長く影響力を持つのは、組織の人々にとって最も大切なことを象徴するイメージや考えを表現しているからだ。これらの話は、コーヒー・コーナー、カフェテリア、オリエンテーション、メンバーの送別会などで繰り返し語られる。どのように組織が機能しているのか、メンバーは何を重要だと考えているのか、その真実が分かるので、伝承は長く引き継がれる。

しかし、反響や影響力が強いため、ほかの重要な情報がかすんでしまう。組織の機能を完全に理解するには、それぞれの話を解読し、行間を読みながら何が許され、何が許されないのか、糸口を探らなければならない。そうすれば組織のリスク寛容度や決断力、価値へのこだわりや柔軟性が分かり、変化への適応にどの程度準備ができているかを見極められる。

組織で伝承される話として取り上げられやすいテーマは、次のとおりである。

- 上司に公然と反対したときにどうなるか。
- 誰か（特に幹部や役員）が会社を解雇された、あるいは退職したのはなぜか。
- 組織で最も在籍の長い人は、どうやって生き抜いてきたか。
- なぜ創業者は起業し、なぜ退職したか（あるいはなぜ現在も組織にとどまっているか）。
- 昨年のクリスマスパーティーについて、今も話題になるのはどのような出来事か。
- シニアマネジャーを対象とした前回のオフサイト・ミーティングで何が起きたか。
- 役員会で実権を握っているのは誰か。
- ＣＥＯが信頼して話を聞くのは誰か。
- 組織はどのように大成功をつかんだか、あるいは大失敗から立ち直ったか。

バルコニーにて

- 解雇された人、依願退職した人、大幅に昇進した人を二、三人考えてみよう。それぞれの経緯についての会社の正式見解は？　社内のうわさ話と違いはないだろうか？　あるとすれば、どう違うのだろう？　さまざまな話から、組織はどのように適切な行動、不適切な行動を決めていると考えられるだろう？　そこから組織の適応力は、どのように判断できるだろう？

現場での実践演習

- 各チームメンバーに、企業の価値観があらわれていると思う事件や出来事について、匿名で簡潔に書いてもらう。それらを回収し、次の会合でみんなで考えてみよう。（私たちのコンサルティング業務では、プロジェクトの節目ごとにレビューのミーティングを行い、介入の成功と失敗に着目し、結果に対する私たちの貢献を検証、分析している。このレビューで、失敗した介入を分析し始めると、リード・コンサルタントが自分たちの貢献を理解していないことが多い。効果的なレビューミーティングでは、私たちの強みを再確認し、ブラインドスポットを見つけ、新しい診断と行動の選択肢を作るという仕事を通じて、最先端のコンサルテーションの提供を重要視していることが表れている）
- チームメンバーと一対一で面談し、過去六カ月間、組織として何が最も成功だったかを二分間で話してもらう。それぞれの内容は録画しておく。その後、メンバー全員ですべての面談内容を見て、どの話が組織の文化を暗示しているかについて議論する。おそらく、意思決定やその硬直化が多くを占めるだろう。どの話が企業の適応力について語っているかを議論してみよう。

▼慣例

それぞれの組織には慣例や習慣があり、同じ状況になると同じ行動を繰り返す。慣例はバースデイパーティー、定例会議、クリスマスパーティーから慈善活動の援助、特別な出来事や事業成功の祝賀会（例えば新規クライアントの獲得、大規模なプロジェクトの終了、永年勤続者の退職）まで多岐にわたる。組織がどのような慣例を作り、どのような慣例を作っていないかを調べれば、企業の適応力が分かる。そこから、メンバーがやる気をもって実行できるように、適応課題の枠組みをどのように作ればよいかが分かってくる。例えば、組織としての成功をいつも祝う企業であれば、終了までの長い道のりの途中で、節目を祝うイベントを組み込めばよい。個人の成功を祝う企業であれば、これまでにないリスクに挑む賢明な行動を称賛するプログラムを作るということだ。

バルコニーにて

● 組織の慣例をリストアップしよう。どんなことを祝い、あるいは評価しているだろう？　仕事上の成功だろうか？　家族のために時間を作ることだろうか？　部署間の交流だろうか？　それらの慣例から、企業の適応力はどのように判断できるだろうか？

現場での実践演習

- 企業の適応力を高める行動を見つけ出し、その行動につながりそうな慣例を作ろう。例えば、リスクやミスへの恐怖心を軽減する環境作りのために、営業部門のマネジャーであるマルタは、「最高の失敗」という慣例を作った。毎週月曜日の朝に行われるスタッフミーティングで、前週の失敗から誰よりも学んだメンバーが、その経験を紹介する。それに対してユニークな表彰が行われ、チームの学習に貢献したとして拍手がおくられる。

▼規範

規範は組織の人間関係を左右し、さらに組織の適応力も浮き彫りにする。アレクサンダー（本書共著者）は若い頃、ジーンズ姿でマイクロソフトの面接を受けた。マイクロソフトに勤める友人から、スタッフは仕事中ジーンズ姿だと聞いていたからだ。結局採用されず、ジーンズ姿が許されるのは採用後であることを後になって知った。規範は、服装だけでなく次のような行動にも影響を与える。

- 誰が誰をファーストネームで呼ぶか。
- 組織内のプレゼントとして何がふさわしいか。
- スタッフの交流があるか、どこで、どのように行われるか。
- 誰の部屋のドアが開いているか、あるいは閉まっているか。

- どんなジョークが許されるか、どんなものが許されないか。
- カフェテリアで誰が誰と一緒にいるか。

また、それらの規範は、組織の適応力を判断するデータや手がかりになる。基本的には、規範を見れば、学習の機会を作っているか、あるいは現状維持を強めているかが分かる。もし、いつも同じ人同士でランチを食べていれば、組織の古い規範を踏襲している。反対に、いつも違う人たちと食べていれば、相互交流の機会や新たなアイデアが生まれる確率が高い。

バルコニーにて

- あなたの組織では、どのような行動が不適切だと見なされるか？ 怒鳴ることは？ 白熱したディベートは？ カジュアルな服装は？ 長めの昼食時間は？ 長めの休暇は？ 残業せず五時に退社するのは？ それらの規範から、あなたのグループの文化や適応力はどのように判断できるか？
- 最初の出勤日を思い出してみよう。まずどの規範に驚いただろう？ すでに組織の規範を自分の中に取り込んだだろうか？ もしそうなら、どれくらい素早く取り込んだだろうか？ このことから、あなたの組織がどうやって現状維持を強めているのか、何か分かるだろうか？

現場での実践演習

● 組織の適応力強化につながりそうな規範を考えよう。二、三人の同僚に参加してもらい、適切なタイミングでその規範を実践してみる。例えば、「会議の最後の五分間は、チームの業績と個人の貢献について、振り返ってよく考える」ことを試してみる。仕事におけるちょっとした試みが、どのような結果につながるかを見てみよう。

▼会議の進め方

会議の進め方を見れば、組織の適応力について多くのことが分かる。どのような会議が定期的に行われているのか、誰が参加しているのか、どのように議題が決められているのか。そこから組織内のパワーバランス、情報交換の内容が明らかになる。

そこに次のような質問を加えれば、さらに組織の文化を深く探り、適応力を把握できる。

● 会議の目的は、主に意思決定か、それとも情報共有か？　創造的なアイデアや失敗からの学習は期待できるか？　それとも大半が上司からの指示か？

● 会議で意思決定が行われるとすれば、どのようなルールか？　どのように意思決定されるのか？　出席者による議論の後、議長に助言をするのか、意思決定は議長に一任するのか、それとも多数決、圧倒的多数決、全員の合意で決めるのか？　意思決定のルールは、決定の背景や目的をどのように反映しているか？　あらゆる決定が、一つのルールでなされるのか、問題や状況に応じて異なるルールが使われるのか？

● 出席者は、専門領域外のテーマについても発言を許されるか？　もしそうなら、新たなアイデアは考えとして取り入れられるのか、それとも単なる雑音として扱われるのか？　判断を下さないブレーンストーミング、独創的アイデア、限りなく実現可能性の低いアイデアも大切に扱われるか？

● 出席者は、どれくらい会議内容を部下に伝えることを期待されているか、あるいは義務づけられているか？　情報が共有された場合、その情報を実際の状況に当てはめるために何をするか？

● 参加者のなかで最もシニアな人物は、どのような役割を果たすのか？（ファシリテーター？　意思決定者？　質問者？「上からの回し者」？）その人物は、意見対立を許すか、それとも排除するか？

バルコニーにて

● 次回出席するスタッフミーティング、チームミーティング、幹部会議の様子をじっくり観察し、前述の質問に答えてみよう。そこから、組織の文化や適応力について、どのようなことが言えるか？

現場での実践演習

● 定期的な会議を招集する立場であれば、これまでとは違う進め方を取り入れ、メンバーが学習し、変化に適応するように促してみよう。全員が一分間、瞑想する。その週に学んだことの中から、最も大切なものをあげる。より注目すべきアイデアについて、議論する時間を増やすよう求める。当事者以外が学習できるミスを取り上げる。

これまでとは違う進め方を取り入れる際は、それが実験的試みであると全員に説明する。そして各会議終了後と月末に、新たな進め方について考えたこと、そのメリットとデメリットについて聞いてみる。また、その進め方によって会議が変化したかどうか、どのように変化したかを検証する。アイデアの交換は増えただろうか？　いつもは静かな出席者の発言が増えただろうか？　議論は活発になっただろうか？

習慣的な解釈と行動の理解

問題解決の習慣的な対応も、組織がどのようにシステムとして機能するか、そして組織の適応力についての洞察を与えてくれる。習慣的対応とは、自分たちにとって心地よく、かつ過去に望ましい結果を生み出してきた方法で行動するように人々を仕向ける、状況判断のパターンのことである。

組織が習慣的対応に頼るのは、慣れている方法だからということに加えて、現状を理解して問題を解決するのに有効だと過去に証明できているからだ。組織では、ある状況に対してある対応が効果的だと分かれば、次に似たような状況になるといつでも、同じ対応を繰り返す傾向が強い。つまり、なぜ成功しているのに手を加えなければならないのかということだ。しかし習慣的対応を長く続ければ、繰り返す回数も増えていく。そうなると状況が変わって別の対応が必要になっても、変更が難しくなってしまう。次のコラム「中東の習慣的対応」で具体例を紹介しよう。

中東の習慣的対応

二〇〇六年夏、イスラエルとヒズボラがレバノン南部で衝突した頃、アメリカのユダヤ系コミュニティは「イスラエルの緊急キャンペーン」（IEC）を立ち上げ、その危機に対応した。IECは、ほんの数週間で三億ドルを集め、ヒズボラのミサイルによって甚大な被害を受けたイスラエル北部の復興支援、ならびに避難を余儀なくされた家族の援助を行った。驚くべき対応であった。また、習慣的対応でもあり、過去に効果が実証されている想定内の対応だった。戦争のたびに繰り返されたとおり、イスラエルの存続が脅かされ、アメリカ国内のユダヤ系コミュニティは防衛と再建に向けた支援を求められた。

IECの期間中に集まった寄付金は、もちろんイスラエルの再建に大きく貢献した。だがこの習慣的対応のために、アメリカのユダヤ系コミュニティのメンバーが、もっと効果のある対応を考えようとしなくなってしまった。例えば安定に向けたパートナーのような違った役割を担えたかもしれない。あるユダヤ人組織の幹部は仲間へのメールで、イスラエル北部だけでなく、同じように被害を受けたレバノン南部のためにも支援金を集めるべきだと提案していた。ところがまったく支持を得られず逆に強い抵抗を受け、提案は撤回、消滅した。結局レバノンの復興はヒズボラへの習慣的対応に沿って行われ、助けを必要とするレバノン人との間では相変わらず、援助する側とされる側という関係が続くことになった。

習慣的な解釈は、習慣的な反応を招き、人々を慣れ親しんだ場所にとどめ、組織の強みを活かすことにはなる。ただし、いくつかの点で制約にもなり得る。多様な解決策やアイデアに目を向けられなくなり、さらに多くの価値を生み出せなくなる可能性が生じる。

また、ある瞬間のある状況で効果を上げる習慣的対応が、別の瞬間の別の状況でも有効とは限らない。私たちは新たな状況においても、習慣的対応に沿って解釈しがちであるため、その状況の特性を把握できず、斬新な解決策を生み出せない。その結果、競合相手や反対者に習慣的対応を見抜かれ、利用されてしまう。例えば、中東の過激派が平和に向けた動きを簡単に妨害できるのは、穏健派は暴力が暴力の連鎖を生むことを恐れ防御的になると見抜いているからである。そのため穏健派は暴動が起こると、平和に向けて歩み寄っているにもかかわらず攻撃を受けてしまう。あるいは別の例をあげると、政治運動でディベートの流れを変えるテクニックの一つは、ライバル候補に対する挑発的広告である。反響をもたらし、別の広告のネタになるとともに、一時期話題に取り上げられる。

当然ながら、習慣的対応によって適応力は大幅に制限される。ビジネスのカギとなる要素は変化していないだろうか？　その変化に対して新たな行動が必要になっていないだろうか？　適応力のある組織は、新たな課題に直面したときに習慣的対応の先を見越している。次のコラム「グローバル保険企業の新たな視点」は、その具体例である。

グローバル保険企業の新たな視点

あるグローバル保険企業が、同規模の企業との合併後、習慣的対応を超えた実行力を示した。合併で何よりも難しいのは人材のマネジメントであると認識していた役員とCEOは、長く際立った歴史のなかで初めて営業担当の重役を本社の人事担当役員に異動させた。そこには、ビジネスに精通し、収益を上げる部門で長期に渡り信頼を得てきた人物に、人材マネジメントを任せようという意図があった。

その人選によって人事部門の注目度と地位は高まり、人事担当者ならびに他部署のリーダーたちが人材マネジメントを真剣にとらえるようになり、それは行動の変化につながった。例えば人事部門の業務は、手続き的な人事管理サービスの提供から、重要な新規ビジネスの開拓に対する支援へと変わった。他部署の幹部も人事部門に支援を求めるようになった。そのような行動変化の結果、経営陣は戦略と人材マネジメントを同じ立場で考えるようになり、営業と人事が協力して統合的なマーケティング戦略を進めるようになった。

組織の習慣的対応を覆すということは、不快でリスクが高い。だが状況が許せば、そのような行動にこだわる価値はある。実際、習慣的対応に慣れすぎると、組織は有効性を失ってからもその方法に固執してしまう。

バルコニーにて

● あなたの組織の習慣的対応について考えてみよう。組織の習慣的解釈のもとになっている見方はどんなものだろう？　その習慣的解釈が作り出す行動とはどんなものだろう？　その習慣的対応（解釈と行動）を作っているものは何なのか？　どのような状況のときに、その習慣的対応はうまく機能するのか？　逆に機能しないのはどんなときか？　その二つの状況の違いは何か？

現場での実践演習

- 次回会議に出席するとき、心臓にモニターをつけているつもりで自分のエネルギーレベルを検証しよう。エネルギーの上下反応を書き留めよう。それは内容に関することか？　対立についてか？　行動に移ろうとしているときか？　そうした反応があなたの習慣的対応の重大なサインとなっていて、そこを超えなければならないのかもしれない。
- プレゼンテーションにおける従業員のボディーランゲージを観察しよう。みんなが耳をそばだてるとき、発言に対して反射的に体が反応するとき、エネルギーが聴衆から湧き出ているように感じるときに注意する。その観察結果から、企業の習慣的対応についてどのようなことが分かるだろうか？

chapter 5

適応課題の診断

適応課題の難しさは、自分たちのこれまでのやり方を変えなければならない点にある。既知の問題であれば、過去の考え方、関連づけ、対処方法でうまくいく。だが適応課題では、適応を促す作業に取り組まなければならない。それは、人の気持ちに関わる三つの難題に対応することだ。過去の慣例から踏襲するものの見極め、過去の慣例から排除するものの判断、そして、過去の成功例を基にした新たな手法の考案である。

私たちは過去にうまくいった方法を現在に当てはめようとするが、それでは新しい問題の複雑さを十分に考慮できない。その複雑さは、経済学やエンジニアリングの難題において見られるような分析的な複雑さではない。適応課題は、問題そのものと当事者を切り離すことができないため、いわば人間的な複雑さを抱えている。したがって診断作業においては、必要とされる変化の人間的側面、人的な面での犠牲、調整のペース、さまざまな種類の対立、不確実性、リスク、喪失に対する寛容性、文化の復元力、変化の緊張感と痛みを支える権威のネットワークや横のつながりを考慮しなければならない。

患者のための医療行為や食事制限、大学、シンクタンク、政府機関による本格的な公共政策分析、大手ビジネスコンサルティング会社による緻密な戦略計画。これらがうまく実行されない大きな要因は、適応課題の人間的側面を診断せず、問題とその問題に潜む文化的、政治的な人間としての特質を切り離して分析してしまう点にある。

ここで重要なのは、技術的要素と適応的要素を切り分けること、問題に関する会話からヒントを聴きだすこと、適応課題の原型を探すことだ。詳しく説明しよう。

技術的要素と適応的要素の判断

アダプティブ・リーダーシップは、問題を技術的要素と適応的要素に分ける診断の作業から始まる。これは専門家の話を理解し、尊重し、取り込むことに加えて、人間的な側面を形づくる文化的、政治的な要素を考慮する作業でもある。専門家が最善の策を知っている、あるいはリーダーシップとは相手を説得するためのスキルであるといったリーダーシップ理論をもって動く人たちは、私たちの経験上は絶望的であり、それは不完全な問題解決法である。

適応課題の本質は、技術的な複雑さではなく価値観や信念、忠誠心の複雑さにあり、冷静な分析よりもむしろ激しい感情をかき立てる。そのため組織は、本質に迫ろうとせず、技術的問題としてやり過ごそうとする。例えば、私たちが一緒に仕事をしたヘルスケア組織は、新たな技術の導入によってコスト抑制を図ったが、問題解決につながる高付加価値のプロセスや手順を検証しようとはしなかった。通常、新たな技術を導入すれば、一連の適応課題が生まれ（例えば医療関係者は、メールを導入したからといって患者と接する機会を減らすようなことはしない）、想定どおりのコスト削減はできないものだ。自分の組織やコミュニティが適応課題に直面していることを知る一つの目安は、次々と技術的対処をしても問題が解決しない状況かどうかである。

しかし、適応課題を特定しようと思っても、そう簡単ではない。習慣的対応に引きずられ、問題を十分理解するために必要な「バルコニー」からの視点を持つのも難しい。状況説明も次のようになってしまう。

- **「ウォーリーを探せ」**…問題の状況や経緯について延々と話すが、自分たち自身の役割、関心、関与、問題に対する貢献については言及されない。
- **間抜けな集団**…「間抜けな仲間たちがきちんと振る舞い、邪魔をせず、私の意見を聞いて、自分の仕事をする、あるいは私の言うとおりにすれば、このような問題は起きない」と言い出す。
- **世界の飢餓撲滅**…問題が大きく、重要で、高尚すぎて、誰も引き受ける責任はなく、うまくいかなくても仕方がないと考える。
- **チャンピオンたちの朝食**…［同タイトルの小説から。壮大な勘違いを意味している］巨大な、信じられないくらい難しい課題を抱えているが、すでに解決していると話す。

自分自身やチームが適応課題に直面しているかどうか、どうすれば分かるだろう？　そこには、失敗の繰り返し、権威への依存という二つの特徴的サインがある。

▼失敗の繰り返し

リーダーシップにおける最もよくある失敗は、技術的問題の解決策を適応課題に応用しようとすることだ。権威のある人がそのような間違いを犯すのは、問題を誤解するか単純化してしまう、あるいは環境変化に目を向けずに組織の混乱や苦悩を避けるための「解決策」を選んでしまうからだ。ときには技術的解決策によって問題を部分的に解決できたり、難局の回避につながることもあるが、一時しのぎにすぎない。

技術的解決策に引き寄せられるのも無理はない。過去にうまくいった経験があればなおさらである。不確実性を引き下げ、応用も簡単だ。さらに、過去の失敗が明らかな場合も同じ傾向が見られる。「もう一度やってみよう。今度はもっと真剣に、注意深くやればよい」と考えるのだ（アルベルト・アインシュタインの言葉とも言われる、次の名言を覚えておくとよい。「同じことを何度も何度も繰り返し、違う結果を期待する。それを狂気という」）。

そのような失敗の繰り返しは、問題の特性と解決策次第で、短期的にも長期的にも起こる。また、それをリアルタイムで把握するのはかなり困難でもある。そのためバルコニーに上がり、初期の段階であるいは途中で、その兆候を探さなければならない。だが目の前に楽な道があるときは特に難しい作業になる。次のコラム「ビジネスオペレーションにおける失敗の繰り返し」はその具体例だ。

ビジネスオペレーションにおける失敗の繰り返し

連邦政府機関を主要顧客としていたワシントンDCの小売企業がニューヨークに進出した。現場の担当者はワシントン向けに作成されたガイドラインを用いるが苦戦してしまう。いつものように状況を記録して本部に和やかなメールを送り、ニューヨークというマーケットがどう違うのかについて意見するものの反応はない。本部は方針や慣行をまったく変えようとせず、ニューヨークでの業績は改善しなかった。

そこでスタッフは長く詳細なメールを送り、深刻なトーンで訴えた。だがやはり何も変わらない。次に、かなり厳しいメールを送る。ようやく返答があったが、それは現場の重要な社員を解雇するというものだった。

段階的に厳しい口調でメールを送っても、本部が新しい現実に適応することにはつながらなかった。企業としては、解決しなければならない適応課題としてニューヨーク進出という新たな取り組みに対処するよりも、現場で「問題を起こす人物」を解雇するほうが簡単だったのだ。

バルコニーにて

- 何度も解決を試みた（そして失敗した）問題について考えてみよう。どんな解決策を使ってみたのだろう？　問題が解決されない理由をどう説明しただろう？
- 組織が直面している大きな課題を見つけ出そう。そのなかでどの要素が技術的であり、どれが適応的だろうか？　見分けがつかないほど絡み合っているのはどの要素だろうか？　それらの技術的要素と適応的要素に対処する場合の難易度についてよく考えてみよう。

現場での実践演習

- チームメンバーと個別に面談し、チームが直面している適応課題のなかで最も差し迫ったものを聞いてみよう。また、その課題が対処されていない理由について話してもらおう。それぞれの話を録画し、グループ全員で「録画したストーリー」を見てみる。その後、内容について議論し、現在の考え方の優れた点と限界を探ってみる。

▼権威への依存

人間は生まれた瞬間から、答え、快適さ、食べ物、安全を与えてくれる権威のある人たちに頼っている。新生児にとって最初の心配事は、ミルクを与えてくれる人を見つけ出すことであり、次にミルクを途切れずに確保する方法を探る。そのためであれば、笑ったり、泣いたり、微笑んだり、ぐずったり、どんなことでもする。ほかの哺乳類と同様に、そのような権威への依存傾向は、人間のDNAに組み込まれている。ティーンエイジャーになると、親、教師、コーチなどの権威ある人たちと、もう少し複雑で微妙な関係を作りはじめる。一方、反抗的なティーンエイジャーや自立した大人でも、問題が起これば、権威ある人物に指示や保護や命令を求めるものである。

権威を持つ人たちに問題の発生と対応の責任を持たせることは、その問題が技術的で、権威のある専門知識を必要としている場合には意味がある。だが適応課題が潜んでいると、どうなるだろう？　権威を持つ人たちは、技術的問題と同じように解決しようとする。それを周りが期待し、本人もそうするものだと思っているからだ。多くの場合、それが「頼りになる」人物の意味だと思っている。だが権威のある人たちが指示を出したり、専門家を集めたりしても、適応課題は解決できない。解決には、新たな態度や能力、問題そのものについて人々が考え方を改めることが必要だからだ。問題は人々にあり、解決策もまた人々にある。そのため適応課題への対処は、その問題の当事者が取り組まなければならない。権威のある人たちは、自分が問題を解決しようとするのでなく、この困難な仕事が遂行されるよう人々をまとめあげ動かしていかなければならないのだ。

適応課題の特徴については前述したが、その特徴それぞれが診断の目印やシグナルになる。図7は、組織内における兆候と課題の関係をまとめたものであり、診断作業の出発点になる。

基本的な診断のフレームワーク

適応課題の診断そのものが課題である。このパートで説明してきたようなスキルだけでなく、未知の領域に踏み込もうという十分な意欲が少なくとも必要である。そこで大切なのが実地検証だ。次の一連の質問を見ていこう。

- 課題に直面している組織のミッションや目的は何か?
- 現在の課題の原因は、組織内の価値観や優先順位の変化か、それとも外部環境の変化か?
- この課題の技術的要素、適応的要素は何か?
- 組織内における自分の立場は? その課題に対する自分の見方は?
- その課題に関係のある人々は誰か? その課題に対する彼らの見方は?
- 対立が生じているのはどこか? 基本的な価値観やミッションか、それとも目標、戦略、業務か?
- 本来、組織の基本的な価値観やミッションは、戦略や方針、目標や行動計画を通じて現場の具体的な業務全般に行き渡っていなければならないが、そうしたつながりに矛盾や断裂があるか?

図7　主な適応課題の特定

適応課題の概要	兆候
希望と現実のギャップが埋まらない	現在の状況に対して不満の声が高まっている
問題対応のレパートリーが不十分である	以前は成功したが、外部専門家と内部の権威者では問題を解決できない
難しい学習が必要である	フラストレーションとストレスが溜まり、いつもより失敗が多い。従来の問題解決手法を何度も試したが、うまくいかない
垣根を越えて新しい関係者が関わらなければならない	問題に取り組むために、いつものメンバーをかき集めても進展がない
より長い期間が必要である	短期的な処置をした後に、問題が悪化する、あるいは再び問題が生じる
危機感が募り始め、不均衡が生じている	対立とフラストレーションが高まり、緊張感があり、混沌としている。切迫感が広がり、何か新しいことを始めようという雰囲気が広がりはじめている

● 対立を抑え、均衡を維持するために、どのような回避行為の仕組みが働いているか？
● 組織や環境をマネジメントするために、自分にはどのような権威やリソースがあるか？　介入するために、自分はどれくらい有利な立場にいるか？　自分が介入する上での制約になっている前提とはどんなものか？
● どんな戦略を試してみたか？　その結果は？　考えたものの試してみようと思わなかった戦略は？　なぜ試してみようと思わなかったのか？　検討しようとも思わなかった戦略は？　自分の介入を考える上で制約となっている前提とは？

適応を促す作業を構築する方法を試すために、まず高次の抽象的な概念である目的や価値観から始める。そうすれば関連する人たちの同意を得やすい。次に「そうするには何が必要だろう？」と問いかけ、検証を具体化していく。この作業を続ければ、どこで意見対立が起こるのかが詳しく確認できる。そして意見が衝突する直前に、人々が合意できる最も低い抽象度で適応を促す作業の枠組みを作る。

バルコニーにて

● あなたの組織が直面している適応課題を選び、これまでその解決に関わってきた人たちを特定しよう。どんな人たちだろう？　どれくらいの権限を持っているだろう？　どれくらいの効果を上げてきただろう？　問題の当事者だが解決のプロセスに関わっていない人たちについてブレーンストーミングしてみよう。

現場での実践演習

- 適応課題に対処するために、権威への依存の兆候を一週間かけて探してみよう。例えば、自分たちで決断したり新たな試みにチャレンジしたりせず、上司に行動の指示を求めていないだろうか。一週間後、チームメンバーを集めて自分が気づいた点を指摘し、メンバーからも意見を聞いた上で、適応課題の様々な側面について一緒に掘り下げてみる。

言葉に隠れたメッセージに耳を傾ける

組織が直面する適応課題を特定するためには、人々が話していること以上の内容をつかむ必要がある。いわば、言葉に隠れたメッセージに耳を傾ける、ということだ。ボディーランゲージ、アイコンタクト、感情、エネルギーに注目してみよう。すると、実際に話されている言葉以上に多くのことが分かる。例えば、言っていることと同じくらい言っていないことにも注意してみる。もし周りの人たちが、チームの力関係については口にするが、成果を生む方法については触れようとしていなければ、それは成果に対する責任のあり方に問題がある兆候かもしれない。
　方針や意見の食い違いにも着目しよう。組織図とは異なる例外的な派閥や協力関係、非公式な権力関係はないだろうか？　それらは、組織システムに非公式な権威が存在することのサインかもしれない。また、問題に対する解決策の提案に、過剰な反応はないだろうか？　もしあれば、単に問題に対する解決策ではない何かが生じている強いサインになる。

バルコニーにて

● 適応課題や他の問題に対処するために、最近上司と公式、非公式に交わしたコミュニケーションについて考えてみよう。上司の言葉の奥からは、何が聞こえてきただろう？　自分がどんな人物で、課題解決に向けて何をしてきたかを伝えるために、どんな話をしていただろう？　その上司なりのあなたとの向き合い方はどんなものだろうか？　上司の言葉の奥にあるものを確認する、あるいは疑問を投げかけるには、どのような手順を踏めばよいか、どのような情報を集めて注視すればよいかを考えてみよう。また上司の腕をつかみ、耳元でささやいている人物を見つけ出そう。どのような条件や忠誠心を提示しているだろう？

現場での実践演習

● 次の会議やオフサイト・ミーティングでチームメンバーに、他のメンバーが「言葉にせず」とも発しているメッセージを一、二行で書いてもらおう。それは多くの場合、本人が無意識のうちに他人にどう見られたいと思っているかを示している。例えば私たちのある仲間は、「なぜこうするの？ 私たちの使命は？」といつも口にし、「目的が大切」というメッセージを伝えている。他人のメッセージを知ることで、自分が意図しないメッセージを伝えていたり、メッセージを誇張しすぎていることに気づく。

適応課題の四類型

適応課題には、さまざまな形がある。その多くは、複雑な組織環境の変化（例えば技術革新、顧客選好、市場力学の変化など）の結果、難しい対応を求められているものである。四種類の基本パターンがあり、これらを理解しておくと適応課題の発見と状況診断がしやすくなる。また、技術的要素と適応的要素の区別も容易になり、適切なリソースや打ち手の選択も可能になる。

▼第一類型──大切にしている価値観と行動のギャップ

自分が「大切にしている」と言っていることと、実際の行動が一致しないことがある。例えば、私たちの友人のハロルドは、世界の飢餓を撲滅させたいと思いながら、この一年間の時間やエネルギーの使い方を振り返ると、問題を軽減するために自分が実際にやっていることはほとんどないことに気づかされている。また、ある企業のCEOのアリスは、いつも家族や私たちに仕事と家庭をうまく両立すると言っているが、オフィス業務や出張に費やす時間と家庭で家族と過ごす時間を比べると、仕事への比重が相当高くなっていることに気づく。そして、プロフェッショナルサービス企業の経営幹部であるロバートは、私たちや従業員に対して、自分の重要な責務はスタッフの専門スキルの習得支援だと断言している。だがスタッフにチャレンジングな課題を与えたり、コーチングを行ったりすることにどれだけ力を尽くしているかというと、彼らを育てる活動はほとんど行っていない。これら三つの事例は、本人が大切にしている価値観とその行動にギャップが見られることを示している。

アレクサンダーと妻ヤスコに第一子が誕生したとき、同僚のジェフ・ローレンスは「子どもが親の話を聞いていることは気にしなくてよい。むしろ親のやっていることを子どもがよく見ていることに何よりも注意すべきだ」とアドバイスし、「行いは言葉よりも雄弁」と説いた。実際の研究でも、人間の脳は音声（「するつもりだ」という発言など）より画像（相手の行動など）に反応することが確認されている。

「大切にしている」と言っていることと実際にやっていることのギャップは、個人だけでなく組織でも起きる。なぜだろう？　おそらくそのギャップを埋めるのは、辛く、精神的な痛手ともなり、手に負えない混乱をもたらすような行為なのだろう。しかも「基本的な価値観《コアバリュー》」を列記しておけば（例えば「互いを最大限尊重する」「違いを大切にする」「顧客を最優先する」「世界をよりよい場所にする」など）、実際には最低限のことしかクリアしていなくても、メンバーの自己評価は高まり、会社に対する満足度もアップするからだ。

多くの組織において、なかでもプロフェッショナルサービスを提供する大企業では、上級幹部が協調的な行動を推奨しながら、個人の業績に基づいて報酬を与えているため、組織の価値観と実際の行動に矛盾が生まれることがよくある。サイロ（自部門のことのみを考えて仕事を行うこと）を壊し、部門を超えて連携し業務を進めることは、ミーティングで指示するだけでは実現できない。そのギャップを埋めるのは、難しい適応課題である。組織のメンバーは、これまで自分の行動パターンでうまくやってきたので、その成功した方法を続けたいと思っている。そうすることで認められ報われているのであれば、なおさらそうである。

自分の価値観と行動のギャップが看過できない状況にならなければ、個人も組織も、自分にとって大切なことに向き合えない。そして、本人や組織が何を本当に大切だと思っているかは、その価値観と自分の望む行動が対立したときに分かる。その事例として「公民権運動におけるギャップの解消」を紹介しよう。

公民権運動におけるギャップの解消

マーティン・ルーサー・キング・ジュニアの公民権運動は、価値観と実際の行動との大きなギャップをアメリカ人に気づかせた。一九六三年八月、リンカーン記念堂の前で行った「私には夢がある。アメリカンドリームに深く根ざした夢である」の名スピーチは、単に自分の夢を語ったのではなく、アメリカ人の夢を訴えたものである。その夢とは、国家の創設者たちが語り（そのなかには奴隷を所有する人たちもいたが）、エイブラハム・リンカーンのゲティスバーグ演説でも取り上げられた、アメリカ人はみな平等であるというものだ。

その夢を力強く主張したキング牧師は、夢に息吹を吹き込んだ。アフリカ系アメリカ人の公民権のための活動によって、機会の平等という国民に信奉された共通の夢と、日常生活における人種差別や人種主義という現実との矛盾を国民に気づかせたのである。

人種差別的な対立という不安なイメージがテレビに映し出されると、その矛盾は文字どおり家庭に届いた。そうなると、この国が何よりも大切にしている価値観に従った行動をしていない現実を、国民は無視できなくなったのだ。

バルコニーにて

- 組織に生じている、価値観と行動のギャップについて考えてみよう。価値観に反する行動をとる人々（上司、本人、同僚、従業員）は、そうした行動をとることによって、どのように自分のニーズや願望が満たされるのだろうか？　その人々が価値観に合った行動をとると何を失うのか？
- 上司の立場になって頭の中に入り込んでみよう。夜、その一日をどのように振り返り、何が一番大切だったと考えるのか、そして、物事がどうしてそのようになるのかを想像してみよう。その上で、チーム内で経験した「機能障害」に目を向けてみよう。現状をそのまま続けることは、あなたやあなたの上司にとってどう役立つのだろうか？　現状のままだと、あなたや上司の生活はどのように楽になるのか？　現状では、上司のどのようなニーズ、関心、忠誠心、価値観が満たされているのか？

現場での実践演習

- これからの二週間、チームの行動を追跡しよう。チームは三〇分ごとに、どのような課題に取り組んでいるだろうか（技術的問題か適応課題か）。次に、チームが活動を行うことを動機づけている価値観を探る。観察を通して、さまざまな課題に対する時間の使い方を確認しよう。
- 組織内で長い間語られているが、まだ実現していない重要な変革について考えてみよう。次に個別に面談して、なぜ組織が、あるいは本人が、その実現に積極的でないのかを議論しよう。

▼第二類型――コミットメントの対立

個人と同様、組織にも多くのコミットメントがある。しかも、それらが対立するケースがある。例えば、ある多国籍消費財メーカーは、統一したブランドを作り上げようとしながら、進出しているそれぞれの国では、独自のブランドイメージの確立を模索している。また、ある法律事務所は業務の拡大を目指しながら、高齢のパートナーや家事を担っているスタッフには短時間勤務を認めている。ある人権団体の場合、より多くの資金を募るためにスタッフを増員しなければならないが、コスト削減も課題になっている。

こうした対立するコミットメントを解決するために、組織のリーダーは一部の支持層の要求は満たすが、別の人々には不利益になるという辛い選択を迫られることが多い。これが、さらにもう一つの適応課題につながってしまう。というのは、それらの決断は非常に難しいため、多くのリーダーが、単に決断を避けるか、妥協して結局、誰の要求にも応えられない状況に陥ってしまうからである。組織のコミットメントは対立したままだ。

厳然たる事実は、こういうことだ。組織内でコミットメントが対立しているときは、権威ある立場の人が、一部の人たちには利益となるが、一部の人たちには不利益となる決断をするほかない。それをうまく避ける方法は、(決断しないという選択肢を除くと)ほとんどない。双方満足《ウィン・ウィン》する解決策が理想的だが、戦略的選択には当てはまらない。「双方満足」とは聞こえはよいが、えてして双方の問題は解決されないまま残ってしまう。コミットメントの対立を解決しなければならないときに重要なのは、どのように決断がなされるかである。責任ある立場の人に任せるのか、多数決か、関係者全員の同意か? その決断によって、どのグループが、具体的にどのような不利益を受けるのだろうか?

バルコニーにて

●組織の中で対立しているコミットメントについて考えてみよう。現在、メンバーはこの状況にどのように対処しているだろうか？　その対処法によって、どのようなプラス、マイナスの結果が生じているだろうか？

現場での実践演習

●チーム内でお互いのコミットメントが対立していることに気づいたとき、そのことについて発言してみよう。対立していると思われるコミットメントを指摘し、参加者の意見を聞いてみる。会話の焦点はあくまでも対立するコミットメントそのものであり、人についての話題や誰がやるべきか、どのようにして達成されなくなるのかについては取り上げないようにする。

▼第三類型――言いにくいことを言わない

メンバーが集まって話をするときは、いつでも二種類の会話が交わされている。一つは人前で話しているもの、もう一つは各人の頭の中で交わされているものである。会話の最も重要な内容（急進的な考え方、難しい課題の指摘、対立する見解の痛みを伴う判断）は、ほんの一部しか人前では語られない。ほとんどの場合、人前で話すことは、他人行儀な会話や、問題解決はもちろん意見の衝突も起こらないような名ばかりのディベートである。

言いにくいことを言わない理由は数え切れない。例えば組織システムがそのような発言を望んでいないとか、そのような発言をすれば緊張や対立が生じて対処しなければならないなどだ。実際に勇気を出して言いにくい問題を提起した人は、すぐに評判を落としてしまい、組織での立場（あるいは仕事そのもの）を失いかねない。その場に権威ある人物が同席していれば、そのような発言はさらにリスクが高まる（そのため発言の可能性も低くなる）。

だが優先順位の変更や外部の状況の変化に直面しているときに、言いにくいことをメンバーが口にできなければ前に進めない。あらゆる考え方を検証してはじめて、適応による解決策を見つけ出す可能性が高まるのだ。

バルコニーにて

- 最近行ったタフな会話の中で、あなたや他の誰かが言いにくいことを発言したときのことを考えてみよう。何がその発言を引き出したのだろう？（心に刺さったがあまり歓迎されない考えに対して声を上げるように、他の誰かがメンバーに求めたのだろうか？ミーティングが台無しだと誰もが感じるようなひどい事態が起こったのだろうか？単に誰かがうんざりしたのだろうか?)その会話の結果として、何が起こったのだろうか? また、言いにくいことを言わないままにした最近の会話を思い出してみよう。どのような結果になっただろう? 先の会話と比較して、どちらが組織にとって有益だっただろう?

現場での実践演習

- 上司との次回の会話で、自分の考えを、意図的に普段行う以上に共有してみよう。例えば、いつもは上司の意見に懸念を示さないとすれば、ぜひ次の場では言ってみよう。そのとき断定的な言い方ではなく、中立的発言を心がけるのだ。「そのようなデザイン変更はできません。費用や時間がかかりすぎます」と言うのではなく、「そのようなデザイン変更は、スケジュールの遅れや予算オーバーにつながる心配があります。さらに詳しく説明していただけますか」と聞いてみる。どうなるかやってみよう。
- 次の会議では、ノートを半分に区切り、片方の欄には、あなたや他の誰かの発言を一字一句書いていく。もう一方の欄には、発言されたときに自分が考えていたことを書く。それらを比較して、組織内で発言しにくいと考えられていそうなことについて、何か分かることはあるだろうか?[1]

例えば、あなたが携帯電話会社に勤務し、すでに市場は飽和状態になっているとしよう。

[1] Chris Argyris, *Knowledge for Action* (San Francisco: Jossey-Bass, 1993).

会社は新たな収益源を探っており、あなたは北米地区の責任者である。会議には、他の地域のマネジャーとともに戦略担当の副社長も同席している。図8は、この場合のノートの記録である。

図8　発言されたことと、私が考えていたこと

発言されたこと	私が考えていたこと
ジョー副社長 「新たな収益源の確保が喫緊の課題である。一つの案として、新興市場への進出について探ってもらいたい」	
私「新興市場のポテンシャルは大きいと思います」	「ありえない。中国、アフリカ、インドなどの新興市場に進出すれば、私自身や私たちのチームはどうなるのだろう？　それらの地域での業務を拡大すれば、私たちは大幅にリソースを減らされるはずだ」
	言えないこと：会社が成長戦略を大幅に見直せば、私たちのグループ（成熟市場を担当しているほかのグループも一緒に）は、その立場や力を失ってしまう。

▼第四類型――回避行為

第1部で説明したように、変化によって耐えられないような厳しさが起こりそうであれば、どんな組織でも人は巧みにその苦痛を回避しようとする。例えば、提案された変更案を実行する力も影響力もない委員会を立ち上げる。ダイバーシティの責任者を採用することで、多様性についての現場のマネジャーの負担を軽減しようとする。マーケットシェアが低下すると、社外の要因（気まぐれな消費者や無節操な新しい競合企業）のせいにする。誰かが問題を議論しようとすると、話題を変え、冗談で済まそうとする。さらに、適応課題を技術的問題として扱ってしまうケースもある。例えば、競合企業がよりよい商品を出したために売上が低下したという問題に対して、自社の商品を店内のより目立つ場所に移してもらうといった対応をしてしまう。これらはすべて、適応を要する変革という、より難しい仕事を回避する行為である。

適応を要する変革がもたらす苦痛に人々が抵抗するパターンは、問題のすり替えと責任転嫁の二つに大別できる。こうした自己防衛的な行動は、変化の脅威から計画的かつ戦略的に守ろうとする場合もあるが、無計画で不十分、あるいは無意識の反応の場合もある。問題をしっかりと把握する作業である実地検証を行うと、早い段階で社会的、個人的不安を生むことが多い。そのため、はじめは問題を現実的に検証して対処したとしても、なかなか成果につながらなければ守りの姿勢に入ろうとするかもしれない。さまざまな見解を比較し、負担の大きい実験を続け、自分の中にある忠誠心を見直して新たな能力を獲得しなければならない不確実な状況に、そう長くは耐えられない。

苦痛が続けば、ただ何とかやっていくことだけを考えるかもしれない。そのときよくあるのは、間違った診断である。あるグループがまさに問題の責任者だという大勢の見方を根拠に、社会がそのグループに罪をかぶせるかもしれない。不安定な状況が長引けば、さらにひどい回避行為につながる。三五の独裁政権を調査した古典的研究によると、そのすべてが社会の危機的状況下で誕生している。[2] 例えば、一九三〇年代の大恐慌時、迅速で分かりやすい対応が世界中で切望され、地域ならびに自国の経済の立て直しに向けた多様な戦略を、批判的かつ広い視野をもって検証することはできなかった。より偏狭なグループへの逆戻りも起こった。カリスマ的民衆扇動、弾圧、他人に罪をかぶせること《スケープゴーティング》、敵対意識の表明などが起こり、第二次世界大戦の悲劇につながった。

以下は、回避行為の具体例である。

問題のすり替え

- 問題の技術的な部分ばかりに目を向けて、技術的に対処しようとする。
- 自分の専門知識で対処できるように問題を規定する。
- 会議中、冗談を言ったり休憩を入れたりして、白熱した議論を抑えようとする。
- 問題の存在を認めない。
- 代理戦争《プロキシーファイト》を仕掛ける。例えば、問題の本質をとらえるかわりに、相性が合わない人たちの衝突だと主張する。
- 過去のもの《レガシー》となっている行動を称え、提案を議論のテーブルに上げない。

[2] J. O. Hertzler, "Crises and Dictatorships," *American Sociological Review* 5 (1940): 157–169.

責任転嫁

- 問題提起しようとする人物を排除する。
- 誰かを身代わりにする。
- 問題を外部に求める。
- 権威者を攻撃する。
- コンサルタントや委員会、特別チームといった何もできない人たちに、適応を促す作業を一任する。

バルコニーにて

- あなたのチーム、部署、組織では、どのような回避行為が最も多く使われているだろうか？
- あなたの組織には、根底にある適応課題には向き合わず、技術的対処によってすぐに行動に移すための手順として、どのようなものがあるだろうか？

現場での実践演習

- チームメンバーと回避行為について議論してみよう。チームが現在直面している複雑な問題を取り上げ、その問題に向き合うことから生じるストレスを軽くするために、チームが使っている回避行為を列記してみよう。次回の会議では、誰かが回避行為をとったら、それを指摘するようメンバーに促してみよう。例えばこんな発言があるかもしれない。「顧客満足度が低下傾向にあるグラフを示したとき、シーラは顧客の好みが変わり続けることについていけないとコメントしました。でも私の考えでは、この問題を外部のせいにしてはいられないと思います」

- 解決を先送りしている問題そのものよりも、先送りしている回避行為のほうが分かりやすいことがある。その回避行為のタイミングや特性から、背後にある適応課題に対する賛否両論が垣間見える。回避行為がとられているグループでは、どのような問題が表面化し、あるいは議論されているのだろうか？　どのような回避行為の仕組みになっているのか？　誰かがその問題に注目を向けさせたり、見解の対立を表面化させたりしているのだろうか？
- 組織やグループにストレスや不快感があるとき、どこに兆候があらわれるか？　チームのストレスを自分のものとして感じているのは誰だろう？　その人物にインタビューし、チームのために何をしているのか、何がストレスになっているのか、対立する価値観、抑制されている見解、失いたくないものはどのようなものなのかを確認してみよう。

chapter

6 政治的状況の診断

組織がシステムとしてどのように機能しているかを把握するには、組織内の政治的関係を理解しなければならない。私たちが「政治的思考」と呼んでいるこの活動は、適応を要する変革をリードするための戦略策定にも役立つ。政治的思考のカギとなる前提は、組織のメンバーはさまざまな関係者の期待に応えようとしているということである。その期待がどのようなものかを理解すれば、メンバーをまとめ動かすことができる。

組織のメンバーは、政治家と同じようなプレッシャーを抱えている。どこの国の国会議員でも、話をしてみると有権者間の対立する利害をとても尊重していることが分かる。また、議員や有権者とリソース配分の交渉をするときは、誰かが有利になり、誰かが不利になることも分かっている。ある国会議員は同僚の議員に「あなたの提案している新たな業界規制案は、私も心から支持したいと思っています。確かに多くの面で地域や州のためになるでしょう。でも私の選挙区には深刻な問題です。そこでは千人あまりの生活が、その業界で事業を行っている企業に依存しているからです。

規制が行われれば、業界の競争力が低下し、その企業は廃業に追い込まれる恐れがあります。私はどうすればよいのでしょう？」と言うかもしれない。おそらく同僚議員たちは、この議員が利己的だとは評価せず、敬意を示すだろう。しかも、この議員が選挙区民に配慮して、目前に迫った課題に備える行動をサポートするだろう。変化のスピードを緩めるように規制を見直し、企業の競争力強化や企業誘致によって地域が適応を促す作業を行うための時間を与えるかもしれない。

議会は、職業として人々が日常的に本当の利害関係をさらけ出せる、事実上唯一の場所と言ってよい。選挙区のニーズに直結した個人的利害が流通し、それを基準にすべての活動が行われる。一方、ほとんどの組織では、そのような行動は禁じられている。ビジネスの世界では「私はその新しいプロセスを私のチームには売り込めません。営業担当者が自分のやり方にこだわっているので、間違いなくトラブルになります。あなたから説明を受けている新たなプロセスを採用するよう彼らに指示したら、私は組織から追いやられてしまうでしょう」という話は、ほとんど聞かない。

だが、家族であれグローバル企業であれ、人が作るどんなグループにも利害は存在する。一部の人間がリソースを管理し目標を設定する。誰が何を手に入れ、目標を達成するために誰が何をするのかを決めるために、個人が調整しなければならない。そのため組織内の利害調整は、たとえ好きになれなくても適応を要する変革をリードするには欠かせない。

マーティのメンターだった故エリオット・リチャードソンは、マサチューセッツ州の副知事や司法長官に選出され、アメリカの歴史上、誰よりも閣僚クラスの要職を務めた。彼は政治を「何よりも難しい技能《アート》であり、何よりも高潔な職業である」と表現している[1]。

[1] Elliot Richardson, *Reflections of a Radical Moderate* (New York: Pantheon Books, 1996).

政治的思考においては、組織を利害関係者のかたまりと見なさなければならない。そして各利害関係者について、以下のことを明らかにする必要がある。

- **直面している適応課題における利害**…課題の解決方法によって、どのような影響を受けるだろうか？
- **望ましい成果**…問題の解決策から得られるものとして、何を望んでいるだろうか？
- **関心度**…問題や組織について、どれくらい気にしているだろうか？
- **権力や影響力のレベル**…どのようなリソースを管理し、誰がそのリソースを必要としているだろうか？

さらに、利害関係者がそれぞれ持っている以下のことについても明らかにしておく必要がある。

- **価値観**…行動や意思決定プロセスの指針となる信念や信条は？
- **忠誠心**…身近なグループ以外の人々（例えば長いつきあいの顧客や取引先）にどのような義務を感じているか？
- **喪失リスク**…変化によって何を失うこと（地位、リソース、自己のよいイメージ）を恐れているか？
- **隠れた連携**…他の主要な関係者（別の部署の仲間など）とどのような共通の利害を持ち、それが影響力のある連携につながる可能性があるか？

あなたはこれらの問いにどのように答えるだろうか？　一番は本人に直接聞くことである。しかし、あなたが経営幹部の立場にあれば、相手が正直に答えてくれるとは限らない。そのため判断が必要になり、会話の内容を解釈しなければならない。話を聞くと、仕事を失うことは怖くないと言いながら毎日夜遅くまで残業している人は、口で言っている以上に（あるいは自分で思っている以上に）仕事を失うことを恐れている可能性がある。また、相手の安全に配慮した方法で情報収集する必要もある。例えば、休憩室で会話する、ランチに出かける、一緒にスポーツ観戦する。さらに、第三者（共通の友人など）の意見を聞けば、相手の言葉を深く理解できるだろう。ただし第三者も自分自身のフィルターや利害を持っており、情報の解釈や伝達もそれらを通じて行われることに注意する必要がある。

前述の利害関係者に対する質問をしっかり見ておこう。章末のワークシート（図10）を使うと、相手から聞き出したことを整理し理解できる。

ここからは先ほど述べた、利害関係者が持っている「価値観」「忠誠心」「喪失リスク」「隠れた連携」について詳しく見ていこう。

行動を駆り立てている価値観を見出す

適応を要する変革を進めるとき、その妨げになる人物に対して寛大な見方ができないのは当然のことだ。例えば、「マーケティング担当の副社長が私の行動を妨害しているのは、年末の賞与を確保したいからだ」と考え、相手を正当な野心や欲求を持つ人ではなく、底の浅い人物と見なすようになる。だが実際には、そのような「人物」の懸念や優先事項は、想像以上に複雑である。

その複雑さを理解しなければならない。同情するということではない。より計算されたものである。相手が重視している価値観、何よりも大切にしているものを明らかにすることによって、相手はあなたが提案する変革に反対するのでなく、自分たちの価値観にかなうような別の方法を見つけ出せるかもしれない。

人は、自分の価値観は一つではないと思っているが、状況が厳しくなると価値観の中でもごくわずかのものを大切にするようになる。それが基本的価値観《コア・バリュー》である。あなたの価値観のリストで七番目にあるものは、実はリストの圏外にあるのも同然だ。大切な価値観は数多くあるが、時間や労力は限られている。知り合いのマネジャーを思い出してみよう。「多様性を大切にする」と強調しながら、まったくその様子が見られない。その理由は、担当部署の利益率や自分の昇進のほうが実際には大切であり、そのほかの指標にも連動しているからだ。

自分の推進する変革に関係者を参画させ、まとめあげ、動かしていくには、相手が一番大切にしている価値観を把握し、その実現に自分の変革プログラムへの参加がどう役立つのかを考えなければならない。

最近、公立学校の校長グループとのプロジェクトで、就学時間を三〇分延長する問題について検討した。議論開始直後、校長たちは教員組合の意欲や事務員のわがままぶりについて否定的な話を始めた。彼らの見解は、組合や事務員たちは就学時間の延長を認めたがらず、これ以上仕事量が増える状況を望まないだろうというものだった。教師が極端な疲労状態になることを避ける必要があるとか、授業の準備の時間が必要だとか、学生の課外授業の時間を確保しなければならない、家族との健康的な生活を促進しなければならない、事務員は清掃や安全点検の時間も必要だ、といったまともな理由から教員たちが就業時間の延長に反対するとは、校長たちはほとんど想像していない。

忠誠心を認識する

利害関係のある人たちは、単独で行動しているのではない。自分たちのグループ以外の人や、自分たちに関わる問題の後ろ盾になってくれる人に対する忠誠心を抱いて行動している。例えば、教員組合の代表者が交渉の場に入るときは、自分自身の利害のためだけでなく、自分が代表となっているグループの人たちの利害のために戦おうとする。そのなかには、会議に出席するよう選んでくれたメンバー、組合員やその家族、自分たちへの期待を持っている別の組合メンバー、さらに組織そのものも含まれる。その人たちは、代表者が自分の仕事を守り、借金の返済ができるように安定を確保し、子どもたちと過ごす時間も確保してくれると思っている。

どんな人も、支持してくれる人たちを落胆させたいとは思わない。現在中東で起こっているイスラエル人とパレスチナ人の紛争がよい例である。これには、さまざまな宗教グループ、その中の宗派、各国域内外の関係者が広く加わっている。各グループの主導者たちには、自分たちにとって重要な条件で決して妥協しないという強いプレッシャーがかかっている。それは領土かもしれないし、希望を持てる未来、ほかのグループからの敬意かもしれない。

一九八〇年代、黒人とユダヤ人のコミュニティ間での暴動が起きていた頃、アレクサンダーはニューヨーク市ブルックリンのクラウンハイツ地区で暮らし、黒人とユダヤ人が同じテーブルに着き、互いが平和に暮らせるよう議論するミーティングを何度も行い、仕事を進めていた。そこでは素晴らしい会話がなされていたが、現実の変化は起こらなかった。アレクサンダーのグループも、それぞれが抱く忠誠心を十分に把握できなかった。長年の忠誠心を変えることが、彼らにどんな危機をもたらすかについて理解できていなかったのである。

忠誠心から生じる問題を理解する方法として、シチューのたとえがある。おいしいシチューを作るには、野菜の固さが気にならなくなるまで十分調理しなければならない。逆に調理しすぎると、それぞれの野菜の特性が損なわれて、何が入っているのか分からないドロドロしたものになってしまう。

その野菜を利害関係者だと考え、自分がおいしいシチューを準備しているとしよう。ニンジンや玉ネギが、よりよいシチュー作りのためにらしさを捨てて元の世界に戻ったら、古い友人や家族はその変容ぶりに気づくであろう。おそらくニンジンは「うっ、玉ネギのようなにおいがする。もはやニンジンの仲間じゃない。裏切ったな。君を送り出したのは、私たちの代表者として意見を主張してもらうためだったのに。相手の液汁を自分につけて戻ってきてほしかったわけじゃない。一体そこで何があったんだ？」と言われるだろう。

善意で戻ったニンジンにとっては、重要な問題である。もしニンジンがまったく変化せずに帰ってくるとか、変化を隠せるとか、元のニンジンに簡単に戻れるのであれば、再び仲間に加わることはずっと簡単であっただろう。だがそうはいかない。だから、変革のイニシアチブの中で利害関係者にとっては、いずれは「ニンジンの世界」（あるいは玉ネギやレンズマメの世界）に戻ると知っていることが、協力への大きな障害となるのだ。

適応を要する変革をリードする際に、部屋の中にいる人たち、つまり最も直接関わっている当事者だけを見ていてはいけない。その当事者が忠誠心を抱いている外部の人たちへの考慮も求められる。その上で、部屋の中にいる当事者一人ひとりが外部の支持者をあなたのイニシアチブに参画させるには、自分がどう支援すればよいかをあなたは考えなければならない。

ある意味、すべてのグループは選挙で選ばれた国会議員や市議会議員のようなものであり、さまざまな要望を満たしてほしいと願う支持者を代表する立場にあると考えてほしい。図9は、グループが協力して適応課題に取り組む様子を表している。それぞれのメンバーは各自のグループ、さらには派閥や組合、部署やコミュニティの一部を代表しているので課題への見方は違っているのだ。

アレクサンダーの研究チームは、クラウンハイツの住民に対して人種や宗派の「シチュー」を混ぜ合わせ、共通の目的やアイデンティティを持ったコミュニティを作ろうと呼びかけた。ところが、それぞれの考え方を聞いて学びはじめると何が起こるのか、というメンバーが準備するための大切なステップを踏まなかった。その結果、コミュニティに戻った黒人は、ユダヤ人に染められた人物と見なされ、ユダヤ人コミュニティに戻ったユダヤ人も同様の扱いを受けた。元のコミュニティに戻った人たちはコミュニティに対する忠誠心が低いと判断され、自分たちが引き続きユダヤ人ある

図9　変革の政治的駆け引き《ポリティクス》

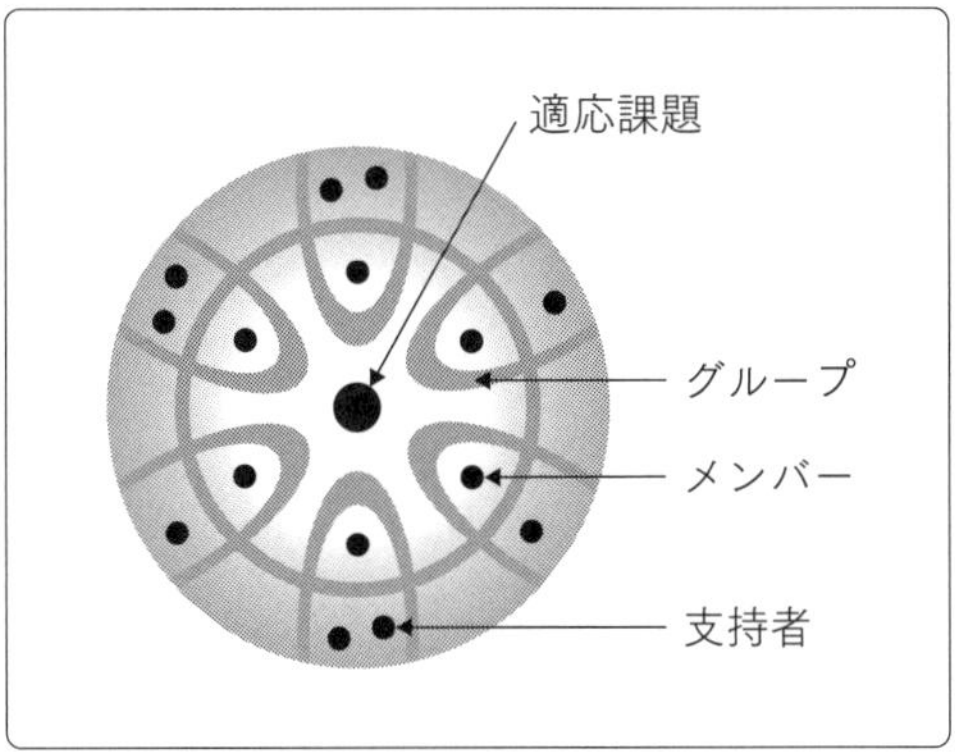

いは黒人であると再度認識してもらい、自分自身を別のグループに捧げたわけではないと示さなければならなかった。そして、両者の対話から生まれた素晴らしいアイデアも、決して表に出ることはなかった。

前述の野菜シチューのたとえは、どんな組織にも当てはまる。数年前、私たちはエネルギー関連のグローバル企業のプロジェクトを手掛けたが、この企業は、関連ビジネスを手掛ける同規模の企業を買収したばかりだった。両社のシニアスタッフで構成された精鋭チームは、定期的に会議を行い、業務や文化を統合するために必要なあらゆる案件について議論を尽くした。だが作業開始の一年後、大会議室にて慎重に協議した調整案は、それぞれの組織では実行されていなかったことに気づいた。その一因は、元の企業の仲間たちから忠誠心がないと見なされるような変革を、何一つ行おうとしなかった点にある。彼らは自分たちの組織のメンバーを、適応課題の対処に向けてまとめあげ、動かしていくというリーダーシップの準備ができていなかったのである。

喪失リスクの特定

ここまで説明してきたように、アダプティブ・リーダーシップの実践は、重大な喪失をもたらす。あなたが変革を求めている相手は、あなたのイニシアチブを自分が大切にしているものに対する脅威だと知ることになる。大切にしているものは、何が正しく、何が間違いかという心の奥にある信条かもしれないし、世界の仕組み、世界のあるべき姿についての思いかもしれない。あるいは、生活が安定したままでいてほしい、慣れ親しんだものが変わらないでほしいという程度のものかもしれない。いずれにしても変革への抵抗は、何か大切なものを失うかもしれないという恐怖心から生まれる。

だから当然、政治的に考えることの一環として、相手に求めている喪失を明らかにしなければならない。どのような自己イメージやアイデンティティが脅威にさらされているのだろうか？　変革に加わることで失ってしまうと恐れている優位性や恩恵とは何なのか？　こうした喪失のリスクを特定し、相手がその痛みに打ち克つサポートをしなければならない。

だが、相手が失うものを明らかにするのは簡単ではない。極めて利己的で自己防衛的に思えてしまうため、たいてい彼らは隠そうとする。そこでまず、組織内の全関係者が失う可能性のあるものが存在すると考えよう。その前提で、たとえあなたには危険にさらされているように思えなくとも、それぞれのグループにとって最も大切かつ最も危機に瀕しているもの（価値観が崇高か、そうでないかにかかわらず）を探してみよう。次のリストは、失う可能性のあるものを見つけ出すためのヒントだ。

- アイデンティティ
- 能力
- 快適さ
- 安全
- 評判
- 時間
- 金銭
- 力
- 支配力
- 地位
- リソース
- 独立性
- 正義
- 仕事
- 生活

例えば非営利組織の幹部たちは、適応課題に対応するために新たなスキルの習得を義務づけられれば、将来の収益が減る可能性を恐れるかもしれない。だが、一般的な非営利組織の場合、収益を増やすことは重要だとされていないので、幹部たちはこの恐怖心を表に出さないかもしれない。だからこそ、その思いをあぶり出す、あるいはその懸念を隠そうとする行動を読み解くことが必要となるのだ。

隠れた連携の把握

適応を要する変革では、異なる利害関係グループ間による、変革を促すあるいは阻む隠れた連携が起こり得る。そのような関係を把握すれば、協力的な連携を利用し、対立する連携を弱める方法が見つけやすくなる。

かつてマサチューセッツ州議会でマーティが経験した出来事が参考になる。当時議員たちは、養子縁組に関する法規制を緩和するため、宗派を越えた養子縁組を認める議案を提出していた。だが一部の宗教グループや保守派の議員が議案に強く反対し、数年間にわたって法案は否決されていた。そこで新法の支持者たちは、養子である議員、養子を迎えている議員、養子の兄弟を持つ議員、養子と個人的つながりを持つ議員（例えば配偶者や親友が養子など）を調べた。その個人的なコネクションを使って反対議員の目を別の価値観に向けさせ（宗教に対する忠誠心や保守的世論から友情や家族の絆へ）、反対の立場だった多くの議員が、新法は自分の信条や忠誠心とも矛盾しないと考えるようになった。結果的に新法は成立した。次のコラム「法律事務所における連携作り」は、反対派のグループ内の連携の可能性を見出し、その関係を作り上げた事例である。

法律事務所における連携作り

大手法律事務所のパートナーであるジェリーは、地域コミュニティへの貢献活動として、プロボノ〔社会人が仕事上の専門的な知識や経験を提供するボランティア活動〕の仕事を増やしたいと思っていた。一方事務所は、生産性向上を掲げ、支払い請求可能な案件に最大限時間を費やす方針だった。さらに、生産性にうるさい人たちの中には、競争状況にも精通し、法律事務所のランキングに高い関心を持つ人たちもいた。だが幸い、プロボノ活動の善し悪しは、ランキング項目の一つであった。

そこでジェリーは、プロボノ活動の利他的価値を強調して説得を始めたが、より抜け目のない方法を使った。競争状況に精通している人たちには、事務所のプロボノ活動の評価が低いことを指摘し納得させた。また、生産性にうるさい人たちの心にある大義や慈愛を探り出し、この大義に貢献できる時間を増やすよう勧めることによって、彼らにもプロボノ活動を増やすことを理解してもらえた。

適応を要する変革をリードするために、どうやって隠れた連携を明らかにし、新たに作り出せばよいのだろう？　まずは組織図を見てみよう。それぞれの部署が、最も分かりやすい組織上の利害関係者グループである（部署や機能など）。次にグループ内での正式なレポート関係、役割、階層を越えた共通項があるサブグループを探す。例えば同じ人種や性別の人たちは、別の部署、別の立場であっても、共通の利害関係、懸念、価値観でつながっているかもしれない。その共通項を利用すれば、変革に前向きに参画させられる可能性がある。

組織での適応を要する変革において利用できそうな、隠れた連携のヒントになるサブグループは次の通りだ。

- 現場のマネジャーとスタッフ
- 組織内の新人と永年勤続者
- 退職間近な人たちと今後も長年勤務する人たち
- 子どもが独立した親と自宅に子どもがいる親
- 人種、政治的信条、民族などの「違い」を横断した人々
- 従業員とコンサルタント
- 現在のCEOに採用された人たちと別の人に採用された人たち
- 直接顧客と接している人たちとそうでない人たち

バルコニーにて

- なぜチームのためにもっと大胆になれないかを考えよう。もし頭の中でリスクを増やすなと告げる声を聞いたとしたら、それは誰の声なのか、何と言っているのだろうか？　何が原因でリスクに挑めず、課題に対処できず、熱い気持ちになれないのか？

現場での実践演習

- 組織内で対処したい適応課題、そのために役立ちそうな変革のイニシアチブについて考えよう。図10（次頁）を使い、この変革における利害関係者を整理してみよう。
- 利害関係者のサブグループをリストアップし、変革に向けた動きに役立ちそうな協力関係につながる共通項を探ろう。組織内のどこにいて（役割、立場）、何が共通なのか（人種、年齢、家族への責任、在職期間など）？
- 変革によって発生し得る喪失に各利害関係者が耐えられるよう、新たな戦略を考える。

図10　適応課題と変革のイニシアチブの提案

適応課題：

変革のイニシアチブの提案：

利害関係者（個人およびグループ）	課題との関係は?	望ましい成果は?	最も大切にしている価値観は?	忠誠心は?	喪失リスクは?

chapter 7

適応力の高い組織の特性

組織というシステム、目の前にある適応課題、組織の政治的状況。これらの診断には、時間と思慮深さと勇気が必要である。また、組織の垣根を越えた利害関係者を引き込むために、創造的かつ敏感に、臨機応変に対応しなければならない。一部の組織は、そのための高度な外部センサーや内部規範、必要最小限の人員を備えている。そのような組織は何が違うのだろうか？　適応力の高い組織には、次の五つの特性がある。

1　「エレファント」[*]を指摘する
2　組織の将来に対する責任が共有されている
3　自主性のある判断が期待されている
4　リーダーシップを育てる力が発達している
5　内省と継続的な学習が日々の業務に組み込まれている

［＊訳注］Elephant in the room：重大な問題で、その場にいる誰もがその存在を認識しているが、見て見ぬふりをされているものをエレファントと呼ぶ。

それぞれの特性を説明した後に、自分の組織の適応力を評価するツールを紹介しよう。

「エレファント」を指摘する

どんな組織のどんな会議でも、実際には四種類の会議が同時進行している。一つは、会議の場で実際に交わされている会話であり、メンバーが集まる表向きの理由になっている。二つ目は、非公式の雑談、廊下での立ち話、事前打ち合わせだ。これらは会議の前に行われ、会議に参加するメンバー全員は含まれない。三つ目は、会議の議題に関連して、参加者の頭の中で繰り広げられる会話である。これは、公には認められていない難題についての発言を、「バルコニー」でじっくり考え、観察し、解釈する作業だ。これが誰も口にしない「エレファント」である。四つ目は、会議後の会議であり、全員が会議室から出た後に、コーヒーマシンを囲んで行われたり、メールで送信されたりする。具体的な内容は、会議で実際に起こっていたこと、話されなかった議題、議論が途絶えたまま過ぎた張りつめた瞬間についてである。

適応力の高い組織では、あまりに微妙だから公式な会議では取り上げられない問題はなく、聞いてはいけない質問もない。誰かが外部環境の初期変化に気づき、その変化が進むと現在のオペレーションがうまく機能しなくなると感じれば、自由に指摘してよい。オペレーションを守ろうとする幹部に異議を唱えても構わないばかりか、むしろそれを期待されている。実際に難しい質問をしたり、難題を持ち上げたりすると、幹部はその勇気ある参加者を擁護し、たとえ誰かが不快な思いをしても、議論を続けようとする。そのため危機はすぐに特定され、どうしようもない状況は余裕をもって避けられる。参加者たちには「エレファント」を指摘し、議論できる確立された方法や手順があり、表に出づらい見解も速やかに議題に取り上げられる。

インテルの創業者アンディー・グローブは、同社の俊敏な対応を支えている一つの要因は、市場および組織の脅威やチャンスを極端なほど用心深く調べる体制だとしている。どのような会議でも、いつも議長が「何か見落としていることは？　まだ議論していない視点は？」「散会する前に、まだ表面化していないが爆発しそうなことで、議論すべきものはないだろうか？」と質問するのだ。

組織の将来に対する責任が共有されている

ほとんどの組織で、人は肩書を持ち、明確に定められたチームや部署で仕事をする。組織における自分たちの役割やレポートライン（直属の上司・部下の関係）、職務上の横のつながりといった構造を明らかにするために、こうした名称や機能上の境界線を私たちは必要としているのだ。だが、肩書や部署の垣根があることによって、それにこだわって自分の領域を守ろうという意識が生まれ、組織全体に対する忠誠心が低下する。しかも（最大の問題なのだが）組織が変革に適応するために欠かせない、部署を横断した活動が阻害される。一方で適応力の高い組織では、メンバーが個人の役割や職務を意識するだけでなく、より大きな組織の将来に対する責任も共有している。

そのような組織に対する責任感は、組織生活のさまざまな場面であらわれる。会議では、それぞれが自身の担当領域以外の問題についても取り上げ、意見を述べる。ある部署で難しい問題が生じれば、ほかの部署の責任者も自分のこととして考える。給与や報酬のシステムも、各部署ではなく組織全体の業績を重視して決められる。組織横断的な問題解決も日常的に行われ、部署間の人員の融通も少なくない。組織のすみずみに至ってメンバーは、目先の任務だけでなく、組織全体の問題や懸念について気にかけている。例えばトヨタは、現場において組み立てラインの従業員が、たとえ自分の担当以外であっても、問題を見つけたときは生産作業をストップするよう奨励されていることで有名である。

自主性のある判断が期待されている

CEOをはじめとする経営陣に対して答えを求めようとしない組織は、適応課題を見つけ出し、対処する能力が高い。そのような組織では、幹部やマネジャーが自身の専門領域以外の問題にもはっきりと意見を述べ、同僚との闊達な議論の後、より自由に自分の立場を変える。「自分の立場を守ること」には、それほど価値を置いていないのだ。

一九六三年一〇月、ジョン・F・ケネディ大統領は、キューバのミサイル危機に対する最善の措置を検討するためにチームを招集した。そのメンバーを選ぶにあたっては、役割にこだわらず、専門外でも判断力のある人たちが加わっていた。審議中、会議の参加者は何度も立場を変えながら議論を重ね、具体化、修正しながら進めていった。個人の判断が尊重される組織では、「上司などうするだろうか？」ではなく「組織の使命を遂行するには、何が最善だろうか？」と考える。また、組織の末端まで意思決定やアイデア作りをするのが、当たり前になっている。

リーダーシップを育てる力が発達している

適応力の高い組織になるには、人材のパイプラインを構築することも不可欠だ。これはメンバーをセミナーに参加させることではない。必要な変革を果敢に行えるかどうかは、長期的な視点を持ち、組織の将来に関心を寄せる人材にかかっているという理解があってはじめて、個々のプロフェッショナルを育成することへのコミットメントが生まれる。適応に取り組むＣＥＯは、自分こそが最高人事責任者だと自覚している。ＧＥの元ＣＥＯのジャック・ウェルチは、人事を特に重視した人物として広く知られている。適応力のある経営陣やマネジャーは、適正な人を適正な役割に配し、適正な仕事をさせることが自分たちの最も重要な責任だと認識している。

リーダーシップを育てることは、選抜することと以上に重要な、ラインマネジャーの日常の責任である。私たちは研修や能力開発プログラムを提供しているが、日々の仕事におけるフィードバックには到底及ばない。リーダーシップは細部にわたって実践するものであり、現場で学習しなければならないからだ。適応力強化のために人材のパイプラインが欠かせないと考える組織には、大多数のメンバーが、自分は将来どこで最大の貢献ができるのか、自分の潜在力を最大限発揮するには何が必要なのかを知るための明確な指針がある。

後継者計画も、リーダーシップを育てる力を測る明らかな指標となる。私たちが経営幹部によく質問することがある。自分よりもよい仕事ができる人を二、三人見つけられているか？ もし見つけられていれば、その人材を育てるために何をしているのか？ 例えばGEの後継者計画の充実ぶりは古くから知られ、当時のCEOのレジナルド・ジョーンズが一九八一年にジャック・ウェルチを後継者に指名した事例は、ハーバード・ビジネススクールのケーススタディの一つとして有名である。しかし多くの組織では、後継者計画でなく無後継者計画が作成されてしまっている。

私たちのクライアントのあるマネジャーは、高い離職率をむしろ望ましいことと捉えていた。わずか数年で転職するという前提で、優秀な若い人材を採用する。そうやって若い優秀な人材に必要な経験をさせているとの評判を得ていたが、実際は教育への投資はゼロに近く、（結果的に）その人材は決して自分の仕事を追い求めようとはしなくなる。当然そんな組織では、事業に対する長期的な展望を持つ人や、自分の持てる力を注ぎ込みたいと思う人はほとんどいなくなり、その企業は外部の変化を見抜けず、顧客や消費者にとって必要な存在になれなかった。

内省と継続的学習が日々の業務に組み込まれている

適応には、周りで起こっていることを解釈する新しい方法や、これまでとは違った形で業務を遂行する方法を学習することが求められる。だから、著しく適応力の高い組織では、学習することを積極的に受け入れており、コミットメントがあるのも当然である。

だが、そのような組織文化を作り上げるのは簡単ではない。組織のヒエラルキーを上るにつれて、自分がすべての答えを持っているわけではないと認めるのがますます難しくなっていく。結局のところ、問題が解決できたり、断固たる行動をとれることが評価されてきたのだ。幹部の多くは、自分のためでなく部下のために学習の機会を提供しようとするが、組織が適応力を高めるためには、組織内のあらゆる階層の人たちが、自分が何を知らないのか、何を見つける必要があるのかを理解できなければならないのだ。今日の世界は、長年経験を積んだ専門家であっても、どうしてよいか分からない状況である。適応課題は、トレーニングを受けたり、コンサルティング会社に依頼したり、他社のベストプラクティスを導入しても解決できない。そうではなく、ビジネスや社会や政治の変化によって時代遅れとなった考え方を手放し、組織全員が実験的試みを行わなければならないのだ。

では、継続的な学習のマインドセットは、組織内のどのような行動にあらわれるのか？　いくつかの兆候をあげよう。

- 失敗する人物や新たな方法を試してみる人物が排除されない。むしろ、組織にとって不可欠な経験をしている知恵の宝庫として扱われる。例えば、あるグローバルバンクでは、CEOが定期的に大きなミスをした人物を見つけ、そこから学習したことを引き出そうとする。しかもその人物を世界各国に送り、新たな知識を仲間と共有させる。
- 戦略的判断が必要なとき、現場スタッフの視点が考慮される。経営陣やマネジャーは、最も役に立つ知識は、取引や生産の現場、日常業務を担っている人々にあると認識している。彼らが顧客や商品、主な関係者と接しているからだ。そうした組織は、従業員の意見を戦略策定プロセスに取り入れている[1]。

● 現場を離れたオフサイト・ミーティングが定期的に行われ、組織のあらゆる階層のメンバーが参加する。そこでは、一方的な講義や上層部からの命令ではなく、双方向の対話が行われる。多様なメンバーで構成されるグループで議題を決め、事前に想定していなかった問題についても議論する。

● 何か問題が起こったとき（クライアントを失う、落札に失敗するなど）、そのことが処罰の対象として扱われるのではなく、事実を受け入れて、教訓として報告される。

● 勤続年数の長い人々には、長期有給休暇や休職などを利用して職場を離れてリフレッシュし、新たな視点を持つことが奨励されている。

● 役割や部署の垣根、非公式のつながりを越えて、コミュニケーションや交流が行われている。日常業務では接点のない部署や機能、職位、地域、年齢、国籍の違いを組織が結びつけている。経営幹部やマネジャーは、組織の内外で、人々が「他の」人と面と向かってやり取りができるように工夫し、さらなる学習機会を生み出している。他の人の業務や視点を相互に学び合うことによって、メンバーはまったく違った視点を持てるようになる。

● 経営陣が、複雑でダイナミックな状況に対する統制のとれた対応だけでなく、純然たる内省も勧めている。例えば、議題を設定しないミーティングを開催し、現在、過去、未来に対する別の解釈を考えてみる機会を与える。

[1] Ronald Heifetz and Donald Laurie, "The Work of Leadership," *Harvard Business Review*, OnPoint edition, December 2001. ロナルド・A・ハイフェッツ，ドナルド・L・ローリー著『リーダーシップの新しい使命』（DAIMOND ハーバード・ビジネス・レビュー編集部訳，DIAMOND ハーバード・ビジネス・レビュー 2008年2月号）

● 経営陣に対するコーチングを会社がサポートしている。組織外で相談役を持つことだけでも、適応力を弱体化させるような視野の狭さを防ぐことができると理解している。

● いまある戦略はあくまで現時点の最善策であり、不可侵の内容だとは見なしていない。また、新しい情報が入ってくれば、常に見直すようにしている。

バルコニーにて

● 継続的な学習のために整備するべき仕組みはどのようなものだろうか？ 経験を通して個人が重要な教訓を得られるようになっているだろうか、チームや組織として学習する仕組みはあるだろうか？ 活動後の報告や、チームでフィードバックする場はあるだろうか？ 翌年の予算や計画はいつ策定され、前年からの変更は何が理由となって決められているだろうか？ 失敗したらその人たちは排除されるだろうか、それとも失敗の教訓が活かされるだろうか？

現場での実践演習

● あなたの組織は、適応力の高い組織の五つの特性を持っているだろうか？ 図11（次頁）を使って、チームメンバーとともに五つの特性について10段階で評価してみよう。どの項目を高めるべきか、高めるためには何が必要だろうか？

評価　［1：非常に低い（短い）／10：非常に高い（長い）の10段階で評価］									
1	2	3	4	5	6	7	8	9	10
1	2	3	4	5	6	7	8	9	10
1	2	3	4	5	6	7	8	9	10
1	2	3	4	5	6	7	8	9	10
1	2	3	4	5	6	7	8	9	10

図11　あなたの組織の適応力は?

適応力の指標	説明
「エレファント」を指摘する	メンバーが頭の中で思っていることを、コーヒーブレイクでの会話にし、さらに会議での議題にするまでにどれくらいの時間がかかるか?　危機の特定、悪いニュースの議論は、どれくらい早く行われるか?　言いにくいことを言うための仕組み、インセンティブ、支援はあるか?
組織の将来に対する責任が共有されている	メンバー（なかでも上級幹部）は、個別のグループやサイロを気にかけ、守ろうとするのではなく、組織全体の目線で行動しているか?
自主性のある判断が期待されている	メンバーは、上司の好みを察するよりも自分自身の判断を大切にしているか?　ミッションに基づいた行動で合理的なリスクを負い、その結果うまくいかなかったとき、それが個人の失敗ではなく学習のチャンスと見なされるか?
リーダーシップを育てる力が発達している	メンバーは、組織における自分の位置づけや自分の成長、昇進の可能性をどれくらい知っているか?　自分の潜在能力をどうやって発揮するかについて合意された計画はあるか?　また、後継者を明確にして育てることが経営幹部にどの程度期待されているか?
内省と継続的学習が日々の業務に組み込まれている	組織は、個人やグループが内省したり、経験から学習する時間を捻出しているか?　どうやって仕事をよりよく進められるかについて、どれくらいの時間、活動範囲、リソースを投じて多様な視点を醸成しようとしているか?

第3部

システムを動かす

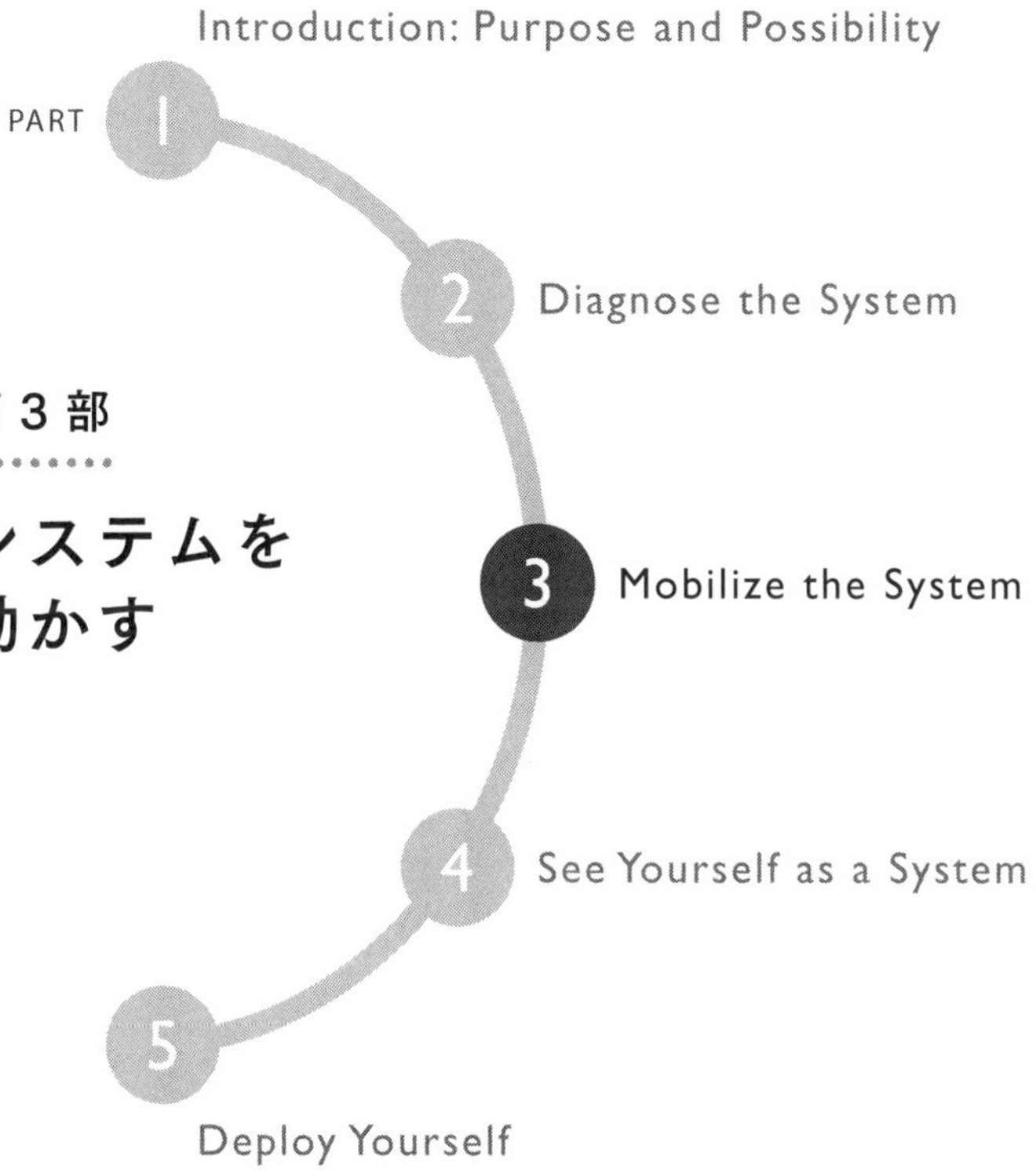
Introduction: Purpose and Possibility
PART
1
2
Diagnose the System
3
Mobilize the System
4
See Yourself as a System
5
Deploy Yourself

第3部　システムを動かす

アダプティブ・リーダーシップの実践とは、あなたと同じシステム（組織、チーム、コミュニティ、社会、家族など）に属する人々に、時には歓迎されないことがあっても、価値のある課題に対処するための支援となる介入を行うことだ。具体例を紹介しよう。

- 諮問委員会は学校当局に対して、新しいテクノロジーを取り込むために視野を広げてもらおうと説得を試みたが、当局メンバーは理解も評価もせず、失敗に終わった。その結果、諮問委員会の面々は一緒に辞任した。
- 人事部門に対して、人事管理業務のオペレーターから組織全体の戦略的パートナーに変わるよう説得したが理解を得られず、CEOは優秀な営業担当役員を人事担当役員に異動させ、組織文化にチャレンジした。
- クリスマスディナーが台無しになる覚悟で、家族に深く根づいた文化的規範を打ち破るべく、息子は祖母の「物忘れ」の問題を持ち出し、祖母によって家族の平穏が脅かされ始めているのではないかと言い出した。

診断を行い、適応を促す作業に人々をまとめあげ動かしていく介入は、メンバーへの問いかけ、プロセスのアイデア提供、枠組み作り、一回限りの変革イニシアチブといった形をとることもあれば、さまざまなタイミングでさまざまな人やグループが関与する連続的な取り組みとなることもある。このパートでは、アダプティブ・リーダーシップの準備から実践まで、その行動に注目したい。例えば、次のような行動だ。

- 適応課題に対する、その場しのぎではない長期的な解決策を提示する。
- 一部の人は不快に思うかもしれないが、課題をはっきりさせ、問題点と現状の解釈を提示する。
- 不快感を活用し、前へ進める。より快適な現状を取り戻すために、不快感を抑え込んだり、曖昧な態度をとったりはしない。
- 組織内の独自のネットワークを活用する。
- 組織の適応力を強化し、次々と起こる適応課題に対処する。

効果的な行動の第一歩は、行動しないことである。適応課題が見えはじめたときに、あわてて行動に移すというありがちな衝動を避ける力とも言える。
あなたは問題解決マニアではないだろうか？　問題があらわれると、すぐに突進して対処しはじめ、むきになって混乱を収めようとしていないだろうか？　公私を問わず、他人が抱える問題を何でも快く引き受けて解決しようとすることで、評価を得ていないだろうか？

組織のためにできる最も効果的な行動は、過去に成功した技術的な対処を迅速に適用することではなく、時間をかせぐことである。「ハンマーしか持っていなければ、すべてがクギに見える」という言葉を忘れてはいけない（手段に固執していると問題の本質を見誤る）。適応課題には、おそらく「ハンマー」は役立たない。難しいかもしれないが、道具を片づけ、焦らず、メンバーには慎重に行動してもらおう。

それは効率性やスピードを重視する世界では簡単なことではない。しかし、何よりも大切なことだ。もしあなたが組織内で権威のあるポジションに就いていて、プレッシャーのなかで断固たる行動をとることに対する自分自身の脆弱性に気づいたなら、その歯止めをかけやすくなるかもしれない。自分にあまり権威がなければ、やや大げさな方法で時間をかせぎ、十分な診断をして解決策に実験的に関わるのがよい。おそらく抵抗に遭い、「前進の妨げになる」「後ろ向きすぎる」と非難されるだろう。

そうした組織の勢いを減速させるには、対立的にならないような方法が必要になる。そのためのヒントをあげておこう。

- 次々と指示を出すのではなく、質問をする。
- 決定事項をうまく実行するのに自分の支援が不可欠というとき、その支援を少し見合わせることによって、やんわりと拒否権を行使する。
- 会議に時間的余裕を持たせて、急ぎの用件のために適応課題が後回しにされたり、目先の技術的問題として処理されたりしないようにする。
- 問題の解決策を探るために、意見を聞く対象を広げる。
- 事実かどうかの議論は、隠れた軋轢への対処を避けることになる。まず事実を確認し、その上で考え方や価値観の違いについて議論する。

衝動的な行動を避けられれば、課題に対処するための介入を考え、実行し始めることができる。

chapter 8

解釈する

適応課題とは、目の前にある現実と人々が抱く価値観、言い換えれば理想像とのギャップである。課題を前進させる上で効果的な理想像とは、単なる空想や要望ではなく、細部まで正確なものだ。組織の中で目にする複雑な現実の本質をとらえ、思慮深く正確に解釈することができれば、大いに役に立つ。混乱した複雑な議論の根底にある重要な問題を鋭く指摘することによって、人々が効果的に焦点を絞り、正しく自分の現状を見定められるようになる。すぐにその解釈が受け入れられなくても、議題として取り上げられ、見直され、修正が加えられれば大きな価値がある。

解釈する上で大切なのは、重要な現状をつかむことである。夢や空想は新たなアイデアや希望に欠かせないが、適応課題を解決するには、目の前の現実をしっかりと把握し、そこから新たな可能性を探り出していかなければならない。だが、習慣的な解釈で現実を都合よくとらえようとすると、変革の必要性が見えなくなってしまう。どんな組織であっても、人は自分に個人的な責任が問われないように解釈しようとするものだ。

業界、国、文化によってマネジャーにはそれぞれ違いがあるが、「マーケットシェアが低下しているのは、イノベーションに対する経営陣のコミットメントが不足しているからだ」という思いは共通している。その批判は一部正しいかもしれないが、それがマネジャーがリーダーシップを発揮できないことの説明にはならない。本当は、本人たちの勇気や創造力が乏しく、極めて重要で周到な取り組みができないのだ。

また、負担の少ない解決策があるという解釈も受け入れられやすい。通常、選挙で選ばれる人たちは、目の前にある課題解決のために犠牲を伴うことはないと有権者に伝えている。二〇〇八年に行われたアメリカ大統領選におけるオバマ、マケイン両上院議員も例外ではなかった。

同時多発テロ事件以降、エネルギー価格の高騰や厳しい省エネ対策、人命の損失、世界におけるアメリカの役割の著しい変化という大きな犠牲を強いられることなく国際テロの脅威が取り除かれることを、アメリカ国民が信じたかったのは無理もないことであった。そのため民主党、共和党を問わず政治家たちは、その空想を続けるために結託した。テロ対策という新たな多額の出費をまかなうために、少なくとも増税という厳しい犠牲を強く求める候補者に投票する有権者がいるだろうか？「元の生活を取り戻そう。政府は犯人を追い詰め、問題に対処します。勇敢にも殉職する人がゼロではないだろうけれど、その数をできるだけ少なくするために最善を尽くします」というメッセージのほうが受け入れられやすかった。それは安心感を与え、魅力的だったが、現実的ではなかった。

図12　解釈におけるマインドセットのシフト

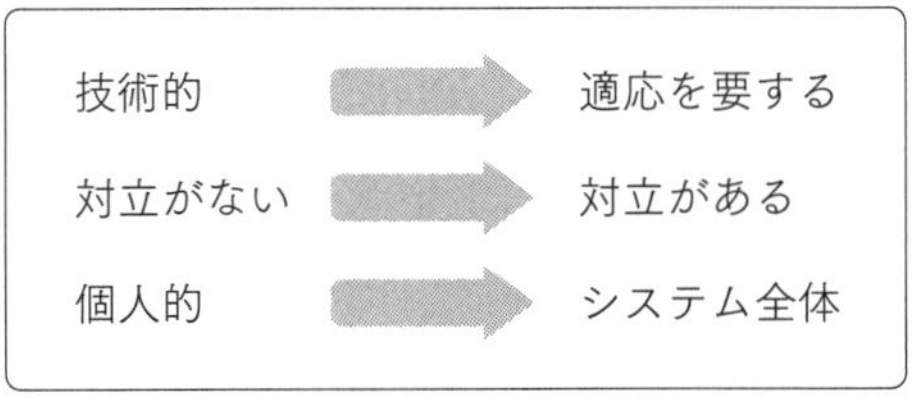

図12は、人々が適応課題に効果的に取り組むために必要な、解釈の転換を表している。アダプティブ・リーダーシップを行使するとき、最初の仕事は、メンバーの考え方を左側から引き離さなければならない（左側は、問題は技術的で、対立がなく、原因は個人的だという解釈）。次にメンバーを右側の解釈に向けて軽く押してやる必要がある（問題は適応を要し、対立があり、原因はシステム全体だという解釈）。

つまり、最初に行うリーダーシップの仕事は、身近な人たち（若手もシニアも、同年代や他部署の人たちも）に適応課題と技術的問題は根本的に違うと教育することだ。技術的問題には専門知識、適応課題にはリーダーシップという、状況ごとに違った対処をする裁量の余地をつくることが必要である。

多くの問題は権威のある専門知識で対処できるが、それではうまくいかない課題も少なくないと人々が受け入れられるようになれば、彼らにより広範囲に渡る参画意識を持たせ、実験や発見、犠牲を伴う調整を推進していく心の余裕があなたに生まれる。すると、技術的問題においては、支配的、独裁的という批判を受けることなく、必要であれば指示を出し、威厳のある対応を行うことが可能になる。また適応を促す作業が必要とされるときには、弱腰で指示不足という非難を受けずに、受容《インクルージョン》し実験することに集中し、探求的かつ臨機応変でいることができる。

そして人々が、課題における**適応を要する**側面を見分けられるようになれば、彼らは新たな方法を学習する必要性を認め、前進するには何かを失うこともやむを得ないと理解し（例えば資金注入のために、時代に合わなくなった製品を放棄すること、大切にしてきた自主性を手放すことなど）、対立の回避から解消へとマインドセットを転換していく。

また、課題における**対立を生む**側面を表面化させるような解釈ができれば、譲歩できる喪失とできない喪失を明らかにし、対立に向き合うために必要な「勇気をもって行う会話」に取り組ませ、メンバーをリードすることができる。その結果、対立を表面化させながらうまく扱えるような環境が作られ、新たな適応が生み出される。

さらに、問題を個人的なものではなく**システムとして**捉えることができれば、変化を生み出すための注目の的として、業績の低い人物を守ろうとする慣習、中央集権体制などを探すようになるだろう。システム的に解釈することによって、メンバーが政治的に考え、問題における利害関係者の位置づけを行い、独自の連携を組む機会を見極め、それぞれの利害関係者グループにとって何が危険にさらされているかを判断することができる。

会話を図の右側に押しやるためには、時間をかけて習慣づけることが重要だ。そのための有効な問いは、次のとおりである。

- 私たちにとって初めてで、いつもと違う戦略は必要ないだろうか？
- 主な利害関係者は誰か？ そのプラスの影響、マイナスの影響はどのようなものか？ 彼らはどのように状況や利害をとらえているか?

- 組織で何かを行うときに、いつも「これは緊急だ」と言っていないだろうか? どうすれば問題の機が熟すかを考える必要はないだろうか?
- この状況における適応的要素、技術的要素は何か?
- この状況に直面しているのは、組織内あるいは業界内では自分たちだけか? 他の人たちは、どのように対応しているのか?

ここからは、グループ内で解釈のプロセスをうまくリードする方法について解説していこう。

左側に引き寄せられる動きに気づく

人の解釈は、より技術的なものに、より対立のないものに、より個人的なものに引き寄せられていく。この動きが組織内に出ていることに気づいたら、まずその指摘から始めよう。非生産的な解釈の兆候は、状況についての会話の中にあらわれる。次頁の図13は、メンバーを図12の右側へ軽く押してやるための質問例である。

図13　非生産的な解釈の兆候

会話の種類	問題を次のように捉えていると考えられる	考え方を変えるための質問
「CEOが的確な指示をしてくれさえすれば……」	必要なのは権威であり、組織のビジョン、ミッション、戦略ではない	「CEOにはどんなプレッシャーがあるのだろう? CEOの支持者とはどのような人たちで、CEOに何を期待しているのだろうか?」
「すぐに何とかしよう」	長期的なものではなく、短期的なもの	「私たちがやるべきことは、対症療法ではなく、問題の原因に対処することではないだろうか?」
「簡単にできるはず」	適応を要するものではなく、技術的だと診断している	「この問題は、コンサルタントでも解決できないのではないだろうか?」
「よいアイデアがあっても実行されない……」	問題はビジネスモデルではなく、実行力	「私たちの製品は自分たちがよいと思っていたとしても、実は市場では求められていないのでは?」
「こうすれば双方にメリットがある」	問題解決のために誰も苦悩しなくてよい	「これに反対する人たちは、何を失うことになると考えているのだろう?」

人々は、簡単で努力を要さない解決策を導き出すように現実を解釈することに加えて、組織において何が正しく、何が誤りかを判断するために、自分の目の前の環境に頼りきっている（例えばスタッフの能力や会社のルール）。自分の周辺環境を通して世界を理解しようと思うのは自然である。だが、それを続けていると左側の解釈から抜け出せない。つまり、システム全体の適応を要する課題ではなく、個人的、技術的なものとして解釈する原因となってしまう。

私たちが支援したある企業では、主力社員が創業者と一緒になって、その創業者に父親のような役割を担わせ続けていたが、そんな保護者のような経営者を、すでに必要としなくなっていた。その社員たちは、自分たちがどうやって彼をその役割に据える手助けをしたのか、またそうすることによって自分たちもどのように助けられたかに気づかず、創業者の「押しつけがましさ」に不満を集中させていた。この習慣を断ち切るためには、自分のグループメンバー以外からの情報を会話に取り入れなければならない。例えば、社員を子ども扱いし続けていた共同創業者の話を聞き、議論していればよかったかもしれない。普段は交流のない人たちの意見や関心を探るのもよい。経営陣の会議の様子を録画しておけば、「バルコニー」から見たそのダイナミクスを理解するのに役立ったかもしれない。

次のコラム「適応課題を技術的問題として捉える」は、ある大手法律事務所の事例である。

適応課題を技術的問題として捉える

ある大手法律事務所が評判を落とし、共同経営者（パートナー）一人当たりの売上も減少していた。そこでパートナーたちは、有名なロースクールからの採用者を増やせれば、その傾向に歯止めをかけられると考えた。彼らは適応課題の背景として考えられるあらゆる原因を探ろうとはせず、問題を技術的なものと捉え、トップクラスのロースクール出身者を採用するという技術的な対処によって解決できると考えた。

それを実行する機会はすぐにやってきた。サマーアソシエイツ［ロースクールを卒業した学生を対象とした夏の短期研修生］のエブリンが、正社員としての採用に興味を示した。ただし成績は、上位のロースクールの中で下位だった。

エブリンは、パートナーであるチャールズに入社に関心があると伝え、別のパートナーと性的関係を持ったことも打ち明けた。チャールズは、もし採用につながるのであれば、エブリンは自分とも関係を持ちたがっていると察した。彼は採用委員会にその情報を伝えるかどうか判断がつかなかったが、もしこの情報を伝えれば、パートナーがエブリンからセクハラで訴えられるのを防ぐために、委員会は採用を決めざるを得ないだろうと考えた。そこで彼は委員会には事実を話さないことに決め、自身の信頼性を利用して「成績を理由に」不採用にするよう伝えた。これについてはうまくいったのだが、根底にある適応課題（混乱と訴訟のリスクを負ってでも、関係を持ったパートナーを処分しプロの行動規範を守り、事務所低迷の根本原因を解消すること）は解決できなかった。

グループの習慣的解釈を再構成《リフレーム》する

どんな組織にも習慣的な解釈、すなわち現実の理解とその反応のパターンがある。また、組織内のグループにも、それぞれの習慣的対応がある。それは、部署によって考え方が違うからかもしれない（例えば、あるソフトウエア会社の研究開発部門では、マーケットシェアが低下するたびに製品に新たな特性を付加しようとする）。そして権威ある人は、習慣的解釈を強力に推し進めるために、診断の初期段階でそれらを提示したり、ほかの選択肢を過小評価したりすることがよくある。

習慣的解釈であってもうまくいくとき、その多くの理由は、少なくとも表面的には実態に即しているからである。システム全体の動きを、個人の動機や個人間の競争という観点から解釈すれば、たいてい事実の表面的な部分は伝わる。また、誰かの個人的な動機を知ることによってのみ、その人の本来の関心に訴えることができるため、そうした解釈が役立つこともある。だが、本人の動機に大きな影響を与えているのは、その人が何かを行う背景や事情、つまり支持者や忠誠心だ。言い換えれば、誰もが他の誰かのために水を運んでいる。それは、他の誰かの様々な期待に応えようとしていることから生じている。他の誰かとは、仕事の正当性を認め、その仕事を継続することを許可する人々のことである。私たちの習慣的解釈の裏を探れば、個人の行動を解釈するためのシステム的な見方につながる。本当に理解したいのは、そこで糸を引く支持者たちのニーズなのである。人々を習慣的で個人的な解釈から脱却させるには、次のようなプロセスが役立つ。

1 **グループの習慣的な解釈を見つけ出す。** 分かりにくければ、「バルコニー」に立ち、さまざまな異なる問題へのグループの反応を見守り、パターンを探す。例えば、グループのメンバーは、自分たちの問題を外部の誰か（新たな競合他社、取引企業など）のせいにしていないだろうか？ 幹部が問題に対処すると思っていないだろうか？ 自分たちの創造力や勇気のなさを、特定のマネジャーの責任にしていないだろうか？ 外部の専門家や別のコンサルタントを探し、特効薬を手に入れようとしていないだろうか？

2 **習慣的対応を指摘する。** 難しい会話を受け入れられるグループであれば、自分の目にした習慣的な解釈を指摘し、そのことが創造性や適応力を阻害してないか、メンバーに考えてもらおう。もう少し間接的なアプローチとして、別の解釈を引き出せるような質問をすることも有効だ。具体的な質問内容を列記しておこう。

- 自分たちは何を前提として問題をとらえているだろうか？ その前提は、どれくらい正しいのだろうか？　その検証のためにできることはあるだろうか？

- まだ議論していない別の方法で問題をとらえられないだろうか？
- 組織内の誰が問題に関心を持っているだろうか？　その人たちは、状況をどのように説明するだろうか？

複数の解釈を生み出す

状況の解釈がたった一つになってしまうと、行動の選択肢は極めて限定される。それがどんな解釈であっても、単一のあるいは小さな枠の中の解決策になりがちだ。選択肢の幅を広げるには、解釈の可能性を複数探る必要がある。それには「もし〜だったらどうなるだろう？」の質問が役立つ。「もし顧客が、私たちが製品に付加しようとしている特性を評価していない、としたらどうなるだろうか？　マーケットシェア低下の原因として、何が考えられるだろう？」

どのような状況でも複数の解釈を考え出すことは可能である。ちょっとした仕組みの変化によって、違った見方が生まれる場合がある。コンサルティング業務の事後検証から、私たちは身をもってこれを知った。業務の報告を行うとき、通常リーダーを務めたコンサルタントが、プロジェクト中に何が起こったのかをストーリーにし、その解釈を話すことになっている。私たちは、いつも上下関係が少ないグループであろうとしてきたのだが、コンサルティングを行うようになった最初の頃は、プロジェクトに参加しなかったメンバーが、その解釈に異を唱えることには躊躇があった。だがその結果、学習の機会が少なくなってしまったため、どんなに小さなプロジェクトであっても二人一組で作業を進め、ペアとなるメンバーがコメントするようになった。するとリーダー役のコンサルタントは、業務を客観視しやすくなり、プロジェクト終了後、別の見方もできるようになった。その経験から、業務報告では常に少なくとも二種類、場合によっては三、四種類の解釈を用意し、そこからサービスの改善に活かすという基準を作り始めた。

複数の解釈を生み出そうとするとき、特に解釈同士が対立する場合は注意が必要だ。メンバーが課題に対する複数の解釈を示したときは、早々にどれか一つに引き寄せられるのではなく、それらを生かし続けるようにすることが重要だ。そんなときは、しばらく事態を静観しよう。どれが支持され、どれが却下されるだろうか。それぞれのグループの利害によって賛同する解釈が分かれるはずだ。それには、次のような理由が考えられる。

●あるグループにとって好ましい解釈は、そのグループの根強い価値観や利害に結びついている。
例えば、成長が減速しているある法律事務所では、幹部として採用された一人が、より大きな収益を上げられない原因をこう考えていた。新たに入社した幹部がハードワークしているのに比べて、古株の幹部はそうではないからだと。対照的に、事務所で支配的な立場にある出世意欲の高い人たちは、その新たに入社した幹部をまとめていくことの難しさに焦点を置いている。

- **難しいトレードオフを伴う、適応を促す作業を必要とする解釈は、一部のグループに受け入れられない。**失うものが大きいからだ。前述の法律事務所では、出世意欲の高い人々が、金銭面や制度面で永年勤続者を優遇する伝統を放棄したがらない。
- **準備が整っていない問題の対処を避けるグループがある。**それは機が熟していないと捉えているからだ。先の事例では、新たに入社した幹部の組織との一体化という問題に注目することによって、高業績を上げられなくなったが敬意を表されている幹部の処遇というかなり難しい課題を避けようとする。
- **一般的な解釈をすることによって、対立を避けられる。**先の事例では、新人幹部と既存幹部の深い価値観の違いを浮き彫りにするよりも、既存の幹部会の価値観を変えることなく、そこに新人幹部をどう一体化させるかという問題として対処していた。

一つの解釈に絞り込まないようにすると、おそらく抵抗に遭う。メンバーやグループは、他人のものよりも自分たちの支持する解釈を強調しようとする。だから、別の解釈に取り組む責任を分散させてみよう。例えばグループを、サブグループに分ける。各サブグループに一つの解釈を割り当てて、具体化させ、行動計画を作ってもらう。その上で多様な解釈を分析する。どの解釈がメンバーを不快にするだろうか？　どれが図12（185頁）の右側の解釈に近づくだろうか？　そして複数の選択肢を並べて、「ある一つの解釈が他の解釈よりも的確かどうか、どうすれば分かるだろう?」と聞いてみる。たとえ負のエネルギーであったとしても、より大きなエネルギーを生み出しそうな解釈を、リスクの少ない実験で試してみる。そのプロセスを即興で繰り返す。そうすれば、他の解釈に比べてエネルギーが高く、反応がよく、耐久力のある選択肢を見つけられるはずである。

自分の考えをオーディションにかける

あなた自身にも習慣的な解釈があり、それに引っ張られてしまう。その傾向を避けるには、自分の解釈を強く主張するのではなく、審査するのが自分の役割だと考えよう。自分の解釈を提示するときは、その役割に徹しよう。次に、その役割から身を引き、自分の解釈に対する他者のフィードバックをよく見て聴くようにする。どんな反応をするのか、あるいは無反応なのかを観察する。

私たちは先日、ある企業の研修に参加した。テーマは、昨年の女性社員退職者の割合が高すぎるという事実から何が学べるか。ある社員は、女性よりも男性目線で、直接的かつ攻撃的に世界を見ている企業の基本スタンスが問題ではないかと指摘した。議論を呼びそうな意見だったが、その社員は自分の考えを擁護したり、説明したりせず、文字どおり直接的かつ攻撃的な反応に耐えた。そして数分後、仲間たちの意見について質問を始めた。もし長々と懸命に説明や擁護を続けていれば、彼は自分の解釈に有利なデータを集められなかっただろう。

解釈の多様性を生み出す

適応を促す作業には、多数のひたむきな見解を組織化することが不可欠だ。理想的な社会では、対照的な見解があること自体が脅威になることはない。むしろ、誰もが目にするべき、より大きな絵のなかの異なる部分にすぎないと判断される。目の前に並ぶパズルのピースの種類が増えれば、何に対処するかを理解でき、さらには介入の準備が整うため、最も喫緊の共通課題を整理して解決しやすくなる。

本書では、適応を促す作業を進化生物学に喩えてきた。進化においては、有性生殖によって種が直面する新たな課題やチャンスに適応できるようになっていく。クローニングは、極めて効率的で、同一の個体を大量に作り出せるが、新たな方法で、あるいは難しい環境の中での繁栄を可能にする多様性やイノベーションは生み出せない。同様に、組織の課題についても多様な解釈を統合するほうが、一人の見解に頼るよりも創造的な考えを生み出しやすい。

多様な解釈を取り入れるのは厄介かもしれない。創造は調和ほど効率のよいものではない。衝突が増え、時間もかかる。救命救急室のように、専門知識と協調体制が最も効率的な解決策につながる技術的問題の場合は、それほど厄介ではない。しかし、創造性が求められる適応課題に対処する場合、新しいアイデアを適応力の強化につなげる苦労にも耐えなければならないのだ。

グループや組織、コミュニティにおける解釈を多様化するには、ポットを沸騰状態にして、それそれのアイデアを切磋琢磨しなければならない。そのためには、メンバーが互いの意見を考慮し、理解するようになり、有効な解決策を直接議論することが重要なのである。

chapter 9

効果的な介入をデザインする

介入とは、適応課題に取り組む人々をまとめあげ動かすための行為だ。プロセスのどの段階にあっても、そこから前進するには介入をデザインしなければならない。例えば、難しい問題を浮き彫りにすることもあれば、迂回行動を阻止したり、厳しい状況を切り抜けたりすることもある。介入を効果的に行うためには、組織が抱える課題は適応を要し、対立があり、システム全体として捉えるべきものという解釈に、しっかりと根ざしていることが基本となる（図12「解釈のシフト」、185頁の解説を参照）。

誰かの個人的な利害や他者に対する個人的な解釈にアピールするために、一時的に左側の解釈に動く必要があっても、基本的にはシステムとして捉え続ける（右側の解釈）ことによって、状況を個人的なものとして考えないように方向づけられる。

プロセスのどの場面であっても、介入の効果を高められる七つのステップがある。順番に使うことを想定しているが、個別にチェックしてもよい。

軌道修正は、どうしても必要になる。介入によって得た情報や反応を受けて、行動を修正していかなければならないからだ。柔軟性を忘れずに、行動と振り返りを繰り返そう。

ステップ1　バルコニーに上がる

これは、よくある「一〇まで数えて気持ちを落ち着かせる」行動を、さらに一歩進めたものである。単に一〇まで数えるだけではなく、自分の周りで起きていることを観察する。行動中でも診断を続ける。複数の解釈を考え、思考や行動のパターンも注視する。自分の解釈が利己的だったり習慣的対応になりそうなときには、実地検証してみよう。そして自分の行動、なかでも他者への介入によって生み出された情報を評価するために、できるだけ頻繁に仲間に報告する。そうすることで、次の行動をじっくり考えられる。

ステップ2　システム内の問題の成熟度を判断する

第1部で説明した「不均衡の生産的領域」のグラフを見返してみよう（図5、65頁）。あなたのグループや組織は、どの段階にいるだろう？　問題に対処するために、メンバーはどのくらいレジリエンスに富み、準備ができているだろうか？　問題に対処する切迫感がシステム全体で共有されているときは、その問題は機が熟していると言える。一部のグループが熱心に考えていても、システム内の多くのグループが別のことのほうが大切だと思っていれば、その問題はまだ対処する時期ではない。成熟段階の見極めは重要である。なぜなら、局所的でしかない問題を成熟させるための介入と、すでに広く認識されている成熟した問題への介入は、まったく違うからだ。

例えば環境保護の問題は、数十年前から強く懸念している人たちが確かにいたが、大きな問題として取り上げられるようになったのは最近である。数々の環境保護組織が何年もかけて、問題の切迫性を認識してもらう活動に力を入れてきた。なかでも国際環境NPOグリーンピースの抗議行動や、自然保護団体シエラクラブの数々の訴訟は、世界に対するアピールになった。数十年かけて徐々に効果が見られるようになり、地球温暖化の深刻な影響やアル・ゴアをはじめとする多くの人たちの活動の結果、その問題は世界各国で機が熟してきた。いまや多くの環境団体は、その戦略を敵対的な活動から、多様な協力関係（なかには否定的立場だった人たちもいる）や適切な保護活動を訴えるものに変えていく必要があると分かっている。また、広範な公共政策や企業活動の変更だけでなく、世界中の人々の行動様式の変更にもつなげなければならない。

介入の戦略策定においても、問題の成熟度は重要である。その切迫感は、まだシステム全体に広がっておらず、一部のグループが感じているだけなのか？　それとも目の前にある適応課題に対処するという難題を、極端な不均衡を生み出すという理由で避けようとしているのか？　技術的問題として、あるいは適応課題として、その状況に対処する機運は高まっているのか？

その答えは、介入の戦略立案や行動のタイミングの見極めに影響する。例えば経営陣が、特定の顧客や製品・サービスに依存しているにもかかわらず、売上のポートフォリオを多様化するよりも、大きな一社の顧客の売上をさらに伸ばすことに躍起になっているとしよう。自分たちはその顧客とともに成長してきたので、市場開拓や新商品・新サービスの開発に自信がない。しかも景気は低迷しているため、不安感はかなり高い。一方あなたは、現在の危機的状況を、優良顧客への依存やビジネス戦略の見直しに対処するチャンスと判断している。だが会議では、特定顧客へのこだわりを捨てられず、短期的なコスト削減の議論ばかりが続く。この場合、自分の介入を慎重に組み立てるために、仲間を見つけ、コスト削減策を支持して時間をかせぎながら、適応を進められるように徐々に注意を向ける質問をする非公式のプロセスをとるのが得策だ。回避行為をとる経営陣に、独力で立ち向かおうとしてはいけない。

マーティがマサチューセッツ州知事の補佐をしていたとき、毎朝幹部たちが知事と会議し、問題の解決や取り組みの計画について議論していた。いつも出席者は大きな楕円のテーブルの決まった席に座り、知事は毎朝同じ順番で幹部たち一人ひとりに議論する問題があるかどうかを聞き、問題があれば対処する。マーティは、いつも最後だった。彼はグループが不均衡のグラフ（図5、65頁）のどのあたりにいるかを知るために、その雰囲気に気を配り、もし問題があったときにメンバーに対処する余裕があるかを見極めていた。ときには状況を見定めて、温度を上げながら、限界を越えないように配慮した。だが、特に重要だと思うことがあるときは、別の機会に議論したほうがよい問題であってもテーマに取り上げた。

ステップ3　この状況における自分の存在を考える

さまざまなグループやサブグループの中で、あなたはどんな印象を持たれているだろうか？　どのような役割を果たしているだろう？　適応課題について、どんな考え方を示しているだろう？

いつもの行動が周りに快適な印象を与えているので、うまくその役割を任され、決して均衡状態を壊さない状態になっているかもしれない。一貫性はマネジメントにおいて高く評価されるが、適応を要する変革をリードするには大きな制約になる。

いい意味での注目を集め、適応課題を前に進めるためには、通常よりも斬新でなければならない。例えばあなたが、常にアイデアを出す人だとしよう。グループのメンバーは、考えることや話すことについてあなたに頼り切っているので、あなたが介入を提案しても、みんな黙ってしまうかもしれない。その場合は、話すのをやめてみよう。誰かが主体的に意見を述べたり、追加のアイデアを出したりするまで待つ。また、いつも優しく丁寧な口調であれば、より情熱的に毅然とした態度で、反対にいつも情熱的できっぱりしていれば、優しく丁寧に話してみよう。もし以前うまく歌えなかった曲を歌おうとしているのであれば、予想外な人を選んで代わりに歌ってもらおう。

ステップ4　自分の構想をじっくり考える

介入が十分に構想されていると、自分の考え、介入の重要性、介入の実行をどう支援するかがグループメンバーに伝わり、理解される。うまく組み立てられた介入は、相手の心に届き、希望や不安に訴えかける。つまり相手の立場を踏まえて構想されているため、相手を前向きにさせるのだ。前にも紹介したように、マーティン・ルーサー・キング・ジュニアは、自分の夢とアメリカンドリームを結びつけ、それによってアメリカ人に建国の理念を思い出させ、本人の夢だけでなく国民の夢を実現させようとした。

相手の頭と心に訴えるバランスも大切である。まずデータを示してから感情にアピールするのが有効なグループや個人もいれば、その逆もいる。相手が大切にしている価値観や目的に言葉をつなげよう。強く関心を持たせるための言葉が、やる気を高めるよりも戦うか逃げるかの反応につながらないように、言葉のバランスも考えなければならない。

ステップ5　静観する

ひとたび介入すると、その介入はあなたの手を離れて自ら動き出していく。追いかけてはいけない。介入がシステムの中で浸透し、メンバーがそれを消化し、考え、議論し、修正するには時間が必要だ。その介入を「自分のものだ」と考えると、自らのイメージに肩入れしすぎてしまう。いったん介入したら、その考えは相手のものになるのだ。

あなたの介入を相手がどのように扱うかをコントロールすることはできない。だからプロセスが進んでいくときに、「そうじゃない。私が本当に言いたいのは……」とか「私の話を聞いてなかった？」「もう一度説明させてください」「私の言ったことが伝わっていないみたいだ」と言って、相手の行動に口を挟んだり、手を出そうとする衝動に耐えなければいけない。あなたの考えにどう取り組むかはシステム内の人たちに任せ、自分の考えにこだわりすぎないようにしよう。さまざまなグループの反応をしっかり見て聞いていれば、次の動きの修正ができる。介入が定着していく様子を観察しよう。アレルギー反応や黙殺など、回避の仕組みにも注視しよう。

沈黙も一種の介入である。沈黙は、ほかの人たちが埋めなければならない間《ま》を作り出す。大切なのは、じっと聞き続けることである。ただし、静観する意味の沈黙は、遠慮し差し控える意味の沈黙とは異なる。その場にいて沈黙すること自体がメッセージとなり、自分が提示した考えに周りの人たちの注意をひくことがねらいだ。しばらくの間、根気強く沈黙を守れば、じっくりと意見を聞き、情報を収集し、次の行動を理解できる。

静観するということは、バランスをとり黙って聴いている状態である。周りの人たちは、話さなくても伝わってくる根気と敬意に好感を持つ。一方、遠慮し差し控えるということは一種の離脱であり、自分の意見が思うような形とスピードで受け入れられないことへの苛立ち、諦めだ。

遠慮し差し控えることからもメッセージは伝わる。イライラし、フラストレーションを抱えた様子を見抜かれ、メンバーの行動やメンバー本人への苛立ちだと解釈される恐れがある。その解釈は無意識に次の行動に影響し、あなたの提示した考えではなく、あなた個人への注目につながる可能性が高い。「私たちは、彼が言ったことをちゃんと理解できているのだろうか？」と考えるのではなく、「あの人は一体どうしたのだろう？」という議論になりかねない。

ステップ6　出現するグループを分析する

あなたの周りのグループのメンバーが、あなたの介入について議論しはじめたら、誰がそこに加わり、誰があなたの言葉やアイデアを自分のものであるかのように使い始めるか、注目しよう。誰がその考えに抵抗するかも、よく聴いておこう。その様子をよく観察すれば、適応課題に対するそのグループのスタンスが分かってくる。

あなたの周りのグループの位置づけをはっきりと認識しておくことで、その上位にあるシステムがどのように問題に対処するのかという貴重な情報が得られる。その情報が極めて重要なのは、変革に向けたイニシアチブを修正し、実行していくには、その上位のシステムの中の多様な機能や部署の人たちに参画してもらわなければならないからだ。

ステップ7　適応を促す作業に常に注目を向ける

適応を促す作業を避けるのは、何かを失う可能性がある人にとっては普通の反応だ。新たな適応力を構築する過程において、文化的、制度的、政治的、個人的なものがすべて尊重され、保護されたとしても、何かしら能力や忠誠が足りないとか、直接的な喪失が避けられないと思えば、誰でも逃げようとするはずだ。回避することは、恥ずかしいことではない。とても人間らしいことだ。

あなたの組織やチームは、診断においても行動においても、適応課題を避ける方法を模索していると考えたほうがよい。あなたの介入に対する抵抗は、あなたの考えに価値があるかどうかとは関係がなく、喪失に対する恐れに大いに関係している。たいてい、それは支持者、つまりその場にいなくても自分たちが責任を負っている人たちのためなのだ。「よさそうだ。だが私たちの部署の人たちにとってはどうだろう？　激しい反対に遭わずに、このアイデアを示すにはどうすればよいだろう?」と常に考えている。

その抵抗は、あなたやあなたの仲間、そして適応を促す作業をシステム内でリードする人たちに向けられる。個人的な問題や権力の操作に注目を集めて、注意をそらせたいと考えることが多い。

その結果、「CEOが古いやり方にこだわっている。勇気がない」とか「みんなが自分のことしか考えていない」「チームワークがよくない」ということが問題になってしまい、「マーケットシェアが低下しつつある。その原因を探るべきである」とか「技術革新のスピードは速い。私たちはすでに後れをとってしまっている」「イノベーションを支持すると言いながら、そのためのリソースを投じてこなかった」という議論にはならない。

まず、介入がグループにもたらす影響や、自分のグループの支持者たちを理解することから始めよう。そして、その支持者たちの満足や不満がどのように行動にあらわれるかを考えてみよう。自分の素晴らしいアイデアがグループ内の誰かを悩ませていると分かったとき、それは、権威を与える側のキーパーソンや、自分たちの信頼、評判、公式・非公式の権威の維持に期待を寄せている主要な人々であることが多い。彼らは自分の個人的な動機が関係しているにもかかわらず、目の前にある課題に取り組もうとせず、ましてや納得がいく説明すらしないものだ。

抵抗する人たちの問題解決に、あなたがどう役立てるかを考えてみよう。たとえ彼らがその問題を認めたがらないとしてもだ。例えば、「私があなたのチームに出向いて新たな戦略を説明すれば、あなたが一人でやる必要はなくなる」とか「あなたの仲間たちが一年以上前から技術のアップグレードを求めていることを知っている。今回実行して、あなたが信頼を得られるようにしたい」というメッセージを伝えるのがよいかもしれない。

もう一つの方法は、自分たちの支持者のために抵抗している人に対して、その支持者は頑固で、臆病で創造性がないから抵抗しているのではなく、恐怖や喪失がそうさせているのだと分かってもらうようにする。そうした喪失の恐怖には、喪失を考慮して、敬意を示す戦略が欠かせない。

最後に、自分の仕事に注目してもらうという負担を分かち合える協力者を作ろう。決して孤立してはいけない。真っ直ぐ進み、システム内の人たちを居心地のよい場所から追い出すために熱を広げるには、協力者が欠かせない。次章では、その大切さについて述べたい。

バルコニーにて

- 解説した七つのステップそれぞれが、介入のスキルだと考えてよい。各スキルについて、あなた自身を一〇段階で評価してみよう。あなたの強みは？　スキルアップが必要なのは何か？

現場での実践演習

- 次回あなたが会議に出るとき、誰かが話している間、自分の頭で何が起こっているかを確認してみよう。人のアイデアやコメントを評価していないだろうか？　自分の順番が来たときの発言内容をリハーサルしていないだろうか？　ダンスフロアにとどまり、よく考えずに行動に移していないだろうか、そうであればどのように行っているだろうか？　人の話を聞き、誰の立場で話しているのか、誰の意見を代弁しているのか、どうすれば現在の状況やテーマのなかで自分の意見を伝えられるのかを考えて、精神的な高揚を抑えてみよう。

chapter

10 政治的に行動する

組織のメンバーの関係性や懸念を理解することを、**政治的思考**という（第6章）。政治的に思考することで、組織において個人間で公式、非公式に行使されている権力や影響力を見定めることができる。だが、利害関係のある人、あるいは変革の影響を受けそうな人すべての利害、忠誠心、恐怖心を理解するには時間がかかる。また彼らは人間関係が重要だと理解しているため、適応を要する変革をリードしようとするときに人間の複雑さを無視してしまうと、成功の可能性は激減する。生き残れるかどうかは言うまでもない。

政治的に行動するとは、自分自身の権威の限界と関係者の利害を認識し、組織内の権力や影響力のネットワークを利用することである。その上で自分を支持してくれそうな人たちと協力関係を作り、反対派を鎮めて取り込み、貴重な異なる意見にも耳を傾け、自分の考え方や介入を調整し、適応を促す作業のために人々をまとめあげ動かしていく。

本章では、政治的に行動するための六つの指針とその効果的な実践法について説明しよう。

非公式な権威を拡大する

非公式な権威が大きくなれば、それだけ相手の期待する役割からの逸脱は少なくなり、たとえリスクがあっても（図14のA点）、適応を要する変革をリードできるようになる。次のコラム「逆風状態」は、公共政策において非公式な権威を強めることなく大規模な変革を進めようとした結末である。

図14　非公式な権威の拡大

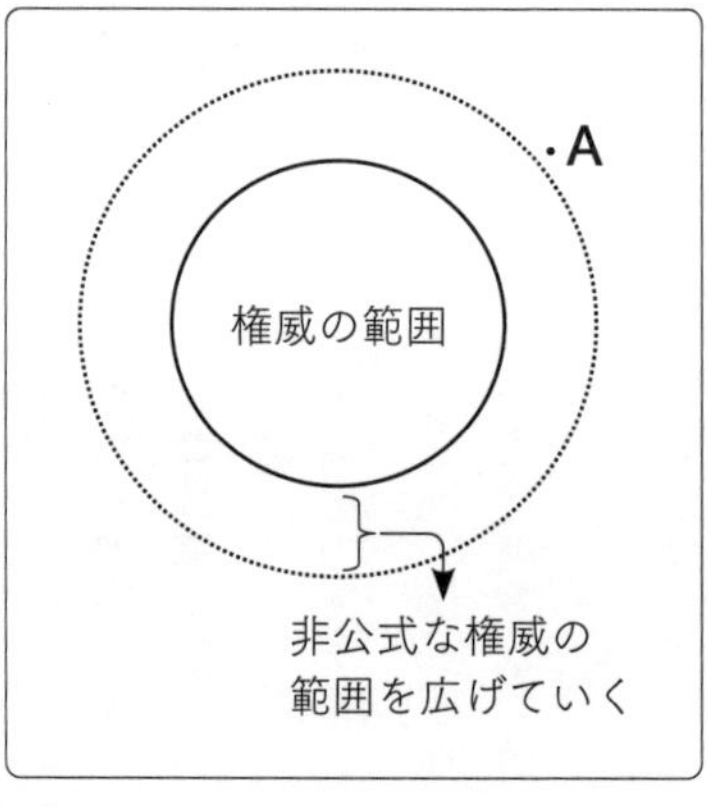

逆風状態

一九七一年、マイルズ・マホニーはマサチューセッツ州の住宅および経済開発局の責任者に就任した。彼はボストンで進められていた大型開発プロジェクト「パーク・プラザ」の中止という、とてつもなく大きな課題に取りかかったのだが、すでに大きな政治的、財政的動きは始まっていた。マホニー本人は、都市開発の方針（おそらく関連法にも）に反するプロジェクトだと考えていたが、彼は新任である上にマサチューセッツ州にも不案内であった。経歴はきちんとしていたが、この領域におけるマネジメント能力、政治力や技術力は実証できていなかった。上司や仲間や部下も静観するだけで、積極的に補佐しなかった。

ただマホニーは、非公式の権威を強める策を取れたはずだ。いくつか小規模なプロジェクトを担当して自分の能力を示し、担当部署をスムーズに運営し、職務上のネットワークを構築する。そうすれば信頼や知識を得て、人間関係や政治的な力も築けたはずである。それでもパーク・プラザを中止することはできなかったかもしれないが、相当なレベルの公式の権威を持つポジションで、素晴らしい結果を出せただろう。しかし結果的にマホニーは、重要な非公式の権威を持てないために孤立し、反対派が強固に結束し、辞職に追い込まれた。

適応課題に直面しているときは、その課題に関する非公式な権威を築くプランを立てなければならない。それには、次のような方法がある。

- **人間関係を強化する。**相手がどんな視点を持っていようと、課題に大きな利害を持っている人々と強固な関係を築くことが重要だ。相手の話を聞き、利害や忠誠心を理解しよう。
- **早い段階で成功を収める。**適応課題に付随する技術的問題のいくつかを早期に解決する。先述のマホニーが、長期的な視野で再開発における州の役割強化を目指すのであれば、パーク・プラザという過去最大級のプロジェクトを担当するよりも、小規模プロジェクトに関わることから始めたほうがよかった。パーク・プラザは、すでに大がかりな政治的動きができてしまっていたからだ。部下や仲間、上司との信頼関係を築くには、早いうちに成功を収めることだ。そうすれば、適応課題という未知の領域に彼らを導こうとするときに理解を得られやすくなる。

● **適応課題とは関係のない利害に対処する。**マホニーは、パーク・プラザを中止するという課題を引き受けたかったのなら、味方にすべき人たち、あるいは少なくとも対立すべきでない人たちの新たな他の取り組みをサポートしなければならなかった。

● **自分のアイデアの小さな部分から売り込む。**多額の費用や損失が伴う本格的なプロジェクトをいきなり始めようとするよりも、試験的なプロジェクトを走らせ、自分の介入のアイデアに関連する実験を行ってみる。そうした実験の効果を実証できれば、当初のプランを実行するための大きな権威が得られるだろう。

バルコニーにて

● あなたの非公式の権威や影響力が最も強いのは、誰に対してだろう？ 仲間だろうか？ 部下だろうか？ 上司だろうか？ 顧客や取引先などだろうか？ 適応課題に取り組むには、誰から非公式の権威を得なければならないだろう？ その理由は？ 非公式の権威を拡大するために、その人といかに関係を構築すればよいだろう？

●非公式の権威を拡大するために、次の問いについて考えてみよう。あなたは、どのように非公式の権威を確立しているだろうか？　職場、家庭、コミュニティなど、社会的背景が違う中でどのようにそのスタイルを変えているだろうか？　近くに座り、おもしろい話をして絆を深めているだろうか？　冗談を言い合うのだろうか？　期待を上回る結果を出すのだろうか？　頼みを聞いてやるのだろうか？　じっくり話を聞くのだろうか？　他の人の話を聞き出すのだろうか？　あなたのスタイルは？　他にどんなスタイルを身につけられるだろうか？

現場での実践演習

●非公式の権威を強めたい相手を決めよう。それから三週間、その人物の期待以上の成果を達成し続けてみよう。

●イベントの達人になって、人が集まる企画を考えよう。厳しい会議後の飲み会、ランチ会、誰かの祝賀会など、メンバーとあなた、あるいはメンバー同士を結びつけて、難しい状況になったときの助けになる関係を構築しておく。

●どんな会議にも早めに参加し、遅めに退出する。会議前は参加者との結びつきを強め、会議後は議題内容について話をする。特に会議直後は、つながりを深め、議題についての考えを聞き、仲間やグループになりそうな兆候をつかむ絶好の機会である。

協力者を見つける

協力者なしに介入をリードすることは、真冬のニューヨーク州バッファローで防寒着を着ないようなものである。特に二〇人以上のグループや組織において変革をリードしようとするとき、政治的状況の複雑さは一人が持つ能力の限界をはるかに超えており、協力者が不可欠である。

自分のイニシアチブを公表する前に（大々的な発表であれ、単に会議の議題にあげるときの発言であれ）、自分の介入（そして自分自身）を生かし続けるのに十分な支援を準備しておく必要がある。では、どうやって協力関係を作ればよいのだろう？

第6章で作成した図10（164頁）を見返してみよう。あなたの目的を一番支援してくれそうなのは誰だろうか。まず協力してくれそうなのは、適応課題に対する興味や考え方が自分に近く、その介入が成功したときに最もメリットがある人たちである。また同時に、利害は一致しないが対立するわけでもなく、協力すればメリットがありそうな関係者も探しておく。例えば目の前の課題には特に関心がなくても、あなた本人やあなたのパートナーに協力することの長期的なメリットを感じている人たちがいるかもしれない。ほかにもあなたに恩があるとか、付き合いの長い関係者（同窓生、仕事や私生活での苦難を共にした人たちなど）、あなたが組織のコアバリューや未来や多様性の象徴だと思っている人たちも、協力者の候補である。

さらに、協力者になりそうにない人物も特定しておかなければならない。過去に意見が対立した人物、組織内で競合する部署のメンバーなどだ。彼らとの関係が、変革に反対している人たちや、まだ態度を決めていない人たちにネガティブな印象を与える恐れもある。あなたの介入を特に支持していない部署で協力者を見つけ出すのは困難だが、組織横断のグループが結成されたときはチャンスだ。

また協力者は、あなたやあなたの考え方に対する忠誠心を超えた別の忠誠心を抱えていることも忘れてはいけない。その協力者とどんなに親しい間柄であっても、ともに適応課題に取り組む中で忠誠心が対立することも想定される。だが協力者の忠誠心を理解しておけば、極めて良好な、長年にわたる関係を続けられる。次のコラム「ハリーに何が起こったのか?」をぜひ参考にしてほしい。

ハリーに何が起こったのか?

自動車会社のハイレベルなエンジニアリング部門に所属するジャックは、ハリーと良好な関係だった。同僚であり仲間でもある二人は、過去に組織横断的なプロジェクトで実績を残し、新車の基本デザインを託されていた。ヨーロッパとアメリカの両方の基準と市場に適合できなければならないため、ドイツとデトロイト双方のエンジニアの協力が必要である。だがドイツとアメリカのチームは協働したことがない。ハリーとジャックは、アメリカのデトロイトで別のデザインチームに所属しているが、ジャックにはハリーが自分のデザインに対する考え方やドイツチームを巻き込むことの必要性について、理解してくれているように思えていた。時間をかけて課題や相乗効果、得られる効率性について議論した。ジャックは、知識面でも感情面でも二人が気の合う者同士だと思っていた。

　重要なデザイン会議の準備をする一方、ジャックはハリーにうまく進んでいることを知らせた。ハリーは、ジャックの斬新なアイデアにうなずき、笑顔を見せた。ジャックは、ハリーの反応に勇気づけられた。すべてが順調で、活動が始まったらハリーが自分の介入を全面的にサポートしてくれると確信していた。

　一週間後、ジャック、ハリーのほかにプロジェクトの参加メンバーも加わって、初めての本格的な再設計の会議が始まると、ハリーの態度はいつもとまったく違っていた。ジャックのアイデアは重要な議題だったので、出席者には事前に説明資料が配布されていた。ジャックが全員に意見を求め、それぞれの部署に持ち帰ったとき、その考えをどのように提案するかについて説明するように依頼した。ところがハリーは黙ったままだった。ジャックは不意打ちをくらった気分で、直感的にハリーが信頼できないと分かり、うそつきで臆病者とさえ思った。ジャックは落胆し、だまされた気分で、ハリーと話さなくなった。

　だがハリーの思いは、まったく違っていた。ハリーは、ジャックへの支援が問題を引き起こすと、もう少し上手にジャックに知らせることができたはずだ。しかし、ほとんどの人は自分が好きな人物、大切な人物を落胆させるようなときは、うまく話せないものだ。実際にジャックは、ハリーの複雑な気持ちをまったく理解していなかった。ハリーは、変革の必要性には同感であり、ジャックの統合的でモジュール方式のデザインに対する熱意にも共感していた。だがジャックの方針では自分のチームに大きな問題が発生するのだ。もしチームメンバーに作業方法の大幅な変更を求めれば、長年にわたる忠誠心が危機に瀕する。ジャックの案では、そのような変更がまったく考慮されていないので、ハリーは発言をためらった。ハリーがうなずき、微笑む姿を見たジャックは、自分が見たいことだけを見ていたのだ。自分の考えが問題につながるかどうかを聞くことは一度もなかった。

ジャックはあてつけのような態度で引き下がるよりも、隣にいるハリーにこう質問すればよかった。「きっと発言をためらった理由があるんだろう？　私のアイデアは、何がいけなかったのだろう？」

敵対者とつながりを持つ

イラクへの関与でアメリカ国民がはっきり学習した教訓の一つは、サダム・フセインは主要なコミュニティを味方にしていたということである。バグダッドや国内の主要地域に居住し、少数派ながら政治的影響力を持つスンニ派がフセインを熱烈に支持し、シーア派やクルド人より優位な立場を維持しようとしていた。もしアメリカ政府が、それらの様々な民族グループの問題を理解していれば、民族や宗教の境界線を超えた一連の関係を築くための、もっと効果的な戦略を作れたかもしれない。だが実際は、イラクのすべての民族グループが米軍の介入によってフセインの圧政から「解放」されることを望んでいると思い込んでいた。クルド人は確かにそうだった。シーア派も幾分その傾向にあったものの、アメリカによる支配への恐怖心も抱えており、それゆえ「解放者」に対する感情は、より曖昧なものだった。一方、スンニ派アラブ人は、米軍がイラクに入って来たとき、解放されるとは誰も感じず、占領された気分だった。そのスンニ派が多数を占めるイラク軍は、再建されることなくほぼ解体状態となった。街や軍の中心となる敵対グループとの関係を失ってしまったアメリカは、イラクの治安維持部隊をゼロから作り上げることを余儀なくされ、これが反乱を勢いづかせるのに十分な時間を与えてしまった。そして何年もの歳月、生命、何兆ドルもの金が失われた。もし、敵対者との関係を作ろうとする米軍の努力が実を結び、暴動に疲弊しイラク政府との協力へと方針転換を考え始めたスンニ派の暴徒たちと米軍が関係を築けてさえいれば、二〇〇七年から二〇〇八年に流れは変わり、イラクの安定に向けた方策がもたらされたであろう。「覚醒評議会」と二〇〇七年のアメリカ軍の増派がなければ、おそらく状況は違っていたはずだ。[1]

だが敵対者とつながりを持つのは、簡単ではなかった。反体制指導者たちの心変わりを最初に察知し、新たな現地土着の協力者を作るチャンスにしようと考えた米軍士官は、上官に進言したが、過去のこととはいえ仲間を失う原因となった相手を信頼し、支援するというリスクは受け入れられなかった。死亡した兵士に対する忠誠心が優先されたのである。新たな協力関係の構築というアイデアが、下級士官に通じるようになり、上官の認識を変え、幹部が前向きになるまでに数カ月かかった。[2]

ここで再び図10（164頁）を見返してみよう。あなたがやろうとしていることに一番反対しそうなのは誰だろう？　おそらく考え方が明らかに異なり、あなたとあなたのイニシアチブが前

[1] Donald H. Rumsfeld, "One Surge Does Not Fit All," *New York Times*, November 22, 2008.

[2] イラク駐留のアメリカ陸軍特殊部隊幹部によるロナルド・ハイフェッツへの個人的コメント。

に進んだとしたら、何かを失うリスクの一番高い人たちである。

敵対者が特定できれば、距離を置かず、共に時間を過ごし、あなたの考えに対する意見を求め、現状にしっかり耳を傾け（特に自分と違う状況を確認し）、あなたがどれくらい相手に圧力をかけてしまっているか、どれくらい相手が絶望的な気持ちになっているかを確かめよう。また、定期的に一緒にコーヒーを飲み、会議のメンバーに加え、あなたの介入についての相手の見方や考えを尊重していることを知らせる。もちろん「敵」と時間を過ごすのは楽しいわけではない。私たちも先日、適応を要する変革を進めようとする政府機関のCEOを説得するのに苦労した。多数のブルーカラー労働者の代表であり、機会があれば敵対的態度を見せる組合関係者と、時間をかけて話し合いをするよう助言したのである。当然ながら、組合との話し合いで暴言を聞くのは楽しいわけがない。だが何人かを味方に引き入れ、より完成度の高い方策を見つけ出すには、どうしても必要なプロセスだった。

あなたのイニシアチブに抵抗するのは、誰よりも恐怖心を抱いている人たちだ。変化についていけないのではないか、仕事を失うのではないか、計画が実行されれば困窮するのではないかと思っているかもしれない。あなたが同意しようとしまいと、あなたの目的のために大きな意味を持つのは、彼らの受け止め方だ。決して「相手を排除」しようと思ってはいけない。私たちの経験からしても徒労となり、実際には抵抗を強めるマイナスの作用が働いてしまう（「そんなふうに感じるべきでない」という言葉を受け入れようとする人はいない）。反対に、自分がやろうとしていることが相手の利益にならないことを受け入れよう。思いやりや共感は、相手に大きな安心感を与えるだけでなく、あなたにとっても敵対者に想定される喪失を理解するために大切なことだ。心から共感すれば、得られるものはある。そして、あなたの介入によって敵対する人たちが何かを失うことを本気で理解しようとするのであれば、その責任を負わなければならない。

あなたは彼らの目の前に適応課題を作ろうとしているわけではなく、あくまで目的は問題に取り組むように人々をまとめ動かしていくことであり、ましてや相手の生活を意図的に破壊しようとは思っていない。だが喪失に耐えなければならない人たちに思いを寄せると、自分のイニシアチブをひたすら前に進め続けるのは相当難しくなるだろう。また利害関係者は、あなたが確実な結果を予測して、自分たちの払う犠牲が価値のないものになりはしないかという懸念を払拭してくれると期待している。そして敵対者に感情移入すると、「自分は本当に正しいことをしているのだろうか？」という気持ちになる。もし自分の理念に疑念が生じるようなら、計画の見直しや中止、仲間の自信を揺るがす事態になるかもしれない。

では、なぜ抵抗する人たちと付き合わなければならないのだろうか？ まず、実際のあなたはそれほど悪人ではないと思われるようになる。ただ一緒に時間を過ごすだけで、相手の敵意を取り除き、あなたの努力を妨害しようとする強い意志を軟化させられる可能性があるのだ。そのためマーティは、メディア対応についてクライアントにアドバイスするとき、敵意のあるトークラジオショー（電話をかけてくるリスナーとのトークをメインにした番組）への出演依頼は断らず、反対意見の聴衆の前で意見を述べるように勧めている。次のコラム「ジェラルド・フォードの逸話」はその一例である。

ジェラルド・フォードの逸話

ジェラルド・フォードは、アメリカ大統領在任中、非営利団体の退役軍人クラブ（ＶＦＷ）に出向き、ベトナム戦争時の反戦者の一部に対して限定的に恩赦を与えるつもりだと説明した。ウォーターゲート事件とベトナム戦争によるアメリカ人の心の傷を癒す覚悟だった。

大統領は、恩赦に強く反対するであろう人たちに直接説明すれば、この目的を達成できる可能性が格段に高まると分かっていた。また、ＶＦＷメンバーのなかには、勇気を最も尊重する人や戦争に反対する家族と疎遠になっていた人がいた。大統領は、国民に知らせる前に自分たちに説明してくれたという自分の勇気と思いやりによって、彼らが恩赦にほとんど反対しなくなると信じていたのだ。

敵対者と付き合うのには別の理由もある。相手に直接会えば、自分が相手にどのような犠牲を求めているのか、その犠牲がどれだけ辛く、厳しいものなのかを理解できる。さらに、相手があなたのイニシアチブに対して感じているプレッシャーを直接把握できる。それを踏まえて、あなたの方策を調整することも可能である。例えば、健康管理の手厚い福利厚生プランに対して、従業員の拠出金の引き上げを求めるコスト削減策を議論するために労働組合幹部に会うと考えてみよう。形式ばらない会話の中でのボディーランゲージや言葉に出さないニュアンスをよく注意してみると、正式な場では得られない情報がもたらされるだろう。そうした場では、他のコスト削減案に比べて、現在の福利厚生の維持が組合のメンバーにとって重要であることを彼らが示そうとするからだ。

権威を持つ人を取り仕切る

上司をはじめとする権威を持つ人々は、どんな介入を進める場合にも欠かせない存在である。彼らにサポートを続けてもらうためには、自分が対処しようとしている適応課題について、相手が個人的にどのように感じているかを理解するだけでは不十分である。まず、組織内に生じさせることになる不均衡に対する準備をしてもらわなければならない。また彼らとのやり取りを通じて、不均衡が生じたときにどれくらい組織が耐えられるのかを見極める必要もある。

私たちのコンサルティング業務において、ＣＥＯや経営陣の一、二段階下の人物と日常的に作業を進める場合、まず経営トップの権威を持つ人々と接点を持つようにしている。最低でも、介入が具体的に始まったときに想定される抵抗については、あらかじめ説明する。また、最悪の場合の抵抗とはどんなものか（混乱に対するクレーム、対立、三日間のプログラムの初日の終了時点でコンサルタントをクビにしてくれという訴え）を具体的に示し、組織の人々にふりかかるであろう状況をしっかりと理解してもらう。その反応を見ながら、コンサルティング内容も修正する。次のコラム「スカンジナビア航空の取締役会を取り仕切る」は、その具体例だ。

スカンジナビア航空の取締役会を取り仕切る

いまや古典である、スカンジナビア航空（SAS）の元CEOヤン・カールソンの著書『真実の瞬間』には、顧客サービス改善の変革イニシアチブをリードしながら、SASの取締役会メンバーをどのように取り仕切ったかが描かれている。[3] カールソンは、SASの競争力を維持するためには、第一線の従業員に権限を委譲して乗客へのサービスを改善させ、顧客ロイヤルティを高めなければならないと判断した。そのため、チケットを確認するスタッフ、客室乗務員、荷物の取扱担当者の裁量を拡大し、差し当たって会社に費用負担が生じることがあるような判断も任せた（払い戻し、他社路線への振替など）。このイニシアチブを進めるためには、大規模な組織変革が必要なこと（しかも多くの不均衡が生じること）をカールソンは理解していた。

そこで、取締役会が不均衡を受け入れ、リスクや投資に前向きになるよう、その計画を率先し、何度も会議を開催して、取締役たちの役割の大きさを熱心に説明しなければならなかった。もしこの手順を取らなければ、権限委譲に反対する人たち（多くは幹部社員）が取締役会に出向き、自らを「巧みに操り」CEOの職に就いていた「異端者」を中傷したかもしれない。また取締役会メンバーも、カールソンの介入を支持することに疑問を持っただろう。

だがカールソンは、この種の妨害行動に対して先手を打って回避する以上のことを考えていた。取締役会メンバーの知恵を生かすために、彼らを巻き込んだのだ。航空会社の経営はカールソンにとって想定外のやり方で行われており、彼にとって未知の領域だった。

[3] Jan Carlzon, *Moments of Truth* (Cambridge, MA: Ballinger Publishing, 1987). ヤン・カールソン著『真実の瞬間――SASのサービス戦略はなぜ成功したか』（堤猶二訳，ダイヤモンド社，1990年）

そのため彼は取締会メンバーが積み重ねてきた知識に頼り、助けられた。メンバーの多くが自分よりもビジネス、政治の両方での経験が豊富で、介入を進める上でも彼らの経験と権威が大いに役立ったのである。

適応課題をリードしようとするとき、権威を持つ人をうまく取り仕切ることが数々のメリットにつながる。例えばCEOは社外のニーズやトレンド、投資家やメディアからの圧力に常に接しているため、あなたの活動がもたらす外部への影響を把握できる。また権威ある人は、社内についても広く目を向けている。あるCEOは、組織内のあらゆる立場の人たちから意見を聞き、彼らからプレッシャーを受けている。そのため、イニシアチブに対する組織全体の反応を確認する上で、このCEOはよい指標になるだろう。

さらに、介入の組織全体への広がりも確認できる。経営陣は公私においてあなたにどれくらい共感しているのか、あなたの介入についてどのように話しているのか、どのように自分の政治的な力を使っているのか、そこにすべてのヒントが集まっている。よく観察することによって、あなたの介入結果としてCEOが感じるプレッシャーについても、多くのことが分かる。

犠牲になる人たちの責任を負う

適応を要する変革には犠牲が伴う。それは、大切にしているものを失う人が組織内に出るということだ。失うのは慣れた手法かもしれないし、立場や仕事かもしれない、また軍隊であれば命かもしれない。アダプティブ・リーダーシップを行使しようとするならば、そのような避けられない犠牲者に対する責任を負わなければならない。具体的には、相手に注意を払うということだ。すなわち、共に時間を過ごし、相手の苦難における自分の役割を理解し、相手が苦難に耐えられるように支援する方法を探すか、あるいは別な方法で相手が前向きに人生を進められるようにするということだ。犠牲を払う人たちの責任を負うことで、彼らは自分が危機に瀕するにもかかわらず難局を乗り越えて、あなたの介入を支援するかもしれない。

同様に、苦難に直面する人たちの協力者とのコミュニケーションも欠かせない。もしあなたが自分の仲間を大切にしているのだと分かれば、彼らはあなた自身やあなたのイニシアチブに前向きな感情を持つかもしれない。逆に仲間に非情な扱いをしてしまうと、賛同しない理由を相手に与えかねない。

そして、自分の判断や行動の責任は自分にあるというメッセージを送ろう。そうすれば、組織全体に主体的な行動が根づいていく。

反対意見を否定せず、引き入れていく

反対派の声は、否定的で疑い深く、このイニシアチブだけでなく、今日の議題のすべてに疑問を

持つ。しかし、適応を要する変革を進めるには貴重な存在である。というのは、炭鉱のカナリアのように素早く危機を察知すること、さらに、あなたが積極的に向き合おうとしない本当に難しい問題、他の人たちが指摘したがらない困難な課題を提起する優れた洞察力を持っているからだ。多くの組織では反対派は無視され、口を封じられ、場合によっては解雇される。その結果、組織にとって本当は価値のある貢献を奪ってしまうことになる。

では、どのように反対派の声を守ればよいのか？　会議や会話の中で反対意見、厄介な質問が出たとしよう。組織で公式の権威を持つ人が忘れてはいけないのは、その場にいる全員が、自分たちがどう行動すべきかの判断をじっと見ているということである。だからこそ根底を覆すような意見、斬新な意見に対するオープンな姿勢を示さなければならない。

例えば、新たな戦略が企業の価値観に反するのではないかという懸念が出たとする。その声を引き出し、検証するほうが、普通は出てこないようなさまざまな意見を掘り起こせる。メンバー個人やチーム全体の価値観を深く知ることもできる。

もし権威を持つ立場になければ、反対意見を真剣に受け止め、しっかり耳を傾けて、有益な視点を探そうとすることによって反対する人を守ることができる。反対する人が痛烈な批判を終わらせるように仕向け、感情が噴出するなかから他に学ぶべきことがないかどうかを聞くことで、反対意見を守るだけでなく、そのほかの批判的な声を育むこともできる。

そのような組織内の少数意見を聞くために次の点を心がけたい。

- 介入の妨げになるような見方にも注意を向け、それを生かすようにする。
- 会議では、ブレーンストーミングや斬新なアイデアの検証、「エレファント」や繊細で認識できていない問題の確認のための時間を確保する。
- 高い潜在能力のある新規採用者が、組織内の政治的な落とし穴をうまく回避できるようベテラン社員をペアにする。
- 一年間で最も貢献度の高かった反対意見を表彰する。
- 日常の役割を離れ、安心して過激な意見を言えるように、社外でのフォーラム、持ち寄りの昼食会、オフサイト・ミーティングなどの機会を作る。
- 会議終了後はすぐに会場を離れず、会議中は話されなかった考えが表に出てくるようなカジュアルな場を設ける。
- 匿名の意見箱を作り、その内容をスタッフ会議で毎回紹介する。

現場での実践演習

- 適応を要する変革に向けた介入について考えてみよう。図15（次頁）をもとに、これまで取り上げてきた協力者、敵対者、権威者、犠牲者、反対者という五つのグループのそれぞれに対して政治的行動をするための戦略を策定してみよう。

相手の主な目的は?（支持はあなたに対するもの?　取り組みそのもの?　組織?）	介入をうまく実行するために、相手はあなたをどのように最大限サポートしてくれるか?

取り組みが成功すれば、相手は何を失うことになるのか?	相手の敵意を抑える、あるいは自分に協力してもらうにはどうすればよいか?

介入についての組織の見方を示すために、相手はどのようなメッセージを送っているか?	介入を実行するとき、相手から支援を受けるために、あなたはどのような発言や行動をすればよいか?

相手がそうしたスキルを習得するために、あなたができるサポートは?	組織を去らなければならない人たちは?	他の場所で成功できるように、あなたができるサポートは?

相手の考えに組織が耳を貸すにはどうすればよいか?	相手の考えが過小評価されたり、黙殺されたりしないようにするにはどうすればよいか?

図15　ワークシート：政治的行動のための戦略

適応を要する変革に向けた取り組み

1）協力者

協力者になりそうなのは誰か?	なぜ協力者になりそうなのか?	

2）敵対者

敵対者になりそうなのは誰か?	なぜ敵対者になりそうなのか?	

3）権威者

介入の成功のために、最も重要な権威者は誰か?	なぜ重要なのか?	

4）犠牲者

介入の犠牲になりそうなのは誰か?	何を失うのだろうか?	変化の中で生き残り、新たな組織で成功するには、どのような新しいスキルが役立つか?	

5）反対者

組織内で反対する人は誰か?（いつも過激な意見やタブーを発言する人は?）	相手が提案する考えは、介入の役に立つだろうか?	

chapter

11

対立を組織化する

対立の組織化には修練が求められる。よりよい未来のために不可欠なステップと考え、うまく協力できないメンバーを寛容に受け止め、難局を乗り切れば団結力が強まって目標に邁進できると信じなければならない。

ある大規模な学校のプロジェクトを例にあげると、その高校の教師は、ほとんどの卒業生に大学に進学してもらいたいと話していた。現状は少数の学生が何とか大学に進学しているが、その比率を高めるために提案されているほとんどの取り組み、例えば授業日数の増加やソーシャル・プロモーション（たとえ成績が悪くとも次の学年に進級させてしまうこと）を減らすことなどには、教員組合が反対している。一方で教師は、すでに自分たちは働きすぎで、給与は十分ではなく、教えることよりもしつけの問題の対応にあまりに多くの時間を割いていると考えている。

目標と現実のギャップを埋めるには、学校の最高責任者が対立を表面化させ、教師を当事者として問題に向き合わせなければならなかった。教師のために問題を解決しようとして、その最高責任者自身が問題になってはいけない。価値観の対立を表面化させ、教師が仕事をしている間、静観することは、信頼と勇気と修練が必要だった。激しい怒りの応酬が続き、罵倒と絶叫まで起こるなかで学校の最高責任者が手を差し伸べず、教師同士に会話を続けさせると、教師たちは学生に対する期待や、教員組合との立場の違いに気づきはじめ、自ら変革に向けたアイデアを考え出した。

対立への寛容さには個人差がある。対立に向き合うのが負担にならない人もいるが、多くは衝突を回避するか、できるだけ速やかに終わらせようとする。しかし、組織が対立を解決しようとしないときは、対立を表面化させなければならない。そのために欠かせないのは、組織の目標達成を妨げる問題の捉え方に生じる無意識の違いを、少しずつほぐしていくような対立への取り組みである。その前提条件として、はっきりと言葉にしていなくても、組織内にビジョン、価値観、考え方に多くの対立があることを認めなければならない。

想像の通り、対立を組織化することは容易ではない。激しい敵対心を受け止めなければならない場合も多い。対立による混乱や熱気の中で動じずにいることは、極めて難しいものだ。だから多くの組織は、対立や対立が起こりそうな状況に対して、より安易で効果のない次のような対処をしようとする。

- **何もしない。**最も簡単な対応である。均衡を乱さない人たち、対立を表面化させず面倒な状況にしない人たちに報いる。だが対立を解消しようとしなければ、組織は変わらないままである。

- **闘争・逃走反応を示す。** 先の高校の事例では、学校の責任者が、問題を表面化させずに放置したい教師グループを課題に関与させ続けることに尽力する必要があった。また無責任に非難し、他人の意見を聞かずに執拗に異議を唱えることで真の問題解決を避けようとするグループとも協力しなければならなかった。

- **権威に頼る。** 組織にいる人々は、公式の権威を持つ人たちに対立の解消を頼ろうとする。だが権威ある人は、平静を守る行動を期待され、変化を推し進めることにはならない。高校の事例で責任者が自ら問題を判断し、期待どおりに強い権威を持つ立場としてそれを解決していれば、責任者本人が問題となっていただろう。退学者が減り、成績が向上し、大学進学率が高まるという教師本来の仕事よりも、責任者自身の行動や選択に注意が向いてしまうのだ。

オーケストレーション[*]**（組織化）** という音楽用語を使っているのは、ハーモニーを作る上で不協和音と協和音を組み合わせるという作曲に関する技法と、対立の組織化が似ているからである。作曲家にとって不協和音は、ハーモニーに不可欠な存在である。音楽の世界で不協和音を使わないのは、グレゴリオ聖歌などに限られている。協和音だけの音楽が時間や動きを感じさせないのに対して、不協和音は音楽に緊張感を与え、聴き手が自然にある種の解決を求めたくなるように働きかけている。作曲家はその仕組みを知っているの

［＊訳注］Orchestration：管弦楽に編曲すること、管弦楽の楽器編成法。ここでは対立を不協和音と見なし、排除するのではなく緊張感を高めるためにうまく組み合わせて有効に用いるという意味で使われているため、「組織化」と訳した。

で、違和感のある不協和音をいくつか使い、スムーズな協和音と組み合わせることによって、緊張感に対する様々な種類の解決を作り出している。つまり作曲家にとってハーモニーという**技術**は、不協和音と協和音を創造的に使い、うまく組み合わせて緊張感を高め、進行、解決という感覚を作り、さらにもう一度緊張感を生み出して、普通は最後を解決によって終わらせるものなのだ。

組織やコミュニティにおける前進は、創造性にあふれた緊張感を作り出し、それが適切に組織化されて、全体としてより統合されて解決していくような不一致の産物でもある。どこか違和感があるものの、まったく違うわけでもない意見や考えが組み合わさって全体を構成し、それぞれが欠かせない存在になる。そのような違いに向き合うことで新たな統合が生まれ、新たな実験、新たな能力が発掘されるかもしれない。人は鏡にうつる自分をじっと見つめたり、同じような考え方ばかりに囲まれるのではなく、違う見方に接することによって学習するのだ。

適応課題において前進するには、違いを排除したり、消し去ろうとしてはいけない。解決に向けて対立を探し出し、表面化させ、育み、注意深く手なずけることが重要だ。組織の調和というものを、新たな解決法を生み出すために対立を上手に使うという観点から考えてみよう。対立は表面的な調和とは違って、現実に向き合うために欠かせないものである。

次に紹介する「対立を組織化するための七つのステップ」は、適応課題を前進させるために、対立を表面化させて向き合うためのプロセスである。数日間かけて行うオフサイト・ミーティングのような一回限りのイベントの進行議題として、あるいは一定期間かけていくつもの小規模な介入を行うプロセス戦略としても活用できる。

対立を組織化するための七つのステップ

1 **準備**…組織内のグループを引き合わせ、対立を表面化させる前にすべきことがある。各グループが対立するポイント、それぞれのグループが一番大切にしていること、失うことを恐れているものについて各グループとあらかじめ話し合っておけば、厳しい状況になったときにも相手の信頼を保ち続けられるため、必要な非公式の権威が得られる。

2 **基本ルールの設定**…例えば、守秘義務の厳守、携帯端末やコンピュータの電源オフ、対立を個人的な問題にしない、ブレーンストーミングを行うなど、安心して対立について議論するためのルールを提案する。その上でテーマを設定し、組織全体の使命や直面している適応課題に関連する問題をまとめる。直面している課題にずっと集中できるかどうかは、参加メンバー次第であることを伝える。まずウォーミングアップとしてケーススタディを取り入れ、似たような課題について考えるのもよい。

3 **それぞれの見解の確認**…各グループの適応課題ならびに関連する問題についての見解を確認するために、それぞれの価値観、忠誠心、能力を明確に話してもらう。この場にいない人たちに対して、どのような責任を感じているのか、その人たちは課題についてどう考えているのか？　喪失の可能性があり、かつ譲れないものは何か？

4　**対立の組織化**…あなたが耳にしている対立する主張や立場を、完全にしかし公正に、はっきりと話す。互いの対立する価値観はどれくらいしっかりと保たれているか、何かを失いたくないという思いがどれほど強いものかを理解し始めれば、緊張感が高まる。違いを最小限に抑える、テーマを変えるなど、対立を避けようとする合図を見逃さないでおこう。対立を組織化する者としての役割は、難しい課題に向き合う目的を、常に意識させることである。

5　**喪失の受け入れと対処の促進**…個人やグループに求められている喪失を受け入れることについて、より本質的に考える機会を与える。受け入れなければならない喪失もあることを伝えるが、皆にそれらを受け入れるための時間も与える（数時間かもしれないし、数日、数週、数カ月かもしれない）。自分たちの支持者にどのように対応するのか、その期待や忠誠心をどのように作り直していくのかを考えてもらう。支持者からの厚い信任を損なうことがないように、自分たち自身について内省を深めてもらう。

6　**実験のコミットメント**…支持者への対応という個別の実験と、適応課題への取り組みという集団的な実験について議論する。同時に行うものと順に進めるものがあることを確認し、いくつかの実験を進めることについての合意を得る。両方の実験において、学びと洞察を得るのに十分な情報が得られるときは、一緒にその結果の評価を行うことも約束しておく。

7

仲間同士によるリーダーシップ・コンサルティングの開始…実験を進めることについて個人やグループのコミットメントをとるのは難しいことだ。その実験の実行によって、誰がどんな喪失を被るか、合意した次のステップはどのように支持者に告げられるのか、実験を共に行うために支持者のグループはどんな適応を迫られるのか。これらについての決断が求められるからである。成功の可能性をできるだけ高めるには、グループのメンバー間でピア・コンサルティングを行うとよい。そこでリーダーシップに関する悩みをお互いに出し合い、相談し合う仕組みを作る。想定される自分の支持者からの抵抗の原因を分析する上で、メンバーはお互いにどのように助け合えるだろうか？　その抵抗を考慮した上で、どのように自分たちの実験とその実行をデザインし直せるだろうか？　例えば、ペース配分を変える、順序を変える、組織の垣根を超えたプロジェクトを構築するなど、具体的な対策があるだろうか？　権威を持つ人たちは、一般的にリーダーシップに関する問題を口外せず、一人で抱え込もうとする。そのためお互いに相談するという経験がなく、最初は難しいかもしれないが、チームには全体に対する共同責任を持たせ、一人の問題を全員の問題として受け止められるようにしよう。

対立の組織化には勇気が必要だが、その度合いは人により様々だ。組織化をやり遂げるためのポイントを示しておこう。

- **対立に対してこれまで以上に寛容になる。**対立の組織化によって、おそらく不快な思いをすることになるだろう。高いレベルの対立を受け入れるには、対立についてより寛容にならなければならない。

- **敵対する人たちと交流する。**敵意のある人たちや、敵対する人たちとも関わりを持ち、たとえ自分にとって無意味であっても、相手の条件にあわせなければならない。それは、自分の意見に賛同してくれる人たちや、自分が大切にしている人たち、自分が所属する部署からの非難を受けかねないということだ（「なぜあんな人たちと話をしているの?」などと言われる）。

- **拒絶したくなるような人に支援してもらう。**敵対するグループが一堂に会すると、決まって口論が始まる。個人的には不快であり、嫌悪すら感じるかもしれない。プロフェッショナルサービスを提供するあるクライアントの場合、大切にしている価値観と現状が大きくかけ離れていた原因は報酬システムにあった。報酬システムを企業の価値観とそろえるプロセスは反発が大きく、実質的に勝者だけでなく、敗者も生じることになった。しかし一部の人は、自分たちが重視していない特定の商品群の評価を下げるといった私たちが不快に感じるような理由で、新しいシステムに賛同しようとしていた。グループが何か特定の行動をとる動機や論理は様々で広範囲に渡っている。あなたの目的は課題を前進させることだが、相手は自分たちのやり方でそこにたどり着こうとするのだ。

- **コミュニケーションスタイルを適応させる。**対立の組織化を成功させるには、敵対するグループが課題に取り組みやすくなるように、コミュニケーションスタイルを変える必要があるかもしれない。例えば、必要以上に自信や希望を示そうとするあまり、相手が立ち上がって席を蹴って去るようなことは、あってはならない。あるいは本心に反してでも、強引な態度や怒りを見せなければならないかもしれない。コミュニケーションのスタイルや態度を適応させることによって、小手先の対応だとか、本当の自分でないと感じたときは、自分の目的を思い出し、関係者が本当の自分でいられるように支援しよう。そうすれば、統合的な解決策に向けて、対立を特定し、検討して、前進させられるようになる。

次に紹介するは、対立の組織化を成功に導くための方法である。

包み込む環境を作る

包み込む環境は、すべてのメンバーを結びつけ、目標に向かって集中し続けられるような、あらゆるつながりからできている。人のつながりをつくるあらゆるものが、分裂や解体のエネルギーを弱め、そこでどんな作業も行えるような、ある種の器のような場を提供する。実際、一家族からグローバル企業までどんなグループにおいても、強弱の違いはあるものの包み込む環境があり、メンバーは生産的な協力関係を保っている。以前、そのたとえに圧力鍋を取り上げた。一度でも使ったことのある人には分かると思うが、圧力鍋はスチールの部分とロックするフタの強さによって強度が違う（家庭用と業務用の違いなど）。

「包み込む環境」という言葉は、人として誰もが経験するまさに最初の環境、つまり、新生児を抱きかかえて食べ物と安全を与える女性の腕を表している。[1] 母親と子どもの絆は、生まれた瞬間から強固なので、子どもが吐き出し、泣き止まず、母親を押しのけても、母親は子どもを離さない。疲れ果ててしまったときは、その仕事をしてもらえる誰かに預ける。なかには絆が希薄な環境で育つ子どももいて、すぐに脇へ追いやられ、騒ぎ出すと一人にされる。その場合は、どんな社会にも支援組織があり、里親として養育する近親者、養子縁組サービス、社会福祉機関、裁判制度などが包み込む環境の役割を果たす。最後の手段としては、刑務所がその機能を果たして犯罪者を収監し、自制と責任ある行動のための最後の機会を与える。

[1] 次の文献などを参照。Donald Winnicott, *The Maturational Process* (New York: International Universities Press, 1965).

組織での適応を促す作業では、包み込む環境の創出や強化に努め、メンバー全員が難しい状況に直面するなかで、特定の価値観や見方、創造的なアイデアを発言し、議論できる安全な仕組みを提供しなければならない。グループのメンバーが対立に向き合うときは、不快な状況になり得る。自分たちのコーナーに引きこもってしまうので、互いが距離を置き、バラバラになり始めるかもしれない。適応を促す作業が困難であればあるほど、分裂しようとする力を押さえ込むために、包み込む環境がより強くならなければならない。

包み込む環境に求められるものは、国や企業や人種や性別によって違う。対立を好むニューヨークと、互いに敬意を表する日本では、その条件が異なるはずだ。だが次の項目のように、団結力の強化や緊張感の緩和につながる、どの文化にも共通の要件がある。

- 共通の言語
- 共通の方向性をもつ価値観や目的
- 協業の歴史
- 横のつながりによる親愛、信頼、仲間意識
- 縦のつながりによる権威ある人たちとの絆、権威構造
- グループで作業する際の細かい点として、快適な椅子と丸テーブルのある会議室、秘密保持のルール、みんなが本心で話せるようなブレーンストーミング

包み込む環境の要素を具体的に説明するために、オフサイト・ミーティングを再び取り上げたい。オフサイト・ミーティングの目的は、オフィスから別の場所へ移動することによって、新たな物の見方が生まれ、日常業務の中では普通考えないような問題に集中することだ。対立に向き合うためにも、よく使われる。また、職場では普通できないような信頼関係の構築やオープンな議論を作り出すという意図もある。

実施するにあたって、部屋のレイアウト、管理上のサポート、レポーティングや秘密保持の基準、最初に行う参加者の意向確認、オフサイト・ミーティングでの決定事項や約束の責任をメンバーにもたせるメカニズムなど、いくつか必要な手続きがある。適応を促す作業に取り組むときには、特に次の内容がポイントとなる。

オフサイト・ミーティングの実施前

● **シニアな権威者には別の役割を用意しておく。** オフサイト・ミーティングの間は、このイベントをどれだけ本気で考えればよいのか、その糸口を探るためにすべての注目が権威者に向けられる。彼らは会議が始まった後、携帯電話にでるために部屋を出るだろうか、あるいは誰かが話しているときに居眠りをしていないだろうか？　もし彼らが、指示したり答えを出すことを続けていれば、参加者はオフィスを離れている気分には全くならない。すぐに自分のアイデアや意見を発言しなくなり、権威者が話すのを待つだろう。だからオフサイト・ミーティングを始める前に、必要に応じてコーチングを行い、権威者が前に出過ぎず、また参加者が会話を止めてしまうような行動をとらないように伝えておく必要がある。誰かがオフサイト・ミーティングの様子の動画を見たとき、誰が権威者か分からない状態が理想である。

- **事前インタビューを行って表に出ていない見方や対立を明確にする。** 参加者の一部あるいは全員と一対一の対話を行い、オフサイト・ミーティングのきっかけとなった問題についてどう考えているかを聞いてみる。組織にとって、どれくらい深刻な問題だと認識しているだろうか？（それを問題だと思っていない、重要なものと考えていない場合は、そのこと自体がグループにとって問題である） 何を期待しているだろうか？ オフサイト・ミーティングで取り上げられないが、参加者が懸念している課題はないだろうか？ 何がこのオフサイト・ミーティングの成功と考えているだろうか？

オフサイト・ミーティングの実施中

- **新しいプロセスを確立する。** メンバーがいつもオフィスで生み出している具体的な成果（売上、戦略、報告など）ではなく、目に見えにくい「成果物」（対立の解消など）を作り出しやすくするには、メンバーの相互交流のためのいつもと違ったプロセスが必要になる。新たな規範を作ることによって、オフサイト・ミーティングのゴールが、普段オフィスで行っている業務とは全く違うものだというメッセージになる。仕事において、お互いをファーストネームで呼び合うことがないようなら、その呼び方を勧めてもよい。個人やグループが振り返って考える時間も組み入れる。適応を促す作業は、技術的問題を扱うよりも厄介だということも説明する。対立を否定してはいけない。途中、難しい壁にぶつかっても参加し続けてもらう。ファシリテーターを外部から招くか、あるいは参加者が順に進行役になり、メンバーがいつもの役割に収まらないよう注意する。

● **冒頭をよく観察する。**オフサイト・ミーティングが始まったらまず何が起こるか、注意深く観察する。ジョーク、何気ない会話、情報のリクエストなど、どんなものであっても、グループの雰囲気やその場にある課題を知る重要な手がかりである可能性がある。もし誰かが、権威者がテーブルの上座にいないことについて冗談を言ったとしたら、それは、その人物との関係がグループの問題だと暗に伝えているのかもしれない。あるいは、進行が行き詰まったときに権威者がコントロールしようとしなかったらみんなは驚くだろうという意味なのかもしれない。

参加者を選ぶ

シチューを作るには、食材を選び、鍋に入れて火をつける。同じように、対立を組織化するための会話の参加者は、慎重に選ばなければならない。

参加させる関係者の選択は、戦略的な判断になる。討議において誰がどんな順序で関与するだろうか？　参加者が多すぎると、メンバーの能力を超えてしまい、互いに学び、受け入れることができなくなる。反対に様々な人の参画を制限してしまうと、不十分な解決策になるリスクがある。それが間違った問題につながり、さらに悪い場合は、参加できなかったメンバーが変革のプロセスに参加しなくなる。小さなグループを選ぶとすれば、見逃している視点がないかをチェックすることが最低限必要になる。

主に考えておかなければならないのは、次のような項目である。

- この課題を前進させるには、誰が何を学ばなければならないか？
- 参加者は、変化が重要となるグループを代表する存在になっているか？
- ある参加者の視点があまりに大きな苦悩を生み出してしまい、その視点を加えることがメンバー間の一体化の妨げにならないか？
- 中長期的には大切な存在だが、短期的にはそれほどでもないので初めに除外されてしまう参加者はいないか？

メンバーの選択は決して簡単ではない。効率性や秩序を優先すれば、様々な役割や機能、支持者を代表する最小限の人数にしたいと思うかもしれない。反対に適応課題を進めるためには、参加すべきメンバーの条件を広げたいと考えるかもしれない。政治的判断も必要である。誰が参加し、誰が参加しなかったのか、職場に戻れば多くのうわさや解釈が広がるだろう。

『リーダーシップとは何か！』では、そのジレンマについて議論し、対立と向き合う参加者を選びながら、どのように厳格にあるいは広範囲にその面々に役割を与えるべきなのかを決める枠組みを説明した[2]。

対立を速やかに解消すべきときは、時間を優先して少数の利害関係者を選ぶ。しかし、多くの適応を促す作業を必要とする場合は、参加者の定義もそれだけ広がることになる。ただし、参加者が増えれば増えるほど、もともとのテーマ（適応を要する変革）に強い関心を持つ人が一部になってしまい、各人が持つ個別のテーマがその場を支配する可能性が高まる。耳障りで強引な意見、個人的な見解や利害が出ると、ほかのメンバーとのずれが生じ、部屋を出たり、議論に嫌気がさしたりして、あらゆる努力が台無しになってしまう。もちろん、それらすべてが本質的な対立を示すのに役立つデータになるが、参加者をワークグループとして再び結集するのはかなり難しくなるかもしれない。

誰をメンバーに加え、誰をメンバーに加えないかによるメリット、デメリットは状況によって変化する。戦術的には、いつ、どのグループが参加するのか、調整しながら作業を進めなければならない部分もある。だが多様なメンバーを受け入れたほうが、長期的には適応力は高まる。ともに困難を乗り切ったメンバーには強い絆が生まれるので、参加者が互いに敬意を持ち、将来の危機的状況における選択肢も増える。多様なバックグラウンドを受け入れたメンバー選択は、速やかな適応作業につながるだけでなく、将来の組織基盤の構築にもなるのだ。

[2] ロナルド・A・ハイフェッツ著『リーダーシップとは何か!』

組織の熱をコントロールする

人は温度に敏感である。快適さを求める日々のさまざまな行動について考えてほしい。寒ければセーターを着て、暖かすぎればエアコンを上に向け、運動後は体を冷ますために冷たい物を飲む。同じように、組織内でも「熱」を下げるための対策を講じることがある。例えば、イライラしている同僚は、なだめるように話して落ち着かせる。特に厄介な問題を切り出すとき、相手が取り乱す様子を他人に見られたくないだろうと思えば、会議中ではなく廊下で相談する。そのようなスキルは、状況によっては重要である。しかし、適応を要する変革においては役に立たない。というのも、それは現状維持を目指すものだからだ。

対立を効果的に組織化するには、自分の手をサーモスタットの上に置いていると思えばよい。室温を上げ下げするサインを常にチェックし、温度を維持しようとする。つまり、対立についての議論で不均衡が強まれば、参加者は創造性を発揮して有益な解決策を探ろうとするが、それほど強まらなければ、参加者はその仕事に取り組まなくなるか、あるいは取り組めない状態になってしまう。

そのときの「組織の温度」の範囲は、グループの結束力や適応を促す作業への慣れなどによって異なる。メンバーが歴史や価値観を共有し、結束力が高いグループは、コミュニティや組織の別々の部署から集まったばかりのグループに比べると、分裂することなく相当高い熱にも耐えられる。初めて共同作業に取り組むグループや価値観が大きく対立する結束の弱いグループは、熱が高くなると分裂してしまう。次頁の図16は、組織やコミュニティでの温度調整に有効な行動事例である。

図16　組織の温度のコントロール

温度を上げるには……	温度を下げるには……
●難しい課題に注意を向ける ●快適と感じる以上の責任を与える ●対立を表面化させる ●挑発的な意見を容認する ●その場のダイナミクスを意図的に利用して、グループが直面している課題、例えば権威を持つ人物に仕事をさせる、個人に罪をかぶせる、責任を外部のせいにする、技術的な解決法を押しつけるといったことを明らかにする	●最も分かりやすく、技術的な解決策がある対立点に対処する ●問題をいくつかに分け、スケジュールと意思決定のルールと役割分担を決めて道筋をつける ●難しい課題に対する責任を一時的に戻して引き受ける ●休憩する、冗談を言ったりストーリーを語る、体を動かすなど、回避行為を意図的に用いる ●難しい達成基準や期待に向けたペースを緩める

バルコニーにて

● 組織の温度を見極める能力を高めよう。次の会議で部屋の後方に座り、温度を検証してみる。参加者がコメントをするたびに、温度が上下する様子を確認する。グループ全体は生産的な不均衡状態にあるだろうか、下回っていないだろうか、あるいは我慢の限界に近いだろうか?

現場での実践演習

● もしグループメンバーが対立に向き合わず、居心地よくいるために組織の熱を下げようとしていれば、気づいた時点ですぐにその行動を指摘する。「難しい課題から逃げようとしている。もう少し向き合えないだろうか?」と言ってみよう。避けようとしている問題も見逃さず、「なぜ先週顧客を失ってしまったのか、そのことをどう感じているのかを議論せずに前に進めるだろうか?」「先週ジョーを辞めさせたという現実を、全員で避けようとしている。それに向き合い、どういう意味があるのかを考える必要はないだろうか?」「私に言えるのは、ジャマルとメアリーが先週の金曜日の会議でけんかになって以来、何も話していないということだ。チームとして、それが何を意味するのかを理解し、そこから抜け出す方法を考えなくてよいのだろうか?」と問いかける。

・・・・・・・・・・・・

●権威者のコメントや意思決定の後、部屋の温度をチェックし、その権威者の熱を高める意志や能力を理解してみよう。温度は快適な状態を維持しているだろうか？　どうしようもないほど高くなってはいないだろうか？

仕事を相手に返す

権威ある立場の人たちが対立を組織化するとき、何よりも難しいのは、対立の要因を当事者から取り去り、自分で引き受けようとする誘惑を抑えることである。対立に向き合うことからの解放を望むプレッシャーは、当事者だけでなく、あなた自身からも生まれる。過去にそうした行動が評価された経験があるはずだ。問題を自ら引き受け、解決策を見つけ出すことによって昇進を勝ち得たかもしれない。しかも上司も部下も、その状況が続くことを期待し、望んでいる。権威ある決断で、対立を「解決」してほしいのだ。

カーリー・フィオリーナはヒューレット・パッカード（ＨＰ）のＣＥＯに就任したとき、会社が大規模な適応課題に直面していることを知った。それは、長年にわたる医療技術への依存や、プリンタとコンピュータのテクノロジーがビジネスとして限界にきているという課題である。そこでコンパックを買収すれば、問題解決に役立つと考えるようになった。

だが、彼女は相当な決断を一人で抱え込みすぎたようだ。もし問題の解決策としてのコンパック買収のメリット、リスク、スケジュールに関して経営陣や主要な利害関係者の議論を組織化していれば、もっと多くの情報を手に入れ、広く理解した上で決断できたかもしれない。多様な声を聞き、さまざまな議論をしていれば、自分が正しいと思ったことを諦めなければならないという恐れはあったかもしれないが、最終的にどのように決断しようとも、リスクや期限について共通の当事者意識を生み出すことはできたかもしれない。

さらに重要なのは、会社が進むべき方向性についての対立が、取締役会においても利害関係者との間でもまだ残っていて、その解決こそが、買収という決断の裏にある統合された組織作りのためになすべき仕事だったのだ。問題を解決する責任を抱え込み、ある特定の解決策を擁護する存在となったことによって、彼女は取締役会や利害関係者をその問題から解放し、自分の将来をその解決策の成否に委ねることになってしまった。つまり、自分自身を問題にしてしまったのだ。結局買収は予定どおりに進まず、彼女は多大な犠牲を払い、辞任した。

組織の日常において仕事を相手に返すということは、多くの場合、メンバーがバランスを失ったときに、あなたが均衡を保つ、あるいはすぐに取り戻すであろうという期待に反する行動だ。あなたに権威があれば、指示を与え、保護し、秩序を維持することが期待され、個人の役割と責任の具体的な説明も求められる。通常はこれらを明確にすれば、それだけ相手は安心する。相手が期待していないのは、いつもあなたがしていた仕事を任せられることである。しかしチームの適応力を強化するには、相手を居心地のよい場所から外へ追いやらなくてはいけない。次のコラム「仕事を相手に返したＣＥＯ」は、ある組織の成功例である。

仕事を相手に返したCEO

私たちは、ニューヨークを拠点に急成長した広告代理店と広範囲に渡って仕事をしたことがある。創業者であるCEOはクライアントへのプレゼンテーション能力があまりにも際立っていたので、本人がいるとデザイナーたちは誰も自分の意見が言えなかった。また、主要メンバーのひとりはかなり無口だったので、仕事に対するクライアントからの信頼を得られていなかった。CEOは、クライアントへのプレゼンテーションをリードするというスタッフにとって不快でなじみもなく、威圧感さえ感じるような適応を要する作業をスタッフから遠ざけてしまい、結果として自分のプレゼンテーション能力が企業の成長を妨げていることに気づいていた。だが、もしスタッフにプレゼンテーションをやらせれば、（スタッフたちには十分な能力が備わっていないために）悲惨な事態を招き、自分が手を貸すことになると分かっていた。さらにスタッフのプレゼンテーション力について、ますますクライアントの信頼とスタッフの自信を弱めてしまうことになるだろう。

そこでCEOは、まず自分がこれからはプレゼンテーションを行わないと宣言し、温度を上げた。次に、包み込む環境を作るためにコンサルタントを雇い、クライアントへのプレゼンテーションをテーマにした二日間のワークショップを何度か実施して、自分もその場に参加した。さらに、自分がどんなにサポートできると思っても、スタッフのプレゼンテーション中は、じっと後ろに下がって見守ることにした。
　CEOはプレゼンテーション業務を調整し、スタッフが自分の新しい責任を把握して、新たな能力を身につけるまで時間を与えた。変化が起きるまでに一年以上かかった。一部のクライアントを含め、ほぼすべてのスタッフが、元の状態に押し戻そうとした。CEOも、スタッフがプレゼンテーションの途中で自分に助けを求めている様子が分かった。じっとしているには、多大な勇気と我慢が必要だった。だが最終的には、スタッフがクライアントへのプレゼンテーションを自分でほぼこなせるようになり、CEOは本来の自分の業務に専念できるようになったのである。

バルコニーにて

● 過去二〜三週間を振り返ってみよう。ほかの人が抱える適応課題を自ら引き取ったのは、どんなときだろう？　その相手は部下だろうか、同僚、あるいは上司だろうか？　その結果、招いたマイナス面はどんなことだったか？　そのとき、ほかにどんなことができただろう？　その仕事を相手に返すために、どうすればよかっただろう？

現場での実践演習

● 次に会議を担当するとき、メンバーが議論している適応を促す作業のある部分について、ほかのメンバーが自分を当てにしていると感じたとき、いわゆる「傍観作戦」を使ってみよう。予告せず、部屋の前にあるフリップチャート、講演台の横、部屋の後ろなど、意図的に距離を置く。あなたの突然の権限放棄に対するメンバーの反応を見てみよう。部屋を出て行くメンバーはいるだろうか？ 急いで前に出て、代わりに議論をリードしようとするメンバーはいるだろうか？ 気心の知れた話しやすいグループに手早く分けようとするメンバーはいるだろうか？ 新たな責任者を作らずに、何とか秩序を保とうとするだろうか？しばらく観察した後、自分の行動について説明し、その振り返りを行ってみる。メンバーが依存心を強め、チームや組織のために適応を促す作業を進めるよう権威者に期待するときの問題について、メンバーに議論を促してみる。

chapter

12

適応力の高い文化を構築する

組織やコミュニティは、次々に適応課題に直面していく。だが適応力の高い文化を育てることができれば、適応課題に向き合い続けられる。こうした適応力の構築は中長期的な課題だが、今日あるいは明日にでも始めなければ達成できない。実際のところ、現在直面しているあらゆる課題は、目の前の問題に取り組むとともに、次に起こるどんなことにも挑戦するための基準となる手法を確立しておくチャンスでもある。

第7章では、世界各国のあらゆるタイプの組織と取り組んだ私たちの経験に基づき、適応する組織の特性として、次の五項目を取り上げた。

- 「エレファント」を指摘する
- 組織の将来に対する責任が共有されている
- 自主性のある判断が期待されている

● リーダーシップを育てる力が発達している
● 内省と継続的な学習が日々の業務に組み込まれている

第7章では各特性におけるあなたの組織の適応力を評価したが、本章ではさらに踏み込んで、これらの特性を高める方法を探っていきたい。

「エレファント」の指摘を日常的行動にする

「エレファント」を指摘するのは、難しい課題だが、適応力の高い組織の特徴的傾向でもある。以前も述べたようにトヨタ自動車の生産ラインのメンバーは、誰でも生産プロセスの改善点の指摘や提案ができる。批判的な意見が日常的に出されるので、勇気ある会話にも、それほどの勇気を要さない。だが他社の生産ラインでは、そういうわけにいかない。

当然ながら、難しい問題の指摘は、どんな組織でも極めて困難である。次のコラム「合併による『エレファント』の放置」は、その典型例である。

合併による「エレファント」の放置

数年前、南アメリカを拠点とする世界的なエネルギー会社のコンサルティングを担当したことがある。前年、ほぼ同じ規模の異業種の企業と合併したばかりだった。経営陣を対象とする最終の会議が二時間設定され、CEOは後半の一時間だけの参加だった。

最初の一時間、二人のメンバーが、合併によって生じた文化の衝突が未解決である現状を率直に詳しく説明してくれた。それが原因で企業活動が停滞しているというのだ。ほかのメンバーも、文化の違いによってさまざまな問題が生じていると認めていた。そこへCEOがやってきた。私たちが合併による問題点について質問すると、何の問題もないと答えた。私たちがテーブルを見渡すと、参加者は下を向いたままであった。積極的に発言していた二人を見ながら、CEOの発言に何か付け加えたい人がいないか訊ねた。静まりかえっていた。数週間後、この会社に対する正式なコンサルティングの提案書に、この話を詳述することに決めた。だが圧倒されそうな反対に遭った。

「エレファント」を指摘できるようになるための、いくつかのテクニックを紹介しよう。

模範となる行動を示す

経営陣は、組織におけるふさわしい行動について常にヒントを与えている。それが何よりも重要なのは「エレファント」を指摘するときである。

私たちは以前、あるグローバルバンクのコンサルティングを行った。一〇名の経営陣が出席する早朝ミーティングで、一番若いメンバーが最年長メンバーの担当するプロジェクトについて、名指しで少し言及した。私たちはデューデリジェンスのための相当数のインタビューを行っていたが、このプロジェクトのことは話題にあがらなかった。翌日のミーティングでも、やはり若手の別のメンバーが突然、そのプロジェクトに言及した。あとで分かったのだが、そのプロジェクトは、まさに大きな「エレファント」だった。

本来ならその銀行の将来に向けた重要な投資に使われるべきリソースを、そのプロジェクトが驚くような勢いで奪っている状況は周知の事実だったのだ。しかも見込みどおりの成果につながらないことは、誰もが（プロジェクトのスポンサーさえも）知っていた。せいぜい若干の利益（コストを考えればごくわずかでしかない）、最悪は完全な失敗だと予想されていた。ところが、そのプロジェクトのスポンサーは次のCEO候補であり、現CEOは対立を好まない人物で、プロジェクトが成功するというそのスポンサーの自信を信じたがっていた。CEOがこのことについて議論を望んでいると明確に示さない限り、チームの誰ひとりとして、この「エレファント」を取り上げることはなかったのである。

私たちは、幼い頃から権威者によって行動の手がかりを与えられている。そのため自分が権威を持つ立場であれば、表面下でくすぶっている繊細な問題を指摘するという単純な行動の範を示さなければならない。これは、権威を持つ者にしかできないことである。

トラブルメーカーを擁護する

すでに指摘したように、私たちが担当したほぼすべての企業には、いわゆる「反対派」と呼ばれるトラブルメーカーが数名おり、「厄介な」存在になっている。周りとは反対の行動をとり、状況が一つの方向に向いてくると全く異なる考えや意見を出してくる。それは一見、実行不可能で非現実的なもので、他の人からすれば的はずれである。誰もが目の前の問題を解決しようとしているときに、関係ない質問をして道徳的な立場で主張をすることも少なくない。だが場合によっては、必要な疑問を投げかけたり、誰も取り上げたがらない問題を指摘したりする唯一の人物にもなる。適応を要する変革では、そのような人物が自ら進んで介入し声を出せる環境を作らなければならない。

ただ、簡単なことではない。もし権威のある立場にいれば、トラブルメーカーは静かにさせなければならないと感じるはずだ。しかし、少数意見も聞くという姿勢を示したければ、そのプレッシャーに負けてはいけない。もし権威のある立場にいなければ、トラブルメーカーを会議に参加させることによって擁護できる。不均衡を作るような発言が出たときには、ただ好奇心を持っていればよい。つまり、他のメンバーが無視することを容認するのでなく、もっと自分の考えを話すよう伝えるのだ。

組織に対する責任感の共有を進める

組織のメンバーは、自分の所属先（チーム、部署、事業ユニット、本部）ではなく、組織全体に対してどれくらい責任感を持っているだろう？　組織全体に対する責任感を共有しているかどうかについて、次のような指標がある。

- 報酬（金銭的報酬など）は、少なくとも一部が組織全体の業績に連動し、個人や部署の業績に限定されていない。
- 自分のリソース（人、時間、予算、機器、オフィススペースなど）を組織内で必要としている人に貸与する。
- 組織横断的に新しいアイデア、洞察、教訓を共有している。
- 権威あるポジションに昇りつめる人は、組織内の多様な部署やセクションでの業務経験がある。
- 担当以外の「職場体験」に時間を費やして、組織内のほかのメンバーが一日何をしているのか、どのような課題に対処しているのかを理解し、自分に役立つやり方や規範を見つけ出す。

自主性のある判断を促す

適応力の高い文化がある組織では、権威を持つ人は自分にしかできないことを行い、自分にしかできない決断をする。他の業務や決断は、それができる他の人によってなされる。そのため権威を持つ人は、目の前にある業務や決断は別の誰かができるのではないかと常に自問し、もしできるとすれば、その人にどのように委ねればよいのかを考えている。それは、おもしろくない雑用を部下に押しつけるのとは違う。技術的スキルとともに、自立した判断や見識を育てるために投資しているのだ。実際のところ、権威を持つ人の大半が、上司に依存する部下をつくってしまっている。依存度が強くなれば、それだけ権威を持つ人が欠かせない存在になる。

アダプティブ・リーダーシップを行使するということは、自分の存在を不要にすることである。そのための唯一の方法が、常にほかの人に仕事を返していき、相手の能力を高め、クリティカルシンキングや賢明な意思決定などのスキルの面で、人材の現状と可能性を見極めることである。短期的にどれだけ満足のいくものであったとしても、決してフォロアーを生み出すことを望んではいけない。リーダーシップを分散し、メンバー全員が組織の一員として主導権を持つチャンスをつかむことができ、それぞれの舞台で適応を促す作業のために人々をまとめ動かしていけるようにすべきである。つまりアダプティブ・リーダーシップとは、人々が自分に与えられる責任の範囲をいつも越えられるようなリーダーシップを作り上げることなのだ。

権威を持つ人がすべての答えを持っているわけではなく、さらに、簡単な答えが必ずしも正解とは限らないという理解とともに、曖昧なことも許容できるようメンバーに準備させなければならない。

そして自主性のある判断を促す組織では、スタッフが「上司は何を望んでいるのだろう?」ではなく「組織の使命を遂行するには、どうすればよいのだろう?」と考えて決断している。

バルコニーにて

● 組織内のどのレベルより上の人たちが、技術的な専門性よりも自分の判断がより高く評価されていると感じ、行動しているだろうか？

現場での実践演習

● 多くの人は曖昧さを好まず、明確、予測可能、確実なものに引き寄せられる。これは適応課題において、診断が完了する前に解決策を探そうとし、時期尚早な段階で終結に向かわせる力が働くことからも明らかである。曖昧さに対する人々の許容度を高めるためには、拙速な結論になりそうなサインに注意する。例えば、行動に移さないことについて苦情を言う、基本的な診断のための質問を飛び越えて解決策に重点を置く、回避行為のパターンに入っていく（責任回避、難しい課題からの逃避）などである。次の会議のとき、それらのサインを探してみよう。それを見つけたら、こんな質問をしてみよう。「今日この決断をしなければ、どんな問題が起こるだろう？」「もう一日（あるいは一週間、一カ月）待てば、新たに何が分かるだろう？」

リーダーシップを育てる力を構築する

リーダーシップを発揮する人材の育成は、ラインマネジャーの仕事である。トレーニング、コーチング、人事部門や外部専門家のサポートは重要だが、日々行われる質の高い指導ほど効果的なものはない。リーダーシップを育てるパイプラインの構築は、長期的な適応力強化のために必要不可欠である。というのは、組織の成長の障害要因として、組織内のリーダーシップの質と量が問題になることが極めて多いからだ。仕事の場でリードすることは学習できる。個人のリーダーシップ強化に本気で取り組むマネジャーは、自分の部下に組織内におけるキャリアの可能性を明確に理解させることができ、その人の業務を週単位で検証し、さらに高みを目指すための計画作りをサポートする。

リーダーシップ開発について現場の責任感を育てる一つの方法は、後継者計画を立てることを組織の規範にすることである。適切な後継者計画を持っているマネジャーは、周りにいる人材の中から自分の代わりになりそうな人材を常に発掘し、その人を育てようとする。

バルコニーにて

- あなたには後継者計画があるだろうか?
- あなたは上司と組織内での成長の可能性を明確に共有し、そこに到達するチャンスを最大限高めるための戦略を持っているだろうか?

内省と継続的な学習を日々の業務に組み込む

組織やチームにおける内省と継続的な学習を習慣化するには、さまざまな方法がある。いくつかの方法を見ていこう。

難しい内省的な質問をする

適応力の高い文化を醸成するには、次のような質問を日常的にしてみるのがよい。

- 外部環境（政府の規制、競合相手の行動、顧客の優先順位など）はどのように変化しているだろうか？
- 外部環境の変化の影響を受けて、組織内部ではどのような変化が起きているだろうか？
- 現状（例えば利益、持続可能性、人材の多様性などの観点）と理想には、どのようなギャップがあるだろうか？
- どうなれば私たちは成功したと言えるのか？
- 将来に向けた課題には、どのようなものがあるのか？

どれも簡単には答えにくい。だが変化が激しく、厳しい世界で生き残るには、考えておかなければばならないことである。役員会、スタッフミーティング、業績報告会など、組織の至るところで普段の仕事の一部としてこれらについて議論すれば、きっと長期的な成功につながる組織能力を強化でき、従業員、顧客、利害関係者のコミットメントを高め、よりイノベーションを生みやすくなるよう活気づけることができる。そのような組織は、そうでない組織に比べて、六〇年後も存続している確率がかなり高いだろう。なぜなら、そのような組織はどれだけ憂慮すべき状況に直面しようと、新たに発生する課題を明らかにし、対処しようとする人々の能力と意志を強化しているからだ。

内省と継続的学習の時間を業務に組み込んでいくことは、どんな組織においても極めて困難である。行動指向、業務中心、成果重視で成功してきた人たちにとって、内省のために時間を割くことは、無駄に感じられる。「やることが多すぎてそんな暇はない」のだ。だが私たちのこれまでの経験からすると、人と連絡を取り合い、最近の経験からの教訓を引き出し、それらを組織全体で共有するための時間を確保するのは、変化の激しい世界における適応力強化には不可欠な要件である。

リスクをとって実験することを称賛する

内省と継続的学習を促進するもう一つの方法は、実験してみるだけでなく、そこからの学習を活かすことである。特に失敗に終わったときの学習が大切だ。さまざまな実験を行えば、素晴らしい新たなアイデアが浮かぶ可能性も高くなる。ジャック・ウェルチがＧＥのＣＥＯに就任した当初、ＧＥキャピタルが収益の牽引役になるとは思っていなかった。ウェルチのＣＥＯ時代に行った新たなサービスと経営プロセスの数多くの実験の一つにすぎなかったのだ。

経済、社会、組織が成長して生き残れるかどうかは、リスクを冒す人たち次第である。例えば私財を発明につぎ込む革新者、保証された財源なしに非営利組織を立ち上げ社会問題を解決しようとする起業家、これまでにない教育施策を考案する親や教師、新たな作物や農業技術に懸ける農家、大幅な社会的格差に注目を集めるために不法妨害行動をとる政治活動家などだ。

数多くの小さなリスクを繰り返すのは、数少ない大きなリスクを冒すよりも危険性は低い。だからリスクをとることを広く呼びかけ、特にすぐに学びが得られるような小さな実験を促すことは、中期的には比較的安全な方策である。だが、リスクをとることを好まない人は多い。当然である。常識的には、リスクは危険でたいてい失敗を意味し、組織や政治では、失敗はほとんど報われない。次のコラム「リスクを回避した流通企業」は、その一例である。

リスクを回避した流通企業

ある国際的な流通企業の経営陣と店長たちは、業界首位になり、主要市場でトップの座につくことを夢見ていた。だが同時に、四半期の販売予測を達成しなければならないという非常に大きなプレッシャーも感じていた。

ある年、クリスマス商戦を前に店長たちはジレンマを抱えていた。数字を達成するために例年やってきたことをすべきか？　それとも何かを変えてみるべきか？　例えば、積極的な顧客サービスや催し物を新たに提供することで、その企業の位置づけが改善されるかどうかが分かる。変化の実験をすることによって、その企業が前進するために本当の違いをもたらす、多くのことが学べるだろうと分かっていた。

だが一方で、短期的な売上目標を達成できないとなれば、自分の立場が危うくなる。もちろん本部は「実験はやってみるべきだが、現状の売上を犠牲にしてはならない」と両立を求めた。当然ながら店長の多くは安全策を選んだ。過去にはうまくいっていたからだ。彼らは実証済みの方法にこだわっていては業界トップの企業に追いつけないと分かっていながら、実験を棚上げしたのである。

メンバーに正しいシグナルを送る

上手にリスクをとる方法の一つは、どんな結果になっても、たとえ結果が出なくても教訓を見つけ出そうとすること。すなわちリスクを冒した結果、より賢くなったと思えることである。そうすれば次々に行われる実験が、それまでの取り組みのおかげで確かな情報に基づいた、より洗練されたものになっていくのだ。賢くリスクをとっていいのだというシグナルを、次のような方法でメンバーに送ってみよう。

- 組織のミッションを支えることを新しい方法でやってみるという、ちょっとした実験をメンバーに考えてもらう。

- 新たな知識が得られそうな実験を承認するときは、時間とリソースを提供し、本人のやるべき仕事のリストから何かを外し、その実験を行って学びを得るという責任を課す。
- メンバーが懸命に実験に向き合っているときは、失敗や成功からの学習がどれだけ大変かを認め、学びを見つけ出すためのリソースを提供する。
- 定例の業績評価では、賢明なリスク（低コストで高い学習効果）をとれる能力を評価する。翌年のゴールには、賢明なリスクに向き合うことを勧め、スタッフが実行できそうな具体的な実験を奨励する。
- 自分自身がリスクをとり、成功だけでなく失敗も報告する。

上手にリスクをとれたときには効果的に報いる

リスクをとることには、どのように報いればよいだろう？　測定可能な結果よりも、基準に沿った行動に報いることが必要だ。例えば、どれだけ熱心に実験に取り組んでいるか、小さな実験をどれだけ行ったたか、リスクの評価、失敗からどれだけ上手に学んだかである。しかし成功した実験だけに報いてしまうと、失敗しそうな行動は陰で行い、全体としてはリスクをとろうとしなくなる。

また報酬システムに関しては、思い切りと慎重な配慮が求められる。失敗したものの貴重なことを学び、その経験を共有できた人物に昇給や昇進をさせるだろうか？　安全策で成功した人物（四半期の販売目標の達成など）よりも高い報酬を与えるだろうか？　そのような人物を評価しなければ、勇気や創造性を高く評価してくれる別の組織に奪われてしまうかもしれない。そのような人材を、競合企業が探している可能性もある。

カメと同じように、前進するときは首を出さなければならない。私たちの知っているある企業では、たとえ失敗に終わっても組織にとって最大の学習となった活動に対して、毎年「タートルアワード」を授与している。

行動を始めてみるよう促す

リスクのある実験をじっくり検討している人たちは、多大な時間をかけて慎重に計画を進め、リスクを軽減しなければならないように感じているかもしれない。だが多くの場合、実験とは新しい方法で複雑な世界に挑むものであり、どれだけじっくり計画しても結果は予測不可能だ。だから前進には行動あるのみなのだ。発見のためには実験しなければいけない。計画段階で考えすぎて動けなくなることは避け、行動して学びを引き出しながら前進するほうがよい。もちろん数多くの小さな実験を繰り返すことも忘れてはいけない。少数の大きな実験よりも失うものは少ないからだ。

複数の実験を同時に進める

複数の実験を同時に進めることで、リスクをとることからの学びを最大限高めることができる。例えば、強力な新しいライバルに勝てるような、マーケティング戦略のアイデアがあるとしよう。その戦略の一つを実験し試してみるかわりに、いくつものマーケティング戦略を、異なる地域で、あるいは成功と失敗の両方の可能性があるような異なるターゲットの市場で試してみる。いくつもの戦略を同時進行すれば、一度に一つだけの戦略よりも、格段に多くのデータが得られる。さらに、現在進めているイニシアチブを何としても成し遂げるという意志、そして今日のプランは常に最善の推測にすぎないことが示される。

バルコニーにて

● 自分のチームを見渡し、三年以上同じチームにいるメンバー、すでにチームを離れたメンバーについて考えよう。リスクに挑む人たちは、依然周りに残っているだろうか、それとも別のところで働いているだろうか？　そのことから、上手にリスクをとることを促進する組織文化についてどのようなことが言えるだろうか？　あなたがそこにとどまっているのは、自分が上手にリスクをとる人物だからか、それともリスクに対して回避的だからだろうか？

第4部

自分をシステムとして認識する

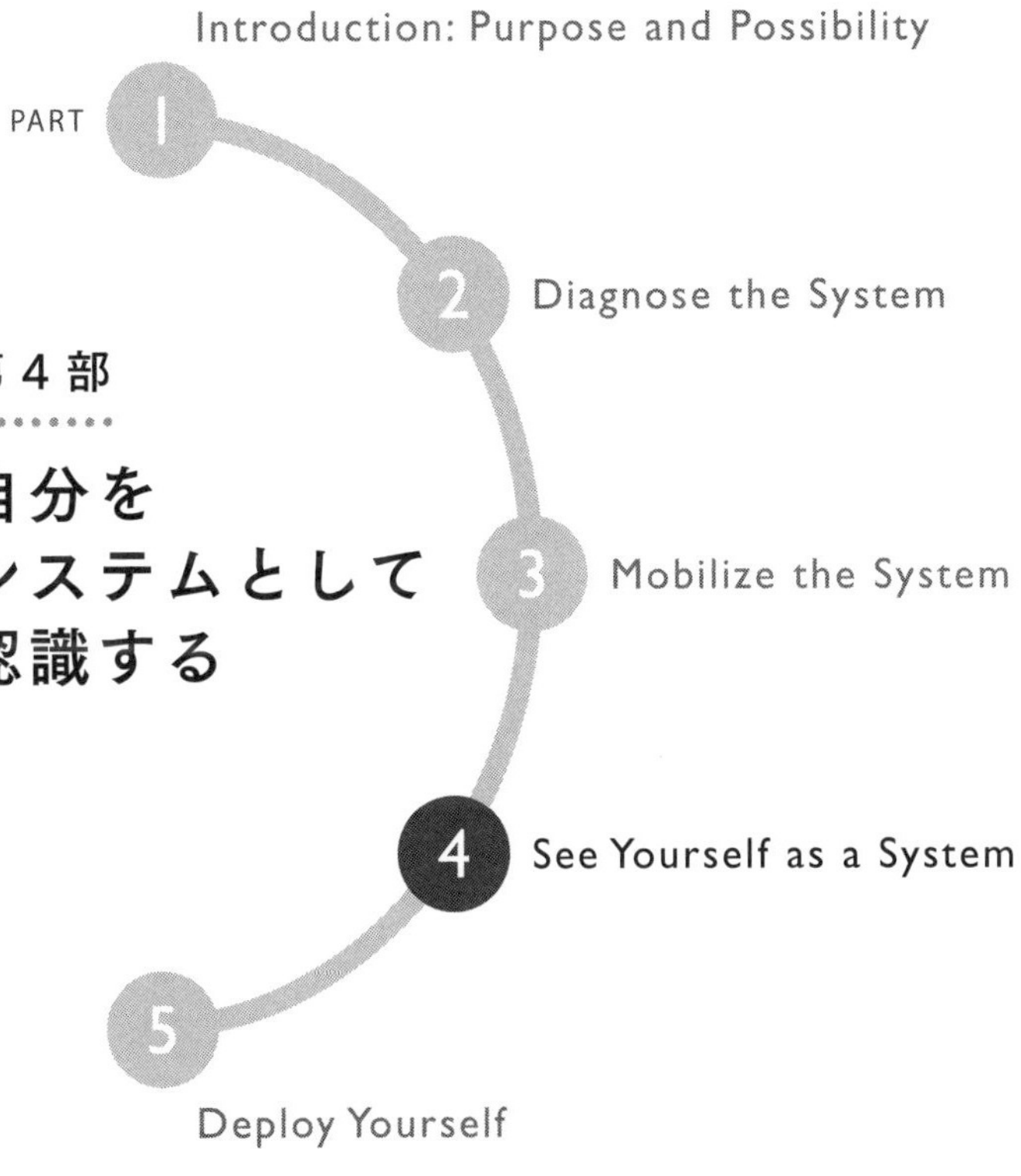

第4部　自分をシステムとして認識する

アメリカ陸軍イラク駐留部隊の士官であるレイは、諜報活動を担当する部隊を引き継ぐことになった。そこでの任務は、アメリカが主導する安定し永続的で民主的な政府作りに反対する活動に関する情報を、イラクの住民から聞き出すこと。だが任務に就いた直後に目撃したのは、兵士たちが情報を得るために日常的に人々を乱暴に扱っている姿であり、反政府活動を支持していないイラク人も敬遠するような行動だった。イラクの人々の信頼を得て、友情を育むことが、軍事的にも政治的にも最優先事項だとは分かっていた。それでもなお、イラク民間人に対する兵士たちの残忍な行為を自分が黙認していることにレイは気がついた。それは、そもそもの目的を損なってしまうことであった。だが彼は当時、先行きがどんなに不安でも、前任者が作り上げてきた規範を自らの手では崩せなかった。

その任務を離れてずっと後になっても、まだ不安感は消えず、イラクでの出来事とはまったく別の状況での意思決定のパターンが彼の中でつながりはじめた。イラクでは、兵士との結束が大切だという思いから、自分は問題のある行動を容認していると思っていた。だが過去をさかのぼると、家庭でのしつけが関係していたのだ。

ここでレイの話を紹介するのは、誰もが抱えている問題だと思うからだ。自分の中には複雑で相反する忠誠心があり、状況に応じて、そのうちのどれかに引き寄せられる。レイの場合、まず「どうしてもイラク市民の心を手に入れる」という軍の任務と戦略に引っ張られた。一方で自分の部隊に対する忠誠心にも引っ張られ、兵士たちが市民に厳しいのは、多くの情報を効率的に収集し、自分たちが奇襲を受けて殺害されるリスクを軽減するためだと考えていた。その兵士たちの結束を求めた結果、後者の忠誠心に引っ張られてしまったのである。

レイと同様、あなたも欠点のないマシンではない。あなたが所属する組織と同じように、あなた自身も、価値観と利害、好みと傾向、野望と恐怖心の両方を持つ複雑な存在である。

適応課題を通じてグループや組織をリードしようと思えば、いくつもの忠誠心が対立することになる。それは、あなたがシステム（自分の組織）のなかに存在するシステム（個人）だからだ。システムとしてのあなた自身のなかで、利害、恐怖、多様な忠誠心が互いに影響し合って、行動や決断に影響を及ぼす。そうしたシステムである自分自身を理解し、人として変わることができれば、組織において適応に向けた変革をうまくリードできる。

第4部では、そのための手法を解説していきたい。「自分の行動や選択に影響を与えている複雑な力とは、どのようなものなのか?」「組織の一員として、自分はどのような役割を担っているのか?」「どのような目的を果たそうとしているのだろうか?」「より効果的にリードするには、自分はどのように変わらなければならないのか?」などを考えてみたい。

自分の習慣的対応のメカニズムを理解する

誰もがそうであるように、あなたは習慣的対応、つまり自分の周りの出来事に対する習慣化した解釈や反応のパターンをもっている。自分の習慣的対応がどのように設定されているかを知っておくことで、許容範囲や自由度が大きく高まり、これまでと違った有効な方法で反応できるようになる。

自分の習慣的対応を設定している、次の三つの要素を理解しておこう。

- **忠誠心**…仲間、コミュニティ、古くからの大切な人たちに対して抱いている義務感。その感情が、適応課題に対処するときに対立を生む可能性がある。
- **チューニング**…あなた自身がどのようにチューニングされているか(例えば、

ハープの弦のように）によって、課題やチャンスに直面したときの反応が違ってくる。あなた固有のチューニングには、自分にとってバランスの悪い反応を引き起こすものも含まれる。例えば、満たされない個人的なニーズ、他人の願望や期待を担うことに対する精神的な脆さ、適応課題がもたらす無秩序、対立、混乱への許容度などである。

● **能力の容量**…適応を要する変革をリードする技術のレパートリー。居心地のよい場所にとどまることによって、自分の力量の範囲を自ら線引きして制限することでもある。

chapter

13 自分自身に目を向ける

あなたがリーダーシップを発揮しようとする組織やコミュニティと同じくらい、あなた自身も複雑なシステムである。システムとしての自分を理解するには、あなたの性格、人生経験、認識力などのスキル、感情面の特性といった、さまざまなものを検証しなければならない。また自分の行動や判断は、自分の内側にある力だけでなく、組織が置かれている状況にも影響されていることを十分に認識しておくべきである。自分が組織で果たしている役割を理解すれば、あなたの能力の何が力になり、何が制約になるかを明らかにすることができる。

こうした状況の本質の理解と自分自身に対する洞察を重ね合わせれば、組織が直面している適応課題への対処に、自分が適任なのか（あるいは適任ではないのか）が判断できる。同時に、どのような介入が組織にとってベストなのか、自分のどのような傾向に足をすくわれるのか、あるいは他人に脇へ押しやられるのかがはっきりする。

単に経験に基づく直感だけで適応を要する変革をリードしてはいけないのは、なぜだろう？　おそらく誰しも過去の成功体験があるはずだ。だが、直感によって方向を見失ってしまったこともあるのではないだろうか。つまりは、本人の「直感」に助けられることも多いが、特定のデータや解釈が目に入りにくくなり、未経験の介入や自分にとって居心地のよくない行動が選択肢から外れる可能性も高くなってしまうということだ。そのため、適応を要する変革をリードするというある種の戦いに踏み込んでいくときは、自分自身のシステムを理解するための、よりしっかりしたアプローチをとる必要がある。

バルコニーに上がってみれば、自分自身をシステムとして見るための勇気、ひらめき、集中力を手に入れられる。特に、問題を抱えた組織に共通する注意力の欠如、人の解任、忠誠心の対立が現れ始めたときには、大きな力になる。はじめに、ある父親が息子に教えられた事例「ボールを見つめる目」を紹介しよう。システムとしての自分自身とその上位にある大きなシステムの中での自分自身の役割を理解していれば、相反する忠誠心に対処できることが分かるはずである。

ボールを見つめる目

マーティの息子マックスは、高校のバスケットボールチームに所属していた。二年生のとき、マックスはチームの六番目のメンバーであり、交代要員の一番手だった。だがシーズン中、うまいプレーを見せてスターティングメンバーに加わった。もちろん、観客席で応援してくれている両親が、そのことをどれだけ喜んでくれるかは分かっていた。しかし、スターティングメンバーに入ったのはわずか三試合。交代した選手の状態がよくなったので、ベンチに下がり六番目のメンバーに戻った。

当然マーティはがっかりした。ところがマックスも落ち込んでいるだろうと声をかけると、「交代要員の一番手のほうがいいよ」と。おもしろい答えが返ってきた。「試合状況が見えるし、何が必要なのかも分かる。ゲームで期待されているプレーも分かった上で試合に出られるしね」と言う。彼はより高い目標を見据え、自分の力を様々な面から見ることに加えてシステムの中での自分の役割についても考え、父親を落胆させることについてもそれほど心配していなかった。賢い息子だ。

多くのアイデンティティ

システムとしての自分自身を理解するという考え方は、一人ひとりに一つの「自己」が存在するという見方と矛盾する。「それが私なんだ。受け入れる? それとも別れる?」と誰かに言われた経験はないだろうか? 誰かに言ったことがあるかもしれない。だが本当は、個人にはいくつもの役割と、それぞれの役割のアイデンティティが複数あり、いつも明確で一貫しているとは言えない多種多様な価値観、信念、あり方、行動様式を持っている。アダプティブ・リーダーシップを行使するということは、個人(ある一つのシステム)が、自分が構成要素となっている社会システムにおいて介入を行うことである。そのためには、自分が踏み込む大きなシステムを理解するだけでなく（第2部のテーマ）、自分自身の複雑さ、多面性、矛盾についてもしっかり自覚する必要がある。その上で、二つのシステムの相互作用について考えなければならない。

この関係が把握できれば、自分がリードする状況のなかで、自分自身のどの部分が、どの場面で最も価値が高まるかを明確にすることができる。

自分の中には複数の「自分」があり、一つの「自己」で成り立っているわけではないという事実を受け入れることは、アダプティブ・リーダーシップを行使する上で極めて重要である。だが、心地悪さを感じるかもしれない。自分が所属するシステムにおいては誰もが（自分自身も、友人、家族、同僚も）、自分は何者で、どのような考えを持ち、何ができるのかをはっきりさせたいと思うものだ。そうすれば唯一の「自己」を明確にし、自信をもって前進していくことができ、周りの人たちもあなたに何を期待できるかが分かる。そのような自己定義の作業は大きな力やエネルギーになるが、二つの欠点がある。まず、自分自身がはっきりすると、複雑な自分が見えなくなり、習慣的な反応を防ぐことが難しくなる。もう一つは、自分自身について一義的な狭い見方をすると、組織のメンバーたちはあなたを好きなように（必要とされるようにではなく）扱おうとする。例えば、あなたが自分は対立を好まない人間だと言えば、企業内であなたの提案に反対する人たちは、その提案が対立しそうな点を際立たせることによって、あなたのプランを頓挫させようとするかもしれない。

反対に、自分には複数のアイデンティティがあるのだと理解できれば、以前は気づいていなかった可能性が見えはじめる。次のコラム「単なる『肢体不自由』ではない」は、その典型例である。

単なる「肢体不自由」ではない

ロナルドの同僚に、松葉杖がなければ動けない女性がいた。彼女はずっと「肢体不自由」というアイデンティティを抱えていて、本人も兄弟もひどく恥ずかしいと思い込んで生きていた。本人はかたくなに「障がい者」という言葉を使っていたが、「肢体不自由」というアイデンティティが、自己認識や人生にも影を落としていた。

だが本格的な内省をじっくり続けた結果、「肢体不自由」というアイデンティティとは関係なく、自分は「強い女性」「美しい女性」「親切な人物」「優秀な人間」だと思えるようになった。すると、兄弟が恥ずかしいと思っているのは、彼女のせいではなく本人の問題だと考えるようになった。そして自分自身の複雑さを理解したことで、彼女は自信を持ち、キャリアを変更して新たな可能性を思い描けるようになった。

「自分が何者なのか」は、おそらく状況に応じて変わる。配偶者、子ども、友人、同僚に対して、まったく同じ行動をとるわけではない。同じ相手であっても、いつも同じように行動するとは限らない。例えば親として、愛情いっぱいの母親、攻撃的で強い保護者、厳格な教育者など、状況次第でまったく別人になる。

以前ある国際的な金融サービス企業のコントローラーと仕事をしたときのこと、彼は組織内の異動で別の役割につくと、自分が別の人間になったという不安感に苛まされた。最初は専門職のマネジャーだったが、自分よりも知識のあるスタッフを監督する立場になり、直属の部下ではない若手メンバーの指導、CEOの相談役、経営チームのメンバーとしての役割も加わった。それぞれの役割をうまくこなすには、自分自身の様々な面を前面に出さなければならない。そのことに困惑していた。「今の私にとって、ある特定の忠誠心や価値観が最も重要であるこの状況においては、これが自分だ」というように状況に応じて使い分けるのではなく、単に「これが自分だ」と言えたら、自分にとって（また介入を行っているシステムにとって）ずいぶん簡単なことだろう。しかし、今の自分だけでなく、時間とともに自分がどのように変化していくのかも含めて自分を形づくっている複雑さを理解すれば、組織で効果的に変革をリードする選択肢がより多く得られるのだ。

適応を要する変革を最もうまくリードしている人たちは、状況だけでなく自分自身についても診断するというマインドセットが備わっている。つまり、自分の中で何が起こっているのか、それらが時とともにどのように変化しているのか、システムとしての自分がどのようにシステムとしての組織と相互に影響し合っているのかを理解しようと常に努力している。

だが、その診断のマインドセットを維持することは簡単ではない。私たちが会った多くの人々、特に権威のある立場の人たちは、自分自身を規定して、自分はこういう人間だと決めつけてしまっている。進化を続ける大きなシステムの一部として、自分が常に変化している存在だとは考えられないのだ。次のコラム「医師それとも経営者？」は、その一例である。

医師それとも経営者？

医師であるヘレンが設立した病院は、急成長していた。ビジネスを行うつもりはなく、患者のために尽くそうと考えていた。しかも自分は医師だという考えにこだわり続け、ビジネスのプロとして、変化する医療現場で病院が生き残れるように対処することはなかった。あくまで医療のプロとして行動し続ければ、病院は盛況で、ほかのスタッフも意欲を持ってくれると信じたかった。「それが私」だから。

だが病院経営は破綻寸前になる。経費を厳格に管理し、難しい決断を行い、病院経営の成長を請け負う人材を雇うようになり、ようやく経営状態は持ち直した。そのそれぞれのステップでは、ヘレンが命がけでこだわり続けた狭いアイデンティティとの葛藤があった。

では、どうすればシステムとしての自分自身を診断するマインドセットを保てるだろうか？　まず、自分の役割をそれぞれうまく果たすには、様々な自分がどれも本物の自分として存在することを受け入れなければならない。しかも、昨日の自分と今日の自分は違うことを忘れてはいけない。課題に取り組むために皆がお互いに影響し合いながら、自分自身、自分の役割、自分が所属する組織は、進化し成長していくのだ。

あなたのアイデンティティを複数の要素に分け、そこから得られる洞察を活かすための考え方や手法を、次章から説明していこう。

バルコニーにて

- 相手や状況によって、自分の行動、感情、意思決定がどのように変化しているかを考えてみよう。その変化をどのように感じるだろうか？　本当の自分ではないと思うだろうか？　それは普通か？　ごまかしているのだろうか？　あるいは生産性は高いだろうか？

現場での実践演習

- 誰でも相手や状況によって周囲に対する行動が変わるという考えについて、信頼できる同僚やアドバイスしてくれる人と議論してみよう。また、様々な人たちに対して、様々な場面で、どのように違う「自分」を見せているのかを聞いてみよう。その適応能力によって、人間関係や生産性は良くなっているのだろうか、あるいは悪くなっているのだろうか？　誰でもいくつもの自分を持っていると考えれば、多少は安心できないだろうか？

chapter

14 忠誠心を特定する

自分自身をシステムとして理解するために、忠誠心の対象者を三種類に分けて考えてみよう。

- **職業上の仲間**…上司、同僚、部下、同じ委員会のメンバーなど、直接職務上の関係がある人たち。
- **コミュニティ**…家族や友人、職務以外で社会的、政治的、宗教的なつながりのある人たち。
- **先人**…自分の世界観に影響を与えた過去の人物。尊敬する祖父母、教師や、自分の性別、宗教、民族、国籍などの根源に影響を与えた人たち。

これらの対象者に抱く忠誠心によって、あなたはさまざまな方向に引っ張られていく。また、三種類の対象者の中には、それぞれグループが存在する。職業上の仲間、コミュニティ、先人の順に調べていこう。検証作業は順々に難しくなる。

アメリカ系ユダヤ人家庭出身のアレクサンダーは、日本人の女性との結婚を決めた。するとコミュニティと祖先への忠誠心によって、二つの違った方向に引っ張られる事態になった。祖父母は、信仰を大切にして、ユダヤ系の血統を受け継いでほしいと言い、家族や友人は、自分が見つけた愛と幸せを尊重すべきという意見だった。幸いユダヤ系の祖母は、死ぬ間際に非ユダヤ系女性との結婚を許してくれた。そのためアレクサンダーは、祖先とコミュニティの間で葛藤と罪悪感を抱え続けて生きることはなかった（今もなお、時々罪悪感は抱く）。

図17は、あなたの忠誠心を表したものである。この図では、忠誠心の三つの対象者が同じ大きさで、中心にいる人物（あなた）を均等な力で別々の方向に引っ張っている様子を示している。

バルコニーにて

- あなたが複数の方向に引っ張られている問題について考えてみよう。色んな方向にあなたを引っ張っている忠誠心を特定し、はっきり描いてみよう。忠誠心の三つの対象者と、その各対象者に存在する主要な忠誠心のグループを明らかにし、図17のように図示しよう。

現場での実践演習

- 先人に対する忠誠心は明示しにくく、無意識のものも少なくないため、特定するのは難しいかもしれない。だが明らかにできれば、無意識の忠誠心を理解できるようになり、新たな意思決定にもつながるだろう。そのための一つの方法は、ルーツが同じ人々へのインタビューである。理想的なのは、親や長老など直系の親族、兄弟姉妹やいとこに聞くことだ。同じ宗教や民族のグループも貴重な情報源になる。おそらく「忠誠心」や「よりどころ」という言葉では分からないので、「あなた自身は、どのように伝統に影響されてきたのですか?」「私たちの親族やコミュニティは、どのような考え方や価値観に根ざしているでしょうか?」「祖母の時代に女性であるというのは、どういうことでしたか?」などと聞くとよい。

図17　あなたの忠誠心――誰からの期待がどのように自分に作用するか

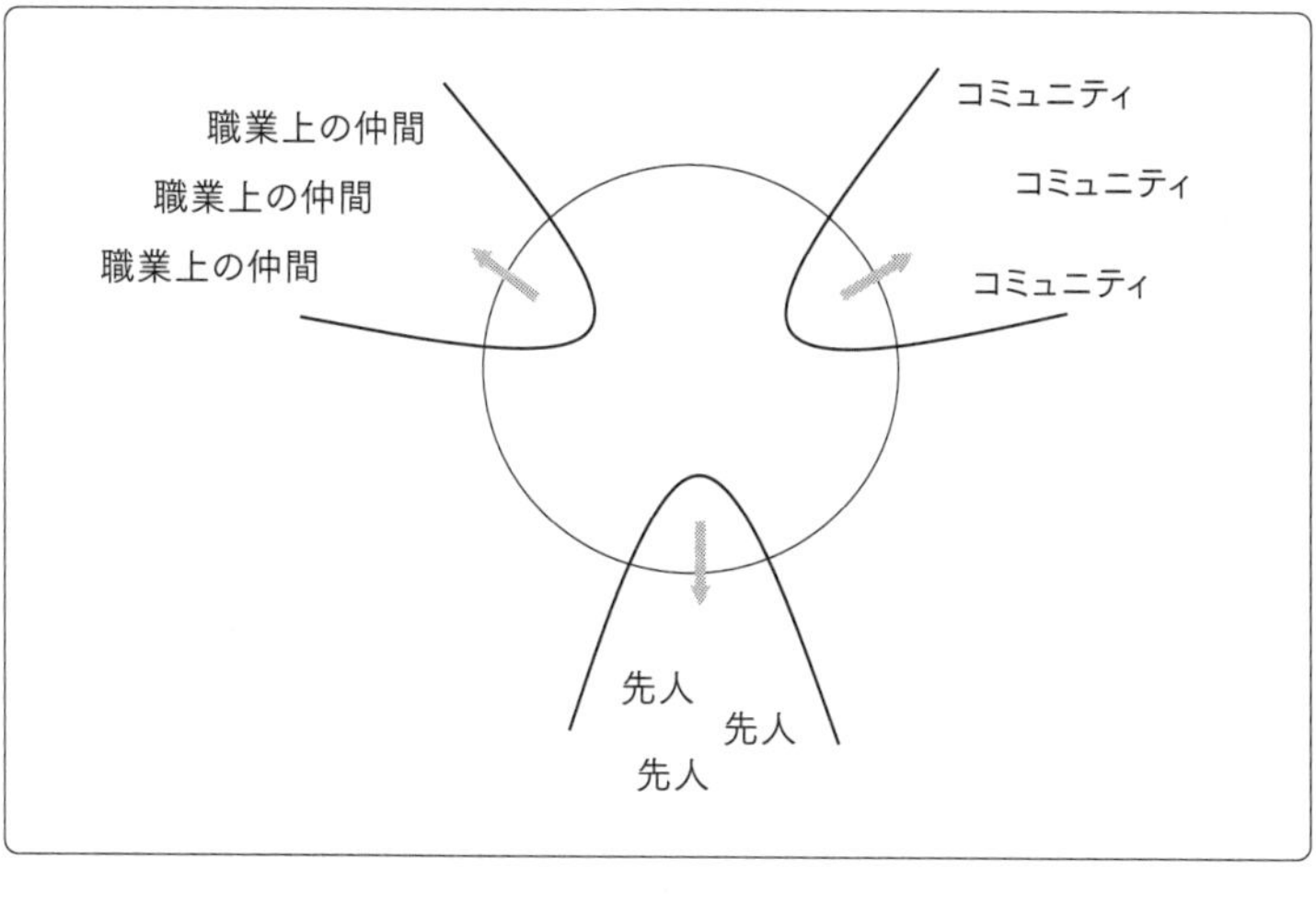

忠誠心の優先順位

三種類の対象者のグループそれぞれに、さらに複数のサブグループがある。当然すべての忠誠心が同じように大切というわけではない。対立が生じれば、どちらかを優先する。自分にとって一番の忠誠心が何かを明らかにするには、次の問いかけが役に立つだろう。「誰に対して一番責任を感じるだろうか?」「いつもと違う行動をとると、誰が一番強く反応するだろうか?」「誰を一番喜ばせたいだろうか? 誰に対して一番印象づけたいだろうか?」「誰が一番がっかりするだろうか?」「誰のサポートが一番必要だろうか?」

自分がどのように忠誠心を優先順位づけているかを理解しておけば、どんな忠誠心が自分を引き留めているのか、何が自分のリーダーシップの妨げになっているのかに気づくことができる。

自分の忠誠心の優先順位づけを診断する最もよい方法は、自分自身や他者に対して何を話しているかではなく、何を行っているかをしっかり見ることだ。若い頃のマーティは、野心的なマサチューセッツ州議会議員であり、いつも急いで帰宅し、幼い二人の子どもをリビングのソファーに座らせて本を読み、また慌ただしく家を飛び出し会議で詰まった夜を過ごしていた。会議に向かう途中、自分はとても家庭的な人間なのだと自分に言い聞かせていたが、子どもたちの実感は違っていた。子ども以外とは話すことなく一日を過ごしていた妻も、全く同じように感じていた。だがマーティは、一度も会議を欠席しなかった。もし「バルコニーに立って」自分自身を観察し、自分自身の言葉を聞くのではなく行動に目を向けていれば、厳しい現実に気づくことができただろう。自分は、妻や子どもたちではなく、支持者により忠誠心を感じていたということだ。多くの人たちと同じように、マーティにとってキャリア上の成功とは、自分にとって重要な存在である多くの支持者の目から見て成功することだったのだ。

自分で作成した図17を見返してほしい。今度はグループがあなたを引き寄せる強さを表すため、その力に応じてグループの円の大きさを調整し、また、それぞれのグループの期待が一部重複する様子も円で表現してみよう。さらに、各グループの持つ力が作用する方向（同じ向きか、反対の向きか）を示せるように矢印を使ってみよう。出来あがった図を見ると、各グループの様々な影響力が分かる。

バルコニーにて

- 自分は三つの忠誠心の対象者（職業上の仲間、コミュニティ、先人）のどれに、またその中のどのグループに最も強く引っ張られているだろうか？ これから二週間、自分がどのようにリソースを投じているかを記録してみよう。どの対象者に最も多くの時間、エネルギー、資金を投じ、注意を向けているだろうか？ 二週間後に記録を見ながら、実際にはどの忠誠心が最優先になっているかを確認しよう。
- 職業上の仲間の中のグループをさらに詳しく見てみよう。上司、同僚、部下、顧客、クライアントなど、どの人たちを最も大切だと思っているだろうか？　仕事中に自分の時間、エネルギー、注意、資金などを誰に対して、どのように使っているかを二週間記録してみよう。その記録上、実際に最も優先しているのはどの人たちだろう？

現場での実践演習

- 自分の忠誠心について、何を話しているかではなく、どんな行動をとっているかを観察してみよう。自分の優先順位の高い忠誠心と、自分の実際の行動に現れている優先事項（どう自分の時間を使い、誰に一番時間やエネルギーを投じているか）とのギャップを誰かの協力を得て明らかにしよう。
- 次のような手順で、自分の忠誠心を再現してみよう。信頼できる友人や助言をくれるメンバーを集める。あなたが仕事において苦労している状況を考えてみる。部屋の中央に立ち、「この状況で、私は誰に忠誠心を持つだろうか？」と聞いてみる。上司、事業部門、競合他社、顧客、メンター、配偶者、親、宗教上の仲間、性別や民族グループの仲間など、自分の心の中にある様々な声の代弁者としての役割を、メンバー一人ひとりに担ってもらい、自分への影響力に応じた距離で立ってもらう。そして、同時にすべてのメンバーに、その状況についての感想を言ってもらう。そのときの耳障りな声が、相反する忠誠心を解決しようと葛藤している感覚である。

口に出せない忠誠心を特定する

どのような組織やコミュニティであっても、目の前に何らかの問題がある。もしあなたが組織の一員であるなら、あなたがその問題の一部になっているにちがいない。だからといって、すべての責任があるというわけではない。問題解決に十分力を尽くしていないという意味でもない。ただし、問題の要素の一つであることは確かで、あなたが何を信じているか、あなたがどのように行動しているか、あなたが何に忠誠心を抱いているか、といったことが問題の一因となっている。例えば組織が透明性を高めようとしているとき、給与に関する情報を広く開示していないことが問題の原因かもしれない。開示しないのは、あなたの給与を知れば腹を立てる人がいることを分かっているからだ。自分が怒りの対象になるのが嫌なのかもしれない。

概して、自分が達成しようとしている目標の妨げになるような自分の忠誠心は、いつも皆に対して話しているものとは別のものである。履歴書にも書かない。これが「口に出せない忠誠心」だ。いつも話題に上がるような人物や価値観と同じくらい影響力を持つが、一見分かりにくい。口に出せない忠誠心は、たいてい何らかの必要性、防御の意識、不安感から生じている。それは人間らしいものであり、立派な価値観と同じように社会との関わり方に強く影響するものなのだ。

問題の責任、いわゆる「混乱の一因となっているあなたの責任部分」を明らかにすることには、二つのメリットがある。まず、少なくとも問題の一端を解決するチャンスになる。その問題は、程度の差はあれ自分のコントロールの範疇にあるからだ。もう一つは、目の前にある適応課題に取り組む際に、周りの人たちにも果たしてもらうよう求める説明責任のロールモデルになることだ。つまり、仲間たちにとって避けたくなるような忠誠心であっても、それに向き合い、問題の中での自分の責任部分に責任を持つよう促すことになるかもしれない。

「混乱の一因となっているあなたの責任部分」を見つけ出すのは、もともと不快な作業である。だが適応を要する変革では、目標に向かって前進しているときの妨げとなる自分の役割を突き止め、その責任を受け入れなければならない。

バルコニーにて

● グループや組織が取り組んでいる適応課題について考えてみよう。あなたはどんな形でその問題の一因を作っているのか、思いついたことを三つあげる。そして混乱を解決するために、あなたは何を変えればよいかを考えてみよう。

現場での実践演習

● 図18（294頁）の演習は、ハーバードの研究仲間であるロバート・キーガンとリサ・レイヒーによる、成人の学習と変化への抵抗に関する研究を参考にしている。ここでは、本書の目的にあわせて変更を加えている。詳細は二人の著書『あの人はなぜウンと言わないのか』を参照してもらいたい[1]。

- メンバー二、三人と一緒に、図18の演習をやってみよう。お互いの反応を聞き、内省することで、自分の状況に対して学習したことを実践できるようになる。ただし、直属の上司や部下との間では、この演習を行わないほうがよいだろう。
- 演習のやり方はこうだ。まず、自分たちのグループが取り組んでいる適応課題を特定する。次に数分間、各自で図の①の質問に答え、互いの答えについて議論する。さらに②、③、④、⑤と同じ作業を行い、最後に図の枠外の左にある注釈を読む。

[1] Robert Kegan and Lisa Laskow Lahey, *How the Way We Talk Can Change the Way We Work* (Hoboken, NJ: Wiley, 2000). ロバート・キーガン，リサ・ラスコウ・レイヒー著『あの人はなぜウンと言わないのか――自分を変える。組織を変える。』（松井光代，岡本さだこ訳，朝日新聞社，2002年）

図18　適応課題を個人の問題としてとらえる

①	あなたが取り組んでいる適応課題を前進させるには、どんなことがもっと頻繁に起これば、あるいはそれほど起こらなければよいのだろうか?	例：仕事中、メンバーが互いにもっとオープンになれたら。
②	①の答え（例えば、もっとオープンになれたら）になる背景には、どのような忠誠心や価値観があるだろうか?　①の答えについて次の問いを考えてみる。「この答えから分かることは、私は〜に忠実である」	例：私は透明性という価値観と職場の仲間に対して忠実であろうとしている。
③	②の中からあなたが何よりも大切にしている忠誠心またはコミットメントを二つ選び、それぞれについて次の問いに答えてみる。「私が何をしているから、あるいは何をしていないから、このコミットメントを完全に守れないのだろう?」	例：給与の情報公開に断固として反対している。
④	③であげた行動の原動力となっているコミットメントを明らかにするために、次の問いを考えてみる。「私は〜にも忠実であろうとしているかもしれない」	例：私は自分を怒りの対象にさせないという価値観や、金に関することは私的な問題だという考えにも忠実であるかもしれない。私の配偶者もその両方について、心からそう信じている。
⑤	あなたが③であげた行動をとることによって、どのような悪い結果から自らを守ろうとしているのか。次の問いについて考えてみよう。「もし私が（③の行動）をとらなければ、どんなひどいことが起こるのだろうか?」（リストにしてみる）	例：周りの人たちは私に腹を立て、私の配偶者は動揺し、私に対して落胆するだろう。

■ 注釈

②の内容は、周りの人たちに対するアピールである。

④の内容は、隠しているものであり、あなたが達成したいと言っていることの妨げになっているものだ。

②と④の価値観の対立を解消しないまま放置していると、現状から抜け出せない。だが対立を解消しようとすれば、⑤についてひどい結果を招くリスクを負うか、崇高な願望である②の格が下がる。それは望ましい選択ではないため、多くの人たちがその問題を避けようとする。

⑤の懸念を現実に起こるものではなく、起こるかもしれないものととらえて、リスクの低い実験を試してみよう。例えば、給与レンジの公開あるいは幹部社員に限定した給与の公開である。

chapter

15 チューニングを確認する

前章で紹介した「忠誠心」のように、自分というシステムの中で習慣的対応を引き起こすものに、「チューニング」がある。弦楽器と同じように、人はそれぞれ他人とは微妙に違ったチューニングがなされている。人間にはそれぞれ固有のチューニングがあるため、周囲の人々との間で反響が起きる。その違いは、幼い頃の体験、遺伝、文化的背景、性別、グループに対する忠誠心などさまざまな要因から生まれる。仕事上のチューニングは、私生活から影響を受けることもある。

一人ひとりの弦は常に振動しており、自分が何者なのか、何を大切にしているのか、何に敏感なのか、どれくらい脆弱なのかを周りの人たちに伝えている。周りで何か起きたとき、その出来事が強力な記憶や願望をかき立てるかどうかによって、弦の反応は異なる。日々の生活の中では、自分の弦がいつどのように刺激されているのか、分かりにくいかもしれない。だが、周囲の環境が弦をどのように引っ張り、あなたを動かしているのかを知っておかなければ、受け身になってしまって素早く反応することができない。次のコラム「弦と弦のぶつかり合い」は、その具体例だ。

弦と弦のぶつかり合い

私たちはリーダーシップ開発のコースで、様々な国籍の男女約四〇名のグループの話し合いを進行していた。公共部門、民間部門、非営利組織でそれぞれ強い権限を持つ人たちである。ミゲルはスペイン出身の中年男性で大成功した起業家、マリアは若く野心的なコロンビア出身の女性で、やはり起業家である。

二日間の期間中、ミゲルが発言するとマリアが、マリアが発言するとミゲルが、必ずしも反論しているわけではないが、決して支持してはいない口調で応じた。その点を指摘すると、参加者は二人の力関係を理解しようとした。皆の協力もあり、熱のこもった、またプライベートな会話も交わされた後、ミゲルが、自分より若い世代の価値観と戦うことの苛立たしい記憶に反応していたことが明らかになった。ミゲルから見ると、若い人たちは自分たちと違って「下積みをしたがらない」し、自分たちのように経験ある人たちから学ぼうともしない。一方のマリアからすれば、ミゲルは自分の父親とまったく同じで、女性はキャリアよりも結婚して家庭を持つことを望んでいるように思えた。

ミゲルとマリアの弦は、まったく違う経験によってチューニングされていたので、互いに不協和音になっていたのだ。そのパターンから抜け出し問題を解決するために、前章で紹介した演習を活用することにした。まずミゲルとマリアに相手の発言から気づいた五、六個の大切な意見を特定してもらった。グループメンバーは、それらの大切な意見一つひとつの代弁者となり、ミゲルとマリアの後ろに立ってもらった。その後、ミゲルとマリアにはお互いに話してもらいながら、同時に、大切な意見の代弁者としてどのように応答するべきかを後ろから二人に指示している他のメンバーの声をすべて聞くように伝えた。全員の発言に二人は当惑し、内容が耳に入らなかった。だが自分たちの異なる弦がかき鳴らされている様子が分かると、笑いはじめた。それは、何かを理解したということであり、バルコニーに上がる方法を見つけた証だった。自分たちにどれだけ共通点があるかを理解し、残りの時間を協力的に過ごし、二人にとって懸案になっていた問題を前に進めることができるようになった。

自分が常に環境や過去に影響を受けているという考え方は、自由意志という揺るぎない概念と対立する。だが「バルコニー」に立ち、自分への影響力を客観視できれば、本当の自由意志を行使できる。自分がさまざまな関係のなかに組み込まれ、その関係に左右されている現実を理解することによって、漫然とただ反応するのではなく、影響を把握した上で、より自由に行動できる。

誰もが持っているチューニングという特質は、リーダーシップを実践する上でリスクでありチャンスでもある。自分自身のチューニングを十分に理解すれば、自分の脆弱さや繊細さを自覚し、それらを補うことができるのだ。

例えば、対立に巻き込まれて収拾がつかないとしよう。事態は急速に悪化している。うまく状況をリードするには、一度中断するなどして「温度を下げる」行動が必要かもしれない。けれど、自分が対立を楽しむ性格であれば、「圧力鍋が爆発しそうになる」ことに気づけないかもしれない。あなたにとって対立の激化は刺激的なことなのだ。だが他の人たちにとっては耐えられない状況で、多くの人が関わりを閉ざしはじめる。もし、自分が対立をどのように感じるかを分かっていれば、熱を冷ますサインを見極め、実際に必要な行動をとることができる。

反対に、あなたが極端に対立を嫌うようにチューニングされているとしよう。アルコール依存症などが原因で破綻した家庭、あるいは親のしつけが過度に厳格な家庭で育つと、その傾向がある。この場合、圧力鍋が、ちょうど学びや生産性に適した温度になりはじめたとき、あわてて反射的に事態を沈静化させる行動に出るかもしれない。そうなると早々に学習のプロセスが中断される。

自分のチューニングが有効に働いたことが、過去に多くあったかもしれない。だが、自分のチューニングによってあなたが攻撃にさらされやすくなることが二つある。第一に、自分自身のチューニングに反応することによって、あなたの傾向が相手に見抜かれ、あなたが変革をリードすることを良しとしない人たちにコントロールされやすくなること。第二に、強みには必ず陰の側面があるということだ。

例えば、自分の責務をうまくやり遂げたときに、満足感と誇りを感じるようにチューニングされているとしよう。そのような「責任感」は、確かに美徳である。だがアダプティブ・リーダーシップでは、すべての作業を一人では背負えない。ふさわしい人材、負担を共有してくれる仲間、責任を持つべきグループメンバーに作業を割り振らなければならない。それが嫌な人たちは、あなたの責任感の強さを称賛して「手玉に取り」、さらに作業を抱え込むように仕向けるかもしれない。責任感が強い性格の陰の側面は、かけがえのない存在だと認められたい、みんな自分がいなければ何もできないと思われたい願望である。そうなると一層、必要な業務を他のメンバーに割り振れなくなる。

個人と同じように、カップル、チーム、グループ、組織にもそれぞれのチューニングがあり、その反応が具体的にあらわれるケースもある。次の会議でCEOが話しているとき、誰が姿勢を正しているかを見てみよう。尻込みしているのは誰だろう？　スポーツイベントでスタジアム全体の観客のなかを通り抜けるウェーブのように、全員の心に響くコメントや出来事とはどういうものだろうか？　次のコラム「経営チームのチューニング」は、その具体例だ。

経営チームのチューニング

マトリックス組織を採用するあるグローバル企業の経営会議に出席したときのことだ。会議には、製品別組織の代表者、地域の代表者たちが参加。その企業は、別々の国を拠点とする同規模の二社の合併によって誕生したばかりだった。

ある製品が売上の大半を占めていたが、成長は見られない。会話の基調となるテーマが、ビジネス慣行から地域ごとの状況へ、将来のための投資から市場の維持へ、起業家精神や自律から仲間意識や協調へ移ったとき、会議室内の各グループは、議論に積極的になるか、じっと傍観するかのいずれかに分かれた。

あなたの独自のチューニングは役に立つこともあれば、制約にもなる。うまくチューニングされていれば、何か起こったときに他の人よりも早く察知できる。他の人たちが感じていなかったり、理解していない、無視しようとしていれば、それに気づいて反応することができる。だが、いち早く察知できることは、他の人とは違うスキルになる一方で、いつでも何かが起きているように見えてしまうこともある。

チューニングが役に立つ場合と制約になる場合の、両方の具体例を見ていこう。先の経営会議の事例で取り上げた企業は、共同経営の企業と公開企業が合併した会社だった。共同経営企業出身のメンバーは合併に前向きで、新たに加わったメンバーに対して情報やサービスの共有、成長に向けた共通の戦略への合意など、社内関係の重要性を理解するように働きかけた。それに対して公開企業出身のメンバーは、競合企業からのプレッシャーや株価など、外部条件を重要視していた。どちらのグループも、自分たちの経験の違いが原因で重視する問題が異なっていることを理解するのは難しかった。それぞれのグループが、異なる問題を成功のカギだと考え、組織の文化や歴史によるチューニングの問題とは考えなかったのである。

これらを無意識に受け止めていると、状況を十分把握できなかったり、前向きな反応ができなかかったりする可能性がある。例えば、共同経営の企業出身のメンバーは社内の関係を重視するため、数多くの名前も知らない株主への説明責任の大切さを受け入れることは困難だった。

さらに、自分自身のチューニングが精緻になればなるほど、自分には敏感に感じられる出来事が、実際には起こっていないにもかかわらず、起こっているように感じるリスクが高まる。そうなるとあわてて間違った結論を出し、他の人たちが複雑な状況や出来事の全体像を説明しても耳に入らなくなる。共同経営の企業出身者は、どんな問題でも社内に関係する問題ととらえ、公開企業の出身者は、株価にどう影響するかという見地から考えてしまう。

そして、自分がどうチューニングされているかを相手に知られると、うまい話で引き込まれ、相手の利益に加担させられたり、自分の道から外れてしまいやすい。つまり、あなたは誘惑されやすくなるのだ。例えば、怒鳴り声に対する不快感にあなたが過敏であるとしたら、介入の提案を自ら取り下げさせるためには、あなたを怒鳴りさえすればよいのだ。他人の感情的な痛みにあなたが敏感であれば、相手は不快な感情を見せて、あなたが介入を始めるのを阻止しようとするだろう。

アダプティブ・リーダーシップのカギとなる臨機応変な力は、現在の状況に対応することがすべてだ。過去を現在に取り込み、不完全な鋳型《いがた》とも言える現状の上に流し込むことではない[1]。

[1] Richard E. Neustadt and Ernest R. May, *Thinking in Time: The Uses of History for Decision-Makers* (New York: Free Press, 1986). R・E・ニュースタット，E・R・メイ著『ハーバード流歴史活用法――政策決定の成功と失敗』（臼井久和，滝田賢治，斎藤元秀，安部松盛訳，三嶺書房，1996年）

現在の状況によって自分の弦が強くはじかれ、衝動的に反応してしまうときは、臨機応変な力を発揮することが一層難しくなり、間違った診断、間違った行動につながってしまう。こうした弦を強くはじかれる体験によって、過去に起こったことや現在の生活とは関係のない問題が浮かび、そのことが今この瞬間にどうしても頭から離れなくなる。そうした現象を明らかにするために、「引き金」の議論に移りたい。

自分の引き金《トリガー》を知る

イラッとさせられたとか、神経を逆なでされたといった「引き金《トリガー》」を引かれた経験は誰にでもある。同僚のささいな言葉や配偶者の何気ない行動など、ちょっとした刺激がきっかけでカッとなったり、イライラしたり、一時的に自制心を失うことがあるだろう。それは恐怖心やアドレナリンによって防御システムが作動するからだ。聡明で戦略的、上品で気配りのある自己が、より原始的で防御的な自己によって一時的に覆い隠されてしまうのである。

さらに悪いことに、一度自分の引き金が引かれると、おそらく周りの人たちの引き金も引いてしまう。不快な音が生まれ、生産性はゼロになる。権威が大きければ大きいほど（公式、非公式に関係なく）、目の前の仕事へのダメージは大きくなる。その影響が、大規模な公の場で明らかになってしまうこともある。例えば、リチャード・クラークの著書『爆弾証言』などで述べられているように、ジョージ・W・ブッシュ大統領は、父親がイラクで始めた作戦は終わっていないと信じていた。そのため同時多発テロ事件が引き金となり、イラク戦争はテロとの戦いだと結論づけた[2]。

引き金が引かれることは、もっと小さな場面でも起こる。アレクサンダーは父親に「幸運は自分でつかむものだ」と言われて育った。その言葉は、時に価値のある考え方だったが、物事がうまくいかず不安になると、その言葉が頭に浮かび、引き金が引かれて、父親が耳元で怒鳴っているような気分になる。すると積極的に幸運を「つかもう」として仕事を引き受けすぎたり、ほかの人の問題を解決しようとしたりする。その結果、彼がたいてい行き着くのは、より大きな混乱を作ってしまうということだった。

もし、うまく「バルコニー」に立てれば、他の人の引き金が引かれたことに気づけるだろう。さらにうまくいけば、あなた自身の引き金が引かれたことにも気づくかもしれない。引き金を引かれると、ほぼ例外なく行動は変化する。人の声が驚くほど大きく聞こえたり、逆に優しく聞こえたり、会議で何も発言しなかった人が突然鋭い指摘をしたり、いつもは多弁な人が無口になったりする。心臓がドキドキしたり、呼吸が浅くなったり、手汗をかいたりという身体的症状が起きる人もいる。

自分の引き金が引かれたことを自覚することが、自己統制の効かない非生産的な行動にはまり込むことなく、引き金をコントロールする第一歩である。

[2] Richard A. Clarke, Against All Enemies: Inside America's War on Terror (New York: Free Press, 2004). リチャード・クラーク著『爆弾証言——すべての敵に向かって』(楡井浩一訳，徳間書店，2004年)

バルコニーにて

- 激しく反応し、驚いた最近の出来事を思い出してみよう。何がきっかけだったのだろう？　どんなところが過去の体験と結びついたのだろう？　なぜその過去の経験は、あなたにとって重要だったのだろう、あるいはあなたにとって未解決なのだろう？　その答えを探りながら、自分の敏感さについて深く考えてみよう。それらをメモして、自分の引き金が引かれるタイミングを予見し、その影響を避けられるようにしよう。

現場での実践演習

- 会話や会議で引き金を引かれたと感じたとき、自制のためのステップを練習してみよう。例えば、そのとき、最初のチャンスをつかまえて反応しようとせず、チャンスを二、三回見逃してみる。他の人の引き金が引かれたことに気づいたときは、自制できるようにサポートしてみよう。明らかに過剰な反応にコメントするだけでもよい。こうした行動によって、自分や他の人にどんなことが起きるだろうか？　会話や会議はどうなるだろうか？

渇望と代理行為

私たちの経験から、特に注意すべき引き金が二種類ある。それは、渇望と代理行為である。渇望は極めて危険である。『最前線のリーダーシップ』では、人としてのニーズがペアになって密接に関わり合っているものについて解説した。（一）権力と支配、（二）肯定と重要視、（三）親密さと喜び。この三つが充足されなければ自制困難になる。[3]

もしあなたがコントロールできない、重要視されない、愛されていないと感じる状況にあれば、こうした満たされないニーズを和らげてくれる人のために自分を犠牲にするかもしれない。その相手は素直な気持ちかもしれないし、自分が賛成していないアダプティブ・リーダーシップの行使を阻止しようという意図があるかもしれない。例えば、あなたの介入によって地位を失うかもしれない同僚のマネジャーは、あなたが自分にとってどれだけ大切かを強く訴え、あなたの行動を妨げようとする。

そのようなニーズが満たされないままでいると、手段を選ばない行動に出るというリスクもある。同僚と性的関係を持つのは、「親密さと喜び」というニーズを満たそうとする事例としてよく知られている。それほど激しく破壊的な行為でなくても、よくない方法でニーズを満たそうとするケースは数多くある。肩書や広いオフィスを強く要求して信頼を失うといったことだ。

[3] ロナルド・A・ハイフェッツ他著『最前線のリーダーシップ』

特に非営利組織では、燃え尽きてしまったり、打ちのめされてしまう人によく出会う。原因の多くは、他人のなすべき仕事、すなわち他人の希望、欲求、期待、不安のために動いてしまっているということだ。

私たちは、生まれたときから他人の期待、希望、憧れ、恐怖、欲求不満を背負わされている。若い頃は、それがプラスに作用し、親、教師、指導者の期待が知恵、勇気、指針となって成長し、社会への道筋をつけてくれる。だが成人になると、他人の希望は未解決の問題という形をとることにもなり、あなたがそれを無意識に自分のものとして引き受けてしまう。その結果あなたは、他人の期待に対して簡単な答えを与えることとなり、大きな弱みをつくってしまう。アメリカの大統領選のキャンペーンが典型例である。票を求める候補者たちは、多数の国民の希望をかなえ、恐怖心を排除すると主張するが、結局すべての期待に応えられそうにないことに気づくのだ。

他人の仕事を代わってあげたいという思いによって、自分のチューニングが意図せず設定されてしまうことは多い。例えば両親が困窮し、貧困で恥ずかしい思いをしていれば、自分もその思いを受け止め、何とかして解決しようと金を稼ぎ、両親に金を渡そうとする。だが恥ずかしさは、そもそも自分が感じているわけではない。両親が感じているのだ。だから代わりに解決することはできない。金を渡せば、ますます自分たちを恥ずかしく感じ、社会に対する思いや行動もみじめなものになる。子どもを自慢できるようになり、快適に過ごせるかもしれないが、それによって両親の傷が消えるかどうかは分からない。それでも、両親の重荷を減らせると思いながら、問題を解決しようとするだろう。あなたは「他人の仕事をし」、両親もそれをとめないだろう。

職場でも他人の仕事をついやってしまう人をよく見かける。家族や祖先の栄光や、物質的な成功に強い願望を持つ仕事人間をおそらく何人も知っているはずだ。

もちろん、大切にしている人の負担を減らそうと思うのは、立派な心がけである。だが、他人の仕事を引き受けすぎてしまっては自分が疲弊するだけである。他人の問題の解決は、自分自身の問題の解決と違って思うようにはならない。疲弊状態が長引けば、適応課題をリードするときでも、仕事、家庭、コミュニティでの簡単な作業であっても、生産性の高い状態ではいられなくなってしまう。何が自分を疲れさせているのかを理解することが、自分の重荷を下ろし、相手に自分の仕事を自分で背負ってもらう第一歩になる。

バルコニーにて

- 自分が疲れ果てていると感じたとき、「誰の荷物を背負っているのだろう？　なぜ背負わなければならないと感じているのだろう？　それを本人に返すにはどうすればよいだろう？」と自問してみよう。自分のやるべき仕事のリストから次の課題をただ選ぶのではなく、いったん立ち止まって誰の仕事なのかと問いかけて、本来の担当者が受け入れられるように仕事を戻す戦略を考える。

現場での実践演習

● 自分のやっていることの25%は、誰かができる、誰かがやるべきだと想定する。これからの二週間にやるべき仕事をすべてリストアップし、それぞれに必要な時間を考える。そのリストのうち、25%のほかの人に任せられる仕事を決め、実際にやってもらう。そうすれば、最重要課題に取り組む時間を大幅に増やせるはずだ。

chapter

16 能力の容量を広げる

習慣的対応を引き起こす三つ目の要素が「能力の容量」だ。能力の容量とは、適応を要する変革を進めるテクニックのレパートリーを意味するが、その範囲は上品で素晴らしい言葉づかいから大胆不敵に渡り合うことまで幅広い。変革を推し進めるには、状況や相手に応じて、必要なテクニックを組み合わせる能力が求められる。そのためにも多彩なレパートリーが欠かせない。ジョン・ウッドンやボブ・ナイトなど、数多くの大学やプロスポーツのコーチが指摘しているように、選手によって必要なコーチングは異なる。優しい励ましが必要な選手もいれば、厳しく指導しなければならない選手、ほとんど何も必要ない選手もいる。

あなたの能力の容量を広げるには、まず現状を把握しなければならない。自分は何が得意なのか？　何が欠けているのか？　「熱を上げる」「バルコニーに立つ」「技術的問題と適応課題を区別する」など、ここまで本書で学んできたスキルについて考えてほしい。自分の強みと弱みを知れば、自分の介入行為はどの状況で効果的か、いつ応援を呼べばよいかを判断しやすい。例えば、あなたが人に仕事を任せるのが得意なら、次の実験について広範囲にわたって考えるために、誰かにブレーンストーミングのリードを任せればよいだろう。

自分の許容範囲を見出す

アダプティブ・リーダーシップを行使するには、未知の領域に踏み込み、何かを引き起こすことへの意志とスキルが必要だ。多くの人は混沌より安定を好み、混乱より明瞭、対立より秩序を求める。だがリーダーシップの実践とは、混沌、混乱、対立を作り出すことであり、それが自分自身や周りの人たちのためになるということを受け入れなければならない。

そのためには、無秩序、曖昧さ、緊張感を許容する力の構築が、特に重要になる。自分が正しい行動をしている、あるいは正しい方法で行動していると確信できなくても、そのまま続けられるだろうか？「正しい方法かどうか分からないけれど、何かをしてみなければならない。とにかく何をしようとも、実験だと考えればいいのだ」と自分に言い聞かせられるだろうか？休暇中毎晩どこに泊まるかを事前に知っておかないと気がすまないとか、やるべき仕事のリストを作って終わればチェックしていくような人は、適応を要する変革で生じる不明瞭な状況に困惑するだろう。

また、根源的な価値観をめぐる対立が生じているときに（もちろん前向きな対立だが）、静観できるだろうか、さらに対立をあおれるだろうか？対立を抑えたり、緊張が爆発しそうなときに沈静化させたり、短期的な「双方満足する解決策」を見つけ出して、組織やコミュニティ内の分裂を回避したりするのが得意だろうか？　それが得意なら、深刻な軋轢が生じている課題を表面化させなければならない状況において苦戦するかもしれない（特に権威のある人は、物事を穏便に進め、秩序を維持するよう求められるので、このような状況になる）。

自分の能力の容量を拡大するのは簡単ではない。自分の居心地のよい場所から外へ出て、自分の無力さがさらされるかもしれない領域に入らなければならない。だが私たちの経験からすれば、それはスキルの問題でもあるが、少なくとも同程度には本人の意志の問題でもある。ここで、その努力をした人たちの実例を紹介しよう。

フレッドは、小規模ながら大きな成功を収めている企業のカリスマＣＥＯだった。その企業は、彼の感性、性格、顧客との絆をもとに築かれていた。彼は、顧客と関わり支持を得ながら、顧客の抱えている問題の画期的な解決策を生み出すという役割が大好きだった。同じように組織内の創造力が求められる課題をすべて解決する、頼りになる存在であることも好きだった。一方、企業経営には興味がなかったので、最高管理責任者を採用し、細かい管理業務全般を任せた。またフレッドは、ＣＥＯには不可欠な最高人材責任者としての役割も避けたかった。対立が苦手で、従業員の個人的な問題、問題行動、ニーズに対処するのが苦痛で、得意でもなかった。何とか対処しようとすると疲れ果ててしまい、仕事の楽しみが奪われていくようだった。だが市場でトップ企業になるという目標のためには、彼自身が人材管理能力を高めると同時に、スタッフがうまく顧客と接することを身につけられるように、これまでのやり方を変えなければならないと悟った。その能力が身につくまでには一年かかり、従業員がトラブルを解決してほしいと言ってきたときに自分たちで解決して結果を知らせてほしいと言うのは、とても難しかったそうだ。フレッド本人にとって、それは大きな適応だったのである。

もう一人の事例のジュディーは、優秀なグラフィックデザイナーである。デザイン部門の単なる一人のデザイナーになるよりも、出版物で強く印象に残るものを作りたいと思っていた。仲間たちと違って、編集そのものにも強い関心を持っていた。だが自分の希望をかなえ、自分が気に入っている出版物のデザインをするには、「怖がられるマネジャー」になる必要があることも分かっていた。彼女のマネジャーとしての最初の仕事は、両方が混ざったようなものだった。コンピュータに向かい、素晴らしいデザインを作り出すのは好きだったが、使えない部下を解雇するのは得意ではなかった。立派なマネジャーになるまでには、先ほどのフレッドよりも長くかかったが、意志をもって、失敗と修正を繰り返しながらやり遂げ、業界で憧れの対象となるに至った。

フレッドとジュディーがともに必要とした能力の容量は、二人がもともと持っている力を超えたものではなかったが、彼らには居心地のよい場所からの脱却が必要だったのである。

バルコニーにて

- 苦痛だった最近の会話を思い出してみよう。どれくらい話していただろう? その対応によって、不均衡に対する自分の許容範囲のレベルが分かる。例えば、そうした話が三〇分以上続いたのであれば、かなり許容度があるのかもしれない。わずか三分、あるいは数秒しか続かなかったのであれば、許容能力はほとんどない。

- 混沌、混乱、対立に自分自身が、あるいは周りの人が閉口していると感じたらどうするだろう？　冗談を言うだろうか？　会話を止めるだろうか？　その場を誰かに任せるだろうか？　感情を抑えるだろうか？　こうした対応から、許容能力はどのように判断できるだろう？　混沌、混乱、対立の許容度が低いと分かれば、どうやって高めようとするだろうか？

現場での実践演習

- 難しい会話の中で、出口を探している自分に気づいたときは、立ち止まってみよう。外へ出る最初のチャンスは見送って、次の出口が見えるまで続けられるかどうか、確認しよう。そして状況を見直し、再度困難に挑戦する。対立や混乱に対する能力の容量を少しずつ広げれば、すでに持っていたスキルと、そのとき新たに身につけられる能力が分かる。自分の能力の容量を知る、あるいは広げる際は、深く気にかけているか、あるいは何らかの利害関係のある問題を対象とするとよいだろう。
- 自分の会議中の様子を仲間に観察してもらい、対立や複雑な状況に自分がどのように対応しているかを記録してもらおう。その後、記録からパターンを検証する。例えば自分が必要と思っている変化を相手に求めるとき、いつももっぱら正面から相手と向き合うのか、あるいは優しく説得しようとするのか？　緊張状態への対応力を高めるためのレパートリーをどうやって広げられるのか、議論してみよう。

chapter

17 役割を把握する

人は、自分自身の価値観、優先順位、感受性だけでなく、組織の価値観、優先順位、感受性も体現している。組織内のチームやグループも同じである。

各個人、各グループは、組織というシステムの一部を担っている。状況に応じて、様々なタイミングで、様々な要素が動き出す。問題に対して一つにまとまって連携したり、一連の活動を提案し実行したりする。例えば、所属部署が違い、長年うまく一緒にやれなかった二人のメンバーがいて、それぞれの部署に影響する課題の解決策を協議するときはお互いをまったく信用しないかもしれない。ところが、その場に同席している人が突然心臓発作で倒れると、不信感は一気に消え、協力してその人を救おうとする。一方で、過去あるいは現在、二つの部署に対立する利害関係がなければ、そのメンバー同士が個人的に不信感を募らせる恐れはない。個人が果たす役割と、その役割における行動は、与えられた状況での価値観や背景に左右されるのだ。

あなたは、ある状況では、男女同一賃金を主張することによって公正さという価値観を体現するかもしれない。しかし別の状況では、勇気やリスクに挑むという価値観を示すこともある。それは自分以外の人も同じだ。目の前にある課題について、自分と他の人が同じ価値観や視点を持っていれば、両者でグループを形成することができる。自分ひとりで適応を要する変革をリードすることは、計り知れない難しさがある。だから、グループが貴重となるのだ。加えて、グループのメンバーが、それぞれ他のグループの人々とのつながり、忠誠心、政治的な力を持っており、変革を前進させるにはそうした人たちの支援が必要になるかもしれない。

バルコニーにて

● 家族、コミュニティ、職場のチーム、部署、組織など、自分がメンバーになっているあらゆるグループについて考えてみよう。自分はそれぞれのグループのどんな価値観を行動で示しているだろうか？　おそらくグループが異なれば、価値観も相反するだろう。例えば、職場などではコントロールするという価値観を体現しながら、家庭では物事はなるようになるという放任主義かもしれない。あるグループで自分が示している価値観を通して、自分自身を見ることは難しいかもしれない。だがじっくり観察すれば、何かヒントを見つけられる。例えばグループの仲間が、ピリピリした雰囲気になると必ずあなたに冗談を求めてくるようなら、それはあなたが対立を個人の問題と捉えず、同様に他人にも捉えさせないという価値観を象徴しているのかもしれない。

現場での実践演習

●チームが課題に取り組むと、すぐに個々の役割が生じるものである。そこで、メンバーにいつもの役割を演じさせるのではなく、まず価値観を示して、誰がそのグループに集まるかを見てみよう。次に、自分自身を認識するために、相反する価値観を持つメンバーを招き入れよう。最終的には、役割を単に演じさせるのではなく、違った価値観や視点を取り込んで課題に取り組むことを目指そう。

自分はどのような役割を果たしているのか？

どのようなグループであっても（家族、チーム、部署、同じ考えのグループ、企業など）、通常は暗黙のうちにメンバーに役割を与えることで、明確さと秩序を作り出している。例えば家族内では、対立が生じると仲介役を割り当てられ、誰かにアドバイスが必要になるとカウンセラーを任され、傷ついている人がいればサポート役になる。組織では、中間管理職から副社長に昇進すれば、スタッフが業績に責任を持つよう促す役割を担うだろう。しかし、人は任された役割だけを果たすわけではない。完全ではないが一定の自由があり、任された役割を果たすかどうか、どのように果たすかを選択できる。

例えば、与えられた役割から抜け出しにくいということもある。アフリカ系アメリカ人のバイロン・ラッシングは、マサチューセッツ州選出の国会議員だった。地元は主に中流階級の白人が暮らすボストンのサウスエンド地区で、ゲイやレズビアンも多かった。だが仲間の議員たちから求められたのは、低所得者層の住宅に関する法的支援と弱者の立場の代弁だった。議員になる前はコミュニティのための活動をしていたので、中流階級の白人のゲイやレズビアンの代表というより、弱者支援の役割のほうが任せやすかったのだ。何カ月も抵抗したものの、諦めてその役割をうまくこなしていくことを選択した。社会福祉の議論では、マイクをつかんで自分の選挙区の構成を分かってもらおうとしても無駄だと分かっているので諦め、貧困層の有色人種の代表者としての役割を受け入れると宣言した。

一方で、本人に任された役割以上のことを果たそうとすることもできる。例えばラッシングは、与えられた役割に応じつつ、ほかにも地元が抱える深刻な課題として、公共交通機関の問題、ゲイの権利の問題についても取り組み続けた。おそらく同じ経験があるはずだ。押しの強いマネジャーでありながら、誰かが個人的問題を抱えていると頼りにされたり、スタッフとのオフサイト・ミーティングでは余興を引き受けるパーティー好きかもしれない。実際、果たせる役割が多ければ、それだけ効果的である。個人の能力の容量によって、状況に応じて選べる選択肢が増え、それによって相手から予測されにくくなり、簡単に決めつけられることが少なくなる。さらに、役割が増えればそれだけ多くのグループに参加することにもなるため、難しい対応をしなければならないときに頼れる人とのつながりが増える。

図19　個人の基本的役割の事例

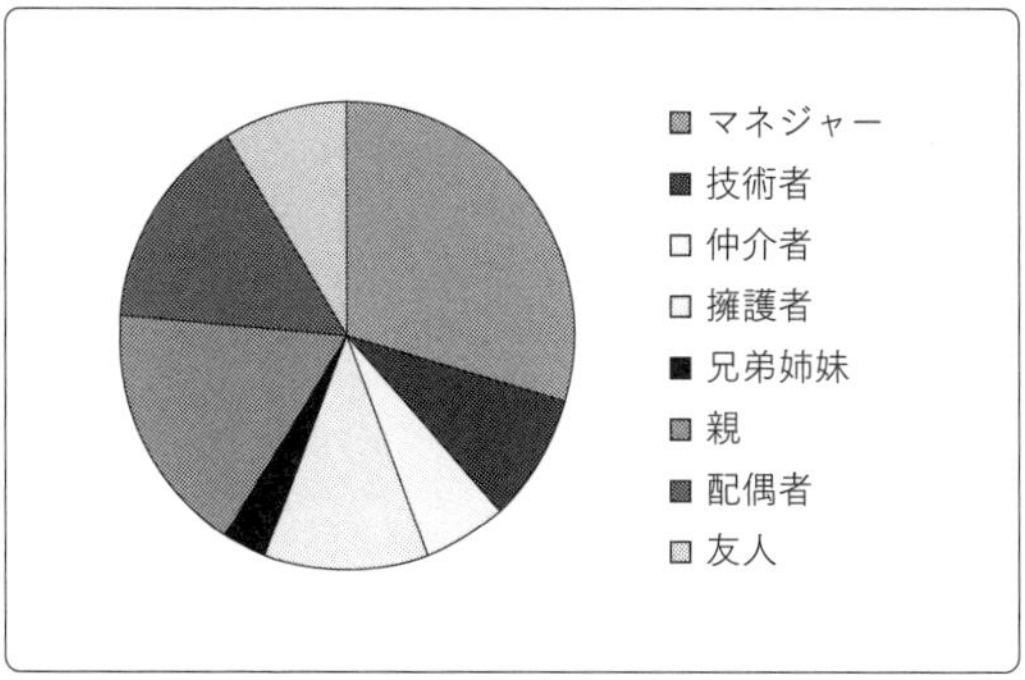

図19の円グラフは、私たちが果たせる基本的役割の例である。ここで自分自身の役割についても考えてみよう。配偶者、恋人、従業員、上司、親、子ども、友人、監督者、相手を許す人、カウンセラー、カウンセリングを受ける人、ボランティア、メンバー、支持者、仲間、ライバル、同僚、営業担当者などさまざまである。異なる役割において、すべて同じように行動するわけではない。しかし、それぞれが本当の自分であり、どれか一つが自分のすべてということではない。この円グラフのそれぞれの大きさは、役割に費やす時間を示している。さらに、自分の果たす役割から得られる満足度の大きさを別の円グラフで表すことで、自分の役割に費やす時間と満足度が一致するかどうかが分かる。

　果たすべき役割は多くあり、自分でも果たせるが通常は果たしていないものも多くある。また、ほかに学ぶべき役割も数多くある。重要なのは、異なる役割を違った方法で担えるように様々な状況にあった選択肢を増やすことで、異なる場面、異なる背景に応じて、効果的にリードすることである。

　どのような役割を果たしていようと、「その役割＝本人のすべて」というわけではない。もしかすると本人はそう思いながら、誠心誠意その役割を果たしているかもしれない。例えば親としての役割は、そういうものである。だが、その役割が本人そのものではない。家族や組織やコミュニティの役に立ちたいと思っているが、それはその瞬間に行っている行為にすぎない。ある状況でうまく役割を果たせなくても、それは本人が成功できなかったわけではない。それはその役割のなかでの仕事ぶりに過ぎない。

そのように考えれば、一時的に、あるいはしばらくの間うまくいかない役割があっても、個人的に抱え込まないようになる。それはよいことだ。もし自分のせいだと思い込んでしまうと、他のマネジャーから能力を非難されたときに、自分ばかりを責めてしまう。それでは身近な組織の問題に目が向かず、対応のチャンスを逃してしまう。次のコラム「政治における個人攻撃」は、組織での変革を担う人たちへの教訓である。

政治における個人攻撃

一九七二年の大統領選で、上院議員エドマンド・マスキーは民主党の大統領指名選に立候補し、世論調査では現職のリチャード・ニクソン大統領をリードしていた。そこでニクソン陣営は、マスキーの政策やベトナム戦争についての考え方を批判するのではなく、妻を攻撃した（酒を飲んで下品な言葉づかいをするとアピールしたのだ）。すると思惑どおりマスキーは、個人攻撃を自分の問題として抱え込み、カメラの前で妻を擁護した。しかも涙を見せたようだとメディアが大げさに報道した。実際に泣いていたかどうかは定かではない。だが攻撃を招くことになり、「大統領にふさわしくない」と見なされ、ニクソン陣営に排除されてしまった。

自分が果たしている役割と自分自身を区別すれば、精神的に強くなり、自分のイニシアチブの邪魔をする個人攻撃も無視できる。個人攻撃の主な目的は、本人をそのメッセージから脇へそらせることである。難しい立場にいたり変革を担っているときに、誰かから「攻撃的すぎる」とか「思いやりがない」と言われたら、(一人の人間としての)自分と、(変革を担う人物としての)役割は同じではないと考えよう。相手の攻撃は個人的なものに感じるかもしれない(しかも個人攻撃を意図しているかもしれない)が、一人の人間としての性格や価値に関わるものでは決してない。それは戦略であり、あなたをうまく操ろうとしているのである。「きっと素晴らしい人間になれる。問題に向き合おう」と言い聞かせよう。

役割と自分自身を区別すれば、おだてを受け流すこともできる。おだては(意識的であれ無意識であれ)、なだめて行動させないことを意図している。以前にも説明したように、かけがえのない人物だとか、あの会議ではとても素晴らしかったと言われたときは、自分の心のささやきに耳を傾けよう。その声は、おだてられつつあるというサインだ。過度なおだては、個人攻撃と同じくらい危険な陽動なのである。自分が他人の仕事や人生で果たしている役割をほめられているのであって(自分の考えが相手を満足させている)、自分自身が(価値ある人間として)称賛されているわけではないと分かれば、自分のメッセージに集中できる。
おだてが崇拝に変わり始めると、相手は本当に自分をかけがえのない人物だと信じ始めており、それは危険な兆候である。崇拝されれば、どんなに強い人間でも心が動く。この依存状態に負けないために、崇拝は、目の前にある課題に押しつぶされそうに感じたときに、その責任を誰かに転嫁するための手段だということを思い出そう。自分にない力を求めているのだ。したがって自分の仕事は、新たな実験や解決策を考え出せるように、責任を他者に分散させていくよう集中し続けることだ。アダプティブ・リーダーシップは、依存状態をつくるものではなく、他者の潜在能力を引き出す行為なのである。

バルコニーにて

- グループや組織において、あなたはどのような役割を担っているだろうか？　それらの役割は、どのように割り当てられたのだろうか？　与えられた役割の代わりに、あるいは役割に追加したいものはあるだろうか？　もしあれば、どの役割ならすでにその能力を備えているか？　何かを学習する必要のある役割はどれだろうか？
- 図19（319頁）を参考に、自分自身についての円グラフを作成しよう。一つは、特定のグループや日常生活において自分がその役割に費やしている時間の比率。もう一つは、その役割の満足度だ。それらのグラフを比較してみよう。

現場での実践演習

- チームから与えられているもの以外に、果たすべき役割があるかもしれない。チームが前進するために足りない役割（擁護者、仲介者、プロジェクトマネジャーなど）を見つけ出し、自分自身が引き受けられるかどうかを検証してみよう。以前の役割は必要だろうか、手放せるだろうか、新たな役割と両立できるだろうか？
- 先ほどの「バルコニーにて」の課題に取り組み、どの役割に一番満足しているのかを確認しよう。状況に応じて役割を交替することで、より高い成果につなげられるか、一層満足できるかを確認しよう。

権威の範囲の確認

職場、家庭、コミュニティでのどのような役割にも、公式、非公式の権威の範囲がある。公式の権威の範囲とは、公式に権威を与える人（通常は階級が上位の人物）が、やってもいいと承認していることであり、何をどのようにやってもらいたいかという期待が含まれる。このことは、職務記述書や規則・規律、組織の内規や組織図に明示されているだろう。選挙政治においては、憲法や法律、判例に記されている。

そのような公式の権威を認める人たちの他に、非公式に権威を決める人たちがいる。組織上の同僚や部下、公式な権威は持たないが自分より立場が強い人、組織外の人などである。そうした人たちは皆、何らかの形で自分たちのニーズを満たしてほしいと期待しており、またその人たちの支援がなければ、あなたは自分の職務を果たせない可能性もある。直属の部下は、上司に対する大きな非公式な権威を持つ。極端な場合、部下によって解雇されるマネジャーも少なくない。部下には、上司の解雇を決める公式な権威はないが、その権威を持つ上司の上司に上手に働きかけたり、上司を中傷したりするなどして、解雇を可能にするような環境や条件を作り出すことができるのだ。

非公式な権威の範囲は、どこにも記されていない。公式な権威の範囲によって、非公式な権威がはっきりすることもないだろう。職務記述書の中で、ある変化を生み出すという権威が与えられているとしよう。そのとき、あなたの個人的な人間関係や実績などから作られる非公式な権威次第では、記載されたものより大きな変革も可能になるし、ずっと小さな変革になることもありえる。

自分の権威の範囲を把握しにくい要因の一つは、権威の限界が曖昧で、常に変化するからだ。公式な権威、職務記述書、採用時の話も同様である。ある仕事のメンバーとして採用され職務内容を伝えられたが、働き出すと壁にぶつかり、実際には記述されてない仕事に直面した経験はないだろうか？　変革のために採用された人たちが、すぐに自分を採用したその人が問題の一端であると気づくものの、その人を変えることは期待されている職務に含まれていないということは少なくない。

権威を与える人たちとその期待が明らかになり、あなた自身の権威が与えられる状況がはっきり

図20　権威付けの背景には、重なり合う期待と互いに相容れない期待がある

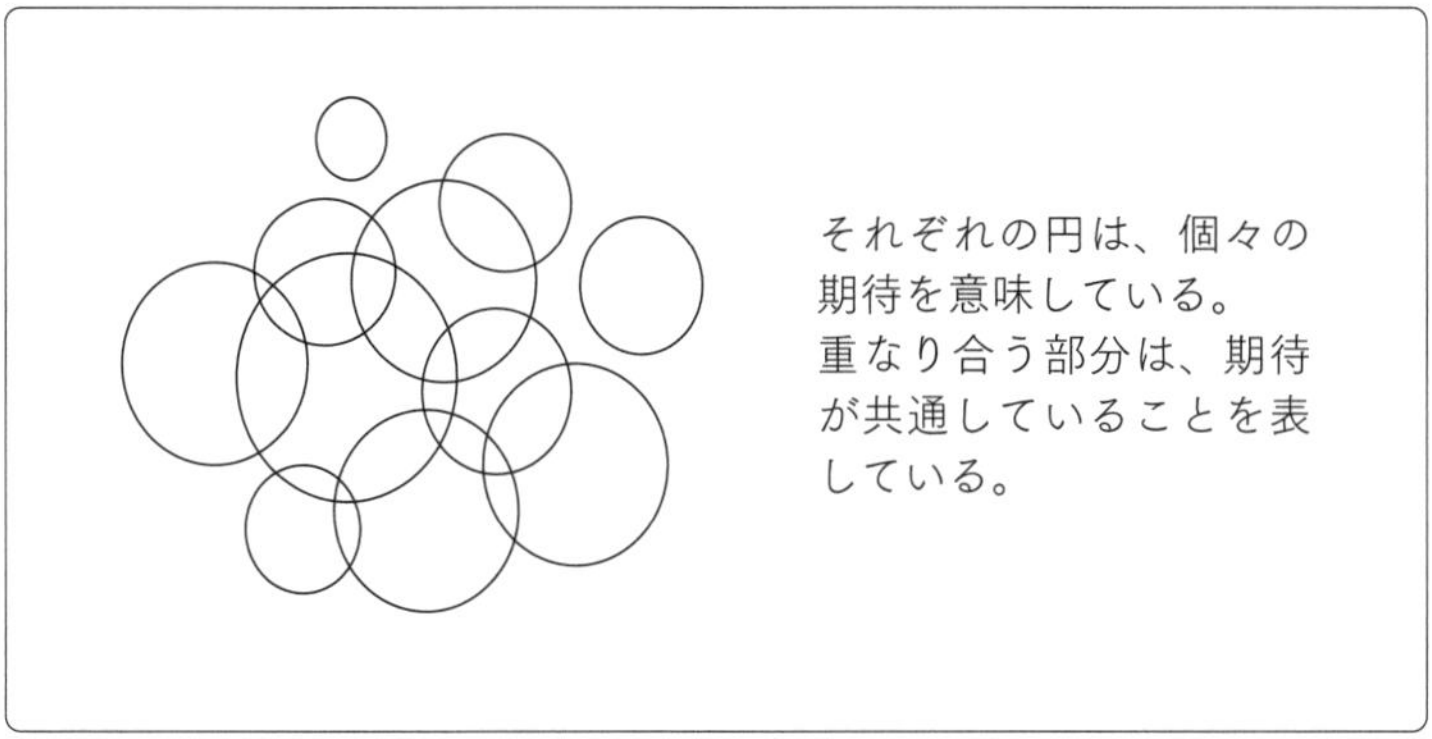
それぞれの円は、個々の期待を意味している。
重なり合う部分は、期待が共通していることを表している。

してきたときに、そこに権威の範囲について対立した考えがある場合は、あなたの仕事全体がより複雑になるかもしれない。期待が対立することの懸念は、おそらくこんな場面だ。あなたが航空代理店と電話で話しているとする。「優良顧客としての待遇」を受けてもいいはずだと主張するあなたの電話を保留にしながら、担当者は「現状通り」と指示する上司とその食い違いを何とかするために話し合っているのだ。あなたの上司、部下、顧客は、あなたの役割に対して、それぞれ異なる相反する期待を持っているため、あなたは互いに矛盾する期待を抱えることになり、そうした期待を変えるか、誰かの期待を裏切るかの選択を求められる。もし誰かの期待を裏切るのであれば、あなたに対するあらゆる失望を取り除いてくれる人はいない中で、どのように仕事を進めるかを考え出さなければならない。図20は、互いに対立する権威付けの概念を表している。

　どんな役割においても非公式の権威が大きくなれば、図の円が重なりやすくなるので、目的を達成しやすくなる。重なる部分が増えれば、権威を与える人たちを落胆させるリスク

を負うことなく、より大きな裁量が持てるようになる。そのための方法は数限りない。第10章でも取り上げたように、最も一般的な方法は、成功の実績を積み重ね、互いにメリットのある関係を育み、信頼を形づくり、助け合いサポートし合うことだ。

自分自身の権威の範囲を診断すれば、周りの人たちからの期待がはっきり認識でき、自分に認められた行動のためのリソースと許容範囲が判断できる。また、ある状況で手を打っていくのに自分が最も適任なのか、どのような仲間が必要なのか、どのタイミングが適切なのか、どの課題に最初に取り組むべきなのか、どこに危機が隠れているのか、成功する確率が高いのはどの手段なのか、といった行動する上で重要な多くの疑問に答えられる。例えばロバート・モーセは、ニューヨーク市の職員として六〇年間かけて相当な数の公園、橋、パークウェイを整備したが、彼のキャリアは少数の豪邸があるロングアイランドのウォーターフロントを公営ビーチに変えるという大規模なプロジェクトから始まった。当然そのプロジェクトは、立ち退きを迫られたごく少数の家族以外からは大好評であり、この成功によってモーセの非公式な権威も大幅に強くなった。それがなければ、彼は自らの視線をさらに人口の多い都市の中心部に移していくことはできなかったであろう。その後のプロジェクトは政治的にも難しいものだったが、早い時点での成功によって非公式の権威を手に入れてなければさらに難しいものになっていただろう。

また、自分に権威が与えられる状況の診断によって、自分の非公式の権威を強める方法も明らかになる。例えば、会議を設定し参加者を決める権限があれば、自分の公式な権威の範囲外にあるような問題への取り組みを手助けしてくれる人を戦略的に選び、会議に招集することができる。

さらに、権威の範囲を理解することによって、権威を持つ人たちに対応するときの感情的な負担をより楽に扱えるようになる。多くの人が、そのような負担を抱えている。二五歳から三〇歳までの頃に、おそらく権威を持つ人たちとの良い体験、悪い体験の両方があるはずだ。教師にはチャンスを与えてもらったこともあれば、自尊心を傷つけられたこともあり、コーチには強みを最大限に引き出してもらったこともあれば、バカにされたこともあり、全然うまく行かなくても守り続けてくれたスポンサーもいれば、見限られた経験もあるだろう。

誰にでもこうした過去のマイナス経験の傷あとが残っており、権威を持つ人たちとの現在の対応に影響している。具体的には、権威を持つ人と相対するときについ反抗してしまったり、反対に異論を唱えて自らを主張することができなかったりする。また、権威を持つ人を完全に避けてしまい、企業の一員にならず、自営業につくという人たちもいる。多くの人にとって成長の分岐点となるのは、依存する側と依存される側の関係を離れて、自立しながら相互依存の関係になることである。

自分の権威の範囲を確認することによって、権威のある人たちは障害や脅威ではなく、より大きなシステムの一部であり、その中で雑多な重い期待を抱えている存在だと思えるようになる。こうした複雑さの中で、権威を持つ人々を思いやりをもって理解すれば、相手と取り組み、対処する選択肢も増えてくる。反抗したり、抵抗を止めたり、避けたりせず、相手と向き合い、協議し、相手の力を借りて適応を要する変革を進められるようになるのだ。

バルコニーにて

- 図21を使って、職務上のあなたの権威を決めている人たちについて詳しく書き出してみよう。①の列には、権威を与えている人たちをリストアップする。その人から公式の権威が与えられていればその内容を②の列に書く。③の列には、あなたが持つ非公式の権威を書き込む。自分に付与されるであろう権威の境界線と考えられるものを④の列に書き込む。これは自分に対する期待を越えているかもしれないが、自分が大切だと考えることのために何がやれるかということだ。⑤の列には、あなたの役割において抵抗に遭った場面（受け身のもの、積極的なものの両方）を特定する。これは相手があなたに付与する権威の限界を示す証拠となるだろう。

- 権威を持つ人たちとのマイナスの経験を列記してみよう。その経験は、いま権威のある人への対応に、どのような影響を与えているだろうか？　いまは明らかに通じ合っていると言えるだろうか？　いつも反抗的だろうか？　相手の期待に応えようとしているだろうか？　完全に避けているだろうか？　権威を持つ人たちとの関わり方は、自身の組織内で求められる変革を起こす能力に、どんな影響をもたらしているだろうか？

図21　あなたに対する権威の付与を整理する

①	②	③	④	⑤
権威を 与える人	公式 の権威	非公式 の権威	相手から自分に付与されるであろう権威の境界線と考えられるもの	相手が自分に付与する権威の限界を示した出来事
上司				
仲間 （グループが異なると権威の範囲が多様になるかもしれない）				
部下				
配偶者				
外部の人たち （顧客やサプライヤーなど）				
友人				
その他				

現場での実践演習

- 組織やコミュニティで権威を持つ人たちの中で、自分が過去に非生産的な対応（反抗する、抵抗を止める、避ける）をとった相手を考えてみよう。次にその相手と関わるときは、新たなスタイルを取り入れてみよう。反抗的にではなく敬意を表する形で、自分の役割についての相手の思い込みに反論してみる。例えば、相手から受けた矛盾した様々なメッセージや、自分のとった非生産的な態度についての会話に相手を取り込んでみよう。

chapter

18 目的を明確にする

心から愛するものに静かに身を任せて、引き込まれよう。

――ルーミー

適応課題に挑戦するということは、難しく危険な作業である。それでもやろうとする唯一の理由は、あなたにとって本当に大切な目的を果たすためだ。そうした目的のさらに先にある目的を解明すること、つまり何がそれほど大切で、自らを危険にさらすことをいとわないかについて明らかにすることは、自分自身をシステムとして理解する大切なプロセスである。

自分の向かうべき目的がはっきりすれば、日々の決定を理解し、実行でき、他の重要な目的よりもそのことを優先して厳しい決断ができる。また困難に向き合ったとき、自分の向かうべき目的が分かっていれば、なぜ変革を進めようとしているかを、自分自身にも周りの人たちにも再確認させることができる。次に紹介するコラム「目的の追求」は、その事例である。

目的の追求

ある国営エンジニアリング企業のCOO（すぐにCEOに昇進予定）は、本人もエンジニアであるために日々の雑務に追われ、自ら推進しようとしていた難しい変革を思うように進められずにいた。みんなの問題を解決したり事態を改善することを楽しんでいたところもある。だが、それらに時間を費やさなければならないという圧力に屈してしまえば、企業にとって必要なはずの難しい適応はいつまでたっても進まない。彼にとって必要なのは、自分の目的を毎日忘れないことであった。その目的とは、独立採算の部門からなる伝統的な統制重視のエンジニアリング企業から脱却し、組織横断的な一つのまとまった企業へと変革することだ。それはさらに、大規模な

エンジニアリング・プロジェクトにおける顧客との協働において、他社より一歩抜きん出ることを意味していた。

次世代の企業を創らなければならないという自分の認識をよく考えたとき、組織のためにできる最善のことは、同僚や部下の間で一定の緊張感を維持することであり、自分たちの理想と現在の業績のギャップを常に思い出させる厄介な存在に自分がなることだと彼は気がついた。こうした変革をリードするために、COOは今までとは違う、自分の好みではない形で仕事を進める必要があった。それは、日々の雑務に気を取られず、組織内に一定の不安感を漂わせるということだった。

目的を実現するために、あらゆるリソース

を投じ、幹部社員には変革を担当させて日々の報告を義務づけた。自分にはコーチをつけて、読書や内省に時間を費やした。そのような日々の的確な「試練」を続けることで、目的からの逸脱を避けようとした。彼は日々の作業に没頭するのが好きで、それをうまくこなし、スタッフもその役割に期待していたので、このCOOの変革は簡単なことではなかった。

目的がはっきりしていれば、時間配分もしやすい。一日の終わりに、「自分の目的を進めていくために、今日は何をしただろうか?」と振り返ればよい。その質問に簡単に答えられる日々を重ねていくのが理想的である。

だが目的は一定ではない。環境が変われば、自分の向かうべき目的が変化する可能性もある。自分自身や家族の生活のために、職業人生をリスクにさらそうとする時期があるかもしれない。また別の時期には、個人的な関係の優先順位を下げて、より重要だと考えられる職業上の目的に取り組もうとするかもしれない。

では、その時々における自分の向かうべき目的が何であるかは、どうすれば分かるのだろうか?それはやはり、自分の話していることではなく、自分の行動をよく観察することである。最近、自分がとった選択について考えてみよう。大きな決断だけでなく、小さな日々の判断も含めて思い返せば、繰り返し見られるパターンが明らかになる。簡単な事例を紹介しよう。休暇中に旅行に出て、それが仕事を離れてリラックスするためと自分に言い聞かせていたにもかかわらず、何度もメールをチェックし仕事の電話に出ていたことは、どれくらいあっただろうか？

行動には本当の目的が現れる。本人が思っている目的と、行動から推察される目的に違いがあれば、そこに不快な不協和音を感じるかもしれない。その状態をしばらく続け、自分自身についてじっくり考えれば、自分にとって最も重要なことを明らかにし、変化させ、受け入れて、自己矛盾の少ない生活を送れるようになる。そのとき、自分の向かうべき目的を一言で書き留めておくとよいかもしれない。それを声に出し、まず自分自身に、次に友人や最愛の人に、さらに会議やスピーチで話してもよい。目的を思い出せるようなシンボルやアイコンを作り、サインや絵や置物を机の上に飾ったり、財布にその言葉を書いたカードを入れたり、スローガン、歌、詩の一節を頭にとどめていたりする人たちもいる。こうしたシンボルが効果的なのは、日々の忙しさのあまり、自分の人生について考えるのを忘れがちになり、新しい何かを見つけることを避けようとするからである。

方向性の抽象度は、一般的なものから具体的なものまで、色々なレベルで設定できる。その抽象度を上げ下げできれば、自分の日常の活動と、自分の向かうべき目的とのつながりが明確になる。例えば、日々行っていることが自分の高い目的につながっていないと感じれば、やっていることを考え直したくなるだろう。

しかし、その方向に向けて足を踏み出そうとする前にはっきりした方向性が描けていなくても、意図さえ明確であればよい。例えば売上の改善についての会議中に、オフサイト・ミーティングを開く回数といった細々とした議論ばかりが続いているとしよう。みんなが明らかに方向性を見失っている。そんなときは、「私たちはここで何をしようとしているのでしょう?」と問いかけるだけで重要な救いの手となり、みんなを会議の目的に戻すことができる。答えは持っていなくてよい。問いかけそのものが計り知れないほど貴重なのだ。

目的を意識することは、目的そのものよりも、はるかに大切である。一歩下がって、個々のミッションや戦略、目標や任務に目を向けて、「これが本当に自分たちのやろうとしていることなのだろうか? これをやりたいのか? これが自分たちの望む姿なのだろうか?」といったことを考えられるからだ。

「貧困の撲滅」や「世界一の会計事務所になる」などの抽象的な目的は、戦略の評価には役立つが、戦略を実行する方法を示してはくれない。貧困の撲滅や世界一の会計事務所にする方法は数多くあるが、一つの目的を具体的に表現すると、対立が表面化し、抵抗が生まれる。私たちのクライアントである国際的な会計事務所の場合、「ナンバーワンであれ」というスローガンを、CEOが「顧客との絆の強化」と解釈した瞬間、組織内の緊張が高まった。専門的な能力をさらに活用して成長を推進したがっていた人たちにとって、その目的は脅威に思えたのだ。

方向性を決めるときは、目指す価値観やミッションから日常業務や現場の文化にいたるまで組織の一貫性を試すために、その抽象度のレベルを上げ下げしてみるとよい。そうすることによって自分の位置を知ることができ、自分の役割に意味があるかを確かめられる。抽象度の高いレベルでは、会計事務所のメンバーが、顧客に高く評価されるサービスの提供によって「世界一の会計事務所になること」を語るだろう。抽象度が下がると、目的はより戦略的な定義となる。例えばこうだ。

「変化の渦中にある厳しいビジネス環境を鑑みると、クライアントとの個人的なつながりをより一層強化する必要があり、それによって一業者から、顧客の最も複雑な財務上の課題に対して、信頼できる専門的アドバイスを提供するパートナーへと変わることができる」。これくらい具体的になれば、会社のメンバー全員が、日々何を行うか、そのことが自分たちの目的にどれだけ役立つかについて、判断できるようになり始める。

アダプティブ・リーダーシップを行使することの本質は、自分の野心を超越し、自分の人生に意味を与えることにある。目的を持つことによって、その意味を追求できる。しかし、意味づけを行い、実行に移し、自分の人生にその意味を実際にもたらすには、二段階の難しい診断が欠かせない。第一に、たいていの人は重要な目的を複数持っているものなので、その優先順位を明らかにしなければ、必要な作業に集中できない。優先順位を明確にするということは、相当重要だと考えているものがあっても、少なくともしばらくの間はそれ以外のことを優先させることであり、やはり簡単な作業ではない。第二に、人は現実を理解するために、自分たちが何者なのか、なぜ物事がそのように進んでいるのか、なぜそのような形で起こったのか、なぜ別の状況にならなかったのか、といったことについてストーリーを作る。ただし一度作ってしまうと、そのストーリーは仮定ではなく事実として扱われる傾向がある。リーダーシップの行使における間違いを最小限に抑えるための診断作業として求められるのは、自分自身が語るストーリーを明確にし、それらを事実ではなく検証が必要な仮定として扱うことである。

バルコニーにて

- より高い次元の目的を意識し、日々の行動や選択に活かしている人たちについて考えてみよう。そうした人たちはどうやって目的を意識し、それに向かって行動しているのだろう？ あなたにはどのような影響を与えているだろう？ 他の人たちにはどのような影響があるだろう？
- 目的の意味として、あなたが最重要と考えるものを一言で表現してみよう。そのために何をしてきただろう？ なぜ言葉にできない喜びや意味を感じているのだろう？ 実感できるまで何度でも書いてみよう。
- 組織が適応課題に対処するために、あなたがリードしている介入について考えてみよう。リーダーシップをとる原動力となった目的を文章にしてみよう。

現場での実践演習

- 友人や最愛の人もしくは同僚に、自分を突き動かしている目的を知らせよう。目的を共有すれば、よいときを祝い、困難なときにも立ち向かい続けるために必要なサポートを得やすくなる。

目的の優先順位づけ

おそらくあなたには複数の目的があり、どれも大切である。当然ながら、いつも自分の目的はすべて尊重していると思いたいだろう。しかし忠誠心と同じように、目的がすべて同等であるわけではない。タイミングによっては、他に比べて大切なものもある。その優先順位づけは、辛いことでもある。

しかし、それらの目的から一つを選び本当のリスクを冒すということが、少なくともその瞬間は、自分にとって何より重要であると自分自身や社会に示すことになる。マーティは、息子のマックスが西海岸で恋人と暮らすために、望むような職のあてもないまま、自分の素晴らしい仕事を辞めたときのことを覚えている。その後、今度は彼女が大好きな教師の仕事を辞めて、マックスが素晴らしい仕事のオファーを受けた東海岸へ移ってきた。誰にでも同じような大切な瞬間はある。大切な目的の中からの選択は辛く、さらに重要なものを手に入れるために、何か大切なものを失わなければならない。

目的は、仕事上でも対立することがある。例えば、好かれるか、尊敬されるかの選択を迫られ、どちらも大切だった経験はないだろうか。どんな選択をしても、犠牲を伴う。一九七〇年代、マーティがボストンで週刊紙の編集者をしていたとき、彼は職業人生における難しい選択に直面した。記者たちが行動や計画を批判していた有名な不動産開発業者は、偶然にもマーティの親友の一人だったのだ。記者たちは批判的な記事を書き続け、親友からは仕事を取るか、友情を取るかの選択を迫られた。マーティにとってはどちらも大切であり、どちらかを選ぶのは困難だった。そこで、批判のトーンを和らげるような記事を編集し始めた。結果的に、彼の編集者としての評判は傷つき、しかも友人も失った。選択には痛みを伴い、いずれかに犠牲をもたらす危険性もあった。だが選択できず両方を失った。次のコラム「国際的な法律事務所における目的の対立」は、選択の成功事例である。

国際的な法律事務所における目的の対立

大手国際法律事務所の主要なプロジェクトの責任者として成功したある弁護士は、事務所の将来を考えていくつかの目的に情熱を傾けていた。具体的には、「自分のチームを世界トップクラスにするための次世代の弁護士の発掘ならびに育成」「起業家精神よりも協働作業を評価することによる生産性の改善」「急速に変化し競争が激しい環境下にあって、ガバナンスの文化と報酬システムを刷新しなければ生き残れない現実をパートナーに認識させること」だった。この三つの目的は、互いにつながっているものの、それぞれを追求するには事務所に深く根ざしている多くの異なる価値観に向き合わなければならない。例えば、事務所が重視している自主性は、それが人を育てる環境よりもメンバーの適者生存の文化として、さらに組織横断的な取り組みの欠如という形で現れていた。三つの目的を同時に追求すれば、メンバーが結託して価値観に合わない目的に反対し、三つのどれも達成できなかっただろう。そこで一つの目標を選び、ある分野でトップのチームになることを最優先した。難しい選択だったが、決めてしまえば同時に三つの目標を追いかけるよりも早く達成することができた。

バルコニーにて

● 次の項目を参考に、個人あるいはチームで、想定できるあらゆる目標について（仕事上の成功、家族、精神面の探求、地球温暖化の防止、金銭面での成功など）分析してみよう。

- 自分に最も関係があると感じる一〇項目の目的をリストアップする。
- 一〇項目を重要なものから順に並び替える。
- 上位五項目で線引きする。私たちの経験上、多くの人たちが行動できるのは目的の上位数項目だ。上位五項目と下位五項目についての取り組みを振り返り、どのような解釈が引き出せるかを確認してみよう。
- それぞれの項目の横に、その目的のために行った過去三週間の行動を記してみる。主体的（Proactively）に取り組んだ行動には「P」、受動的（Reactively）に取り組んだ行動には「R」

の記号をつける。

－最後に、それぞれの目的のために、これまではできなかったか、あるいはやろうと思わなかったができることをいくつか書いてみよう。

－全体を見て、これからの三週間にやってみたいと思うことを考えてみよう。

現場での実践演習

●チームや組織によって、目的や成功の定義は違う。したがって向かうべき目的と、結果としての成功の指標を明示することは重要である。チームメンバーとともに、自分たちの向かうべき目的をリストアップしてみよう。そこから優先順位の高いものを二～四項目選び、その成功基準を考えよう。ほかの目的も否定せず、自分たちが行った選択によって喪失感を抱くメンバーがいることにも注意しよう。

自分に語るストーリー

ここで言うストーリーとは、自分自身に対する説明であり、また多くの場合他者に対して、なぜ物事がそのような状況になっているのかを明らかにし、その意味を伝える行為である。例えばソフトウエア開発プロジェクトの責任者が出席したある会議において、自分が数カ月間取り組んできたイニシアチブが突然棚上げされたとする。これについて、プロジェクトが成功すれば手に入れられる名声に嫉妬した仲間に見捨てられたのだと自分に言い聞かせる。このストーリーを語るとき、自分の解釈に沿う内容(イニシアチブの支援者である仲間の一人が他の同僚に激しいライバル意識を抱いていたという話)を選び、自分のストーリーに合わない内容(プロジェクトのコンセプトを作り上げるよう依頼されてから承認までの間に、企業は厳しい緊縮経営を進め、リスク回避的文化に変化した事実など)は削除した。

ストーリーを作ることによって、次々とやってくる困惑するほどの大量の情報を削ぎ落とし、そこから意味を見つけ出しやすくなる。私たちが現実の中で生きているというのではなく、現実について私たちが自らを語るストーリーの中で生きていると考えるのだ。同僚、家族、コミュニティのメンバーなど他者に自分のストーリーを話すとき、そのストーリーによって、忠誠心を感じている人たちに対して自分には良識があり、受け入れられ、見事だと思ってもらえるような行動が明らかになり、あるいは少なくとも置かれている状況とその中での自分の役割を合理的に説明できる。

そのストーリーには、常に客観的な現実とのつながりがあり、議論の余地のない事実も含まれている。だが同時に主観的解釈でもあり、それは自分の選んだ事実の詳細が組み入れられ(自分の世界観が前提になっている)、他の要素は排除され、自分が取り込んだ細部に意味を与えたからだ。そのため、より個人の解釈に近く、考えられる事実の一つの見方にすぎない。ストーリーの中には大いに主観が入っているので、組織内での適応を要する変革のリードの妨げになり得る。完全に的はずれかもしれない。他の人のストーリーと正反対かもしれない。「かつて成功したのであれば、再び成功するはず」という前提で、過去の「成功」戦略に頼りすぎてしまう恐れもある。さらに介入行動が企業の価値観や行動様式に合わないと自ら言い聞かせているとすると、検証すらせず、潜在的に価値のある変革のイニシアチブに目が向かなくなる。

効果的にリードするためには、自分のストーリーをはっきりとさせ、ストーリーの根底にある前提を検証しなければならない。現状について、他に考えうる解釈はないのだろうか？　自分の説明は、自分自身のニーズにどのように役立っているのだろう？　それをどのように検証し、前提を見直して、いかに別のストーリーとして自らに語れるだろう？　ストーリーの根底にある前提をしっかり検証し、見直せば、自分の周りの原動力や出来事についての解釈に対してオープンでいられる。だから、より広範に取りうるアクションの方向性に対して自分自身がオープンになれる。

同じように重要なのは、厳しい状況を正当化するにとどまらないストーリーを作ることである。自分が体現したい価値観を表現することで、より力強く、正直なストーリーを語ることができる。そうすれば、自分も他者ももっとしっかりと現実に向き合い、新たな力を育てるために、もう一度考え直すべき忠誠心が明らかになる。そればかりか、適応を促す作業に必要な行動の指針にもなる。

バルコニーにて

- ある特定の状況についての多様なストーリーに対して心を開いておくことは（ただいつものストーリーを語るのでなく）、訓練が必要だ。例えば、こんな方法がある。自分が今の仕事をしている理由を説明するために、一〇種類の異なる解釈やストーリーを考え出してみよう。五種類で妥協したり、普通にある立派な話で終わらせてはいけない（例えば、勇気ある人物であるとか、他の皆が心配しているとか）。一〇項目まで考えよう。それぞれに真実の部分がある。他人に公表したくないストーリーも含めてみよう（例えば「今の仕事をしているのは、嫌いだけれど退職して別の仕事を探すのが心配だから」など）。

現場での実践演習

- 新たなストーリーを語るもう一つの方法がある。グループや組織が直面している適応課題と、その課題に対して自分がとろうとしている介入について考えてみよう。課題と介入について、さまざまな方法でストーリーを語る練習をしてみる。まずリーダーシップをとるリスクを冒してもよいと思うほど大切にしている目的を明確にすることから始めてみよう。次に、自分が提案する介入を行うという決断の根底にある仮定を説明する。例えば、その介入が顧客のセグメンテーションの抜本的見直しであれば、「顧客の嗜好は変化し続けており、それに応じて顧客のセグメンテーションも見直さなければならない」というのが前提条件になる。そして他の関係者の視点からストーリーを話してみる。上司の立場からすれば、どのようなストーリーになるだろう？　部下であれば？　同僚であれば？　自分のアイデアに反対している人の立場であれば？　ストーリーが変化すると誰を失望させるかを明確にしてみよう。大切にしているグループの一人あるいは複数のメンバーから裏切りだと非難されそうなストーリーはどれだろう？

● 観察、解釈、介入のフレームワークを使って、ストーリーの原点をたどってみよう。自分のとった行動を考える（介入）。その行動が正しい理由を自問してみる（解釈）。さらにその解釈を裏づけるような自分の選んだデータを検証する（観察）。集めたデータ以外にも、重要であるにもかかわらず放置されているデータがないかどうかを確認する。何が起こったかを説明するために、そこから新たなストーリーや解釈を作り上げようと試みる。そのストーリーから、新たな行動の可能性はあるだろうか？

第5部

自分を戦略的に動かす

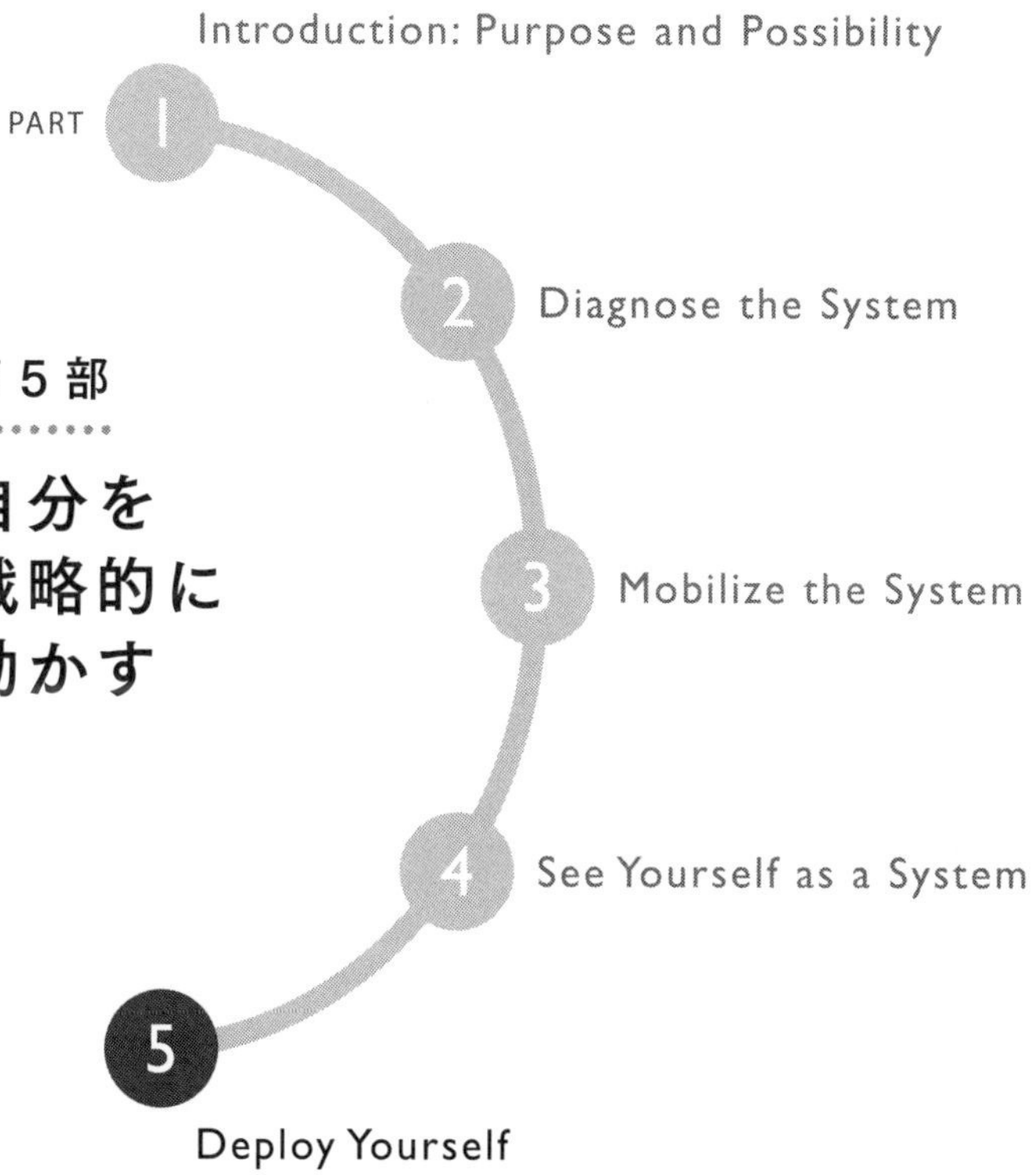

第5部　自分を戦略的に動かす

アダプティブ・リーダーシップの実践には、日常から未知の領域に踏み込み、自分のレパートリーにない行動を生み出すことが求められる。自分の能力が通用するのか、成功するのかも分からない。技術的問題に対して実証済みの専門知識やノウハウには頼れず、リスクも生じる。そのため、適応を要する変革に挑むには、自分自身に何らかの変化や適応が必要になる。この第5部では、自らに課すことが必要となるいくつかの適応について考えていきたい。

そこには若干の矛盾がある。個人的利害を超越して、自分が信じるもののためにリードしようとしながら、他方ではその効果を最大限にするために、自分自身を管理、活用し、満足させて戦略的に動かすことにも配慮しなければならない。つまり自分が未知の領域に入ろうとしていることを自覚しながら、それに沿った行動をとる必要があるということだ。それは独善ではなく、知的なリーダーシップである。あなたが働きかけようとしているコミュニティは、現状維持にすべてが向いており、そのことはあなたへの抵抗という形で現れる。それは、あなたの強みにではなく、脆さに向かうかもしれない。

私たちがクライアントや学生から学んできた経験からすると、自分を戦略的に動かすための賢明な方法の多くは、スキルではなく意志の問題である。これから紹介する内容が、あなたの能力を超えているとは決して思わない。しかし、提案するテクニックの多くは、自分の行動基準には合わないかもしれない。必要なときにうまくこなせるようになるには、職務やコミュニティで通常求められる以上に、少しずつでも能力の引き出しを広げなければならない。そうすれば、チーム、組織、コミュニティは、違いに気づくはずだ。周りの人たちは、あなたが自分にとって居心地のよい場所から踏み出す様子に注目するので、そのこと自体が、あなたのリーダーシップにとってプラスになる。

第5部の主題は、適応を要する変革をリードすることについての精神的な要素である。人を物理的あるいは心理的に、慣れた場所からなじみのない場所へ動かそうと思えば、相手の感情に、つまり頭に対してだけでなく、気持ちや心にも働きかけなければならない。頭と心を本当に強く結びつけるには、自分自身も同じ状況になる必要がある。したがって、19章から21章では、自分の中の様々な感情をリードすることと、そのときに生じるリスクと脆弱性について取り上げていきたい。

続く22章と23章では、心からリードすることによって陥りやすい「燃え尽き症候群」への対策について考える。例えば、一緒に仕事をしたことがあるニューオーリンズ出身の近隣の活動家たちは、ハリケーン・カトリーナの被害から地元を再生するために二四時間体制で取り組んでいた。ほぼ一様に立派に見えたが、疲れ果てていた。その結果、判断に問題が生じた。こうした危険性は、ボランティアや非営利部門で働くスタッフに限ったことではない。企業や政治の幹部でも、極度のストレス状況になると判断や健康状態が悪化し、燃え尽き状態に陥ってしまう。私たちは何度も何度も、高い志を持った人たちが正しい行動をしながら、使命にとりつかれて自分自身の状況に気づけない場面を見てきた。

そこで第5部では、適応を要する変革をリードするときに自分を戦略的に動かす、次の手法を提案していきたい。

- 目的とつながり続ける
- 勇気をもって参画する
- 人を鼓舞する
- 実験を行う
- 成長し成功する

chapter

19 目的とつながり続ける

リーダーシップという難題に挑むのは、どうしても達成したい目的があるからだ。その目的は、地球を救うことかもしれないし、組織の変革かもしれない、あるいはコミュニティが長年の課題を達成し、困難を乗り越えて成功するためのサポートかもしれない。目的はインスピレーションをもたらし、行動指針にもなる。本章では、適応を要する変革をリードするときに、目的を持ち続けるための五つの実践的手法を紹介しよう。

リーダーシップの倫理観と目的を調整する

本書全体を貫く問いがある。「自分の信念のためであれば、どんな新しい考え方や行動にも進んで取り組もうとするだろうか？」である。必然的に「自分の信念のために、行わないことは何か？」という問いが次にくる。例えば、自分以外の誰かに熱意を持って仕事に取り組んでもらうために、あなたが実際に抱いている以上に強い自信を見せることは、人として正しいのだろうか？　どのようにこの判断の線引きをすればよいのだろう？　もし自分がこの程度の手口を使い、同僚は使わなかったとすれば、その同僚は「人としてより正しい」のだろうか、それとも非効率なだけだろうか？　こうした問題を考えるために、次の三つの方法がある。

第一に、あなたの介入による相手へのダメージを推計する。適応を要する変革には、犠牲がつきものだ。惨事にならなくとも、もたらされるダメージの大きさが倫理的問題を引き起こす。どれくらいのダメージであれば、相手に負わせる覚悟があるだろう？　たとえ立派な目的のためであっても、喜んで他人に痛みをもたらそうという人は少ない。しかしアダプティブ・リーダーシップの実践者は、よい仕事をすることが、他人の苦悩（あるいはさらにひどい状況）につながることによる不快感を受け入れなければならない。その極端な例が戦争である。南北戦争当時、エイブラハム・リンカーンは、連邦軍を守るという大義のために両軍に犠牲者が出ることを悲嘆していた。だが戦いを思いとどまったわけではない。

第二に、あなたの自己イメージとあなたが大切にしている価値観に与えるダメージを見積もってみることだ。適応を要する変革をリードすることによって、自分の行動や対人関係の指針となる忠誠心や、長年守ってきた価値観は、どれくらいダメージを受けるだろうか？　うまくリードするためには、自分が正しいと思わない手段を実行しなければならないかもしれない。

分かりやすい例をあげると、あなたは人に対して怒りをぶつけるだけの体力を持ってはいるだろうが、おそらくそれが間違ったことだと感じるだろうし、そのような行為は大嫌いだろう。価値観に大いに反する。だからあえて怒ろうとはしないのだ。自分が大切にしている価値観（「礼儀正しい」「誠実」「穏やか」など）が冒涜《ぼうとく》されるという理由から、自分の目的のために不快に感じる領域に踏み込むことは気がひけたという話を、この数年間、数多く聞いてきた。もちろんこの選択は、状況による。例えば親であれば、自分の子どもを守る方法が他になければ、価値観（「盗まない」や「殺さない」であっても）を破ることもいとわないはずだ。

マーティは、ロバート・モーセのことをハーバード・ケネディスクールの学生に教えている。二〇世紀のニューヨークの都市計画家であり、数々の公園、ビーチ、ロードウェイの整備を進めた。いまでは年間何百万人ものニューヨーク市民、観光客が訪れる場所になっている。だが、モーセが目的を達成するために使った手段には大いに疑問があった。ロバート・カロが執筆した代表的なモーセの伝記『陰の実力者《ザ・パワー・ブローカー》』[1]には、モーセが目的のためにウソをつき、評判を下げ、仲間を欺いた事実が記されている。しかも分からないのは、個人的には利益を得ていないということだ。休みなく働き、質素に暮らし、財産も蓄えずに死んでいる。目的のために、そのような理解できない行動を貫いたのである。

目的のためであれば何でもする、現代のロバート・モーセのような人物は、おそらくあなたの組織にもいるだろう。だが本書を読んでいる理由の一つに、より高い目的を達成するために必要な行動に対して相反する感情が、あなたの努力の背後にあるからかもしれない。残念ながら、その特効薬はここにはない。あなたが不快に感じる方法が、他人やあなたの善悪の感覚に対してもたらすダメージに見合うかどうかを判断する魔法の公式はないのだ。

[1] Robert A. Caro, *The Power Broker: Robert Moses and the Fall of New York* (New York: Knopf, 1974)

そして第三の方法は、疑問そのものをありのままに受け入れることだ。モーセのケースでは、目的が手段を正当化するのだろうか？　結果の評価には、どのようなデータを使おうとしているだろうか？　自分を欺いたり、正当化したりしないためには、誰に、どのような検証プロセスを頼めばよいだろうか？　この短期的な意思決定は、どのような長期的影響をもたらすだろうか？　これらの疑問を頭と心で受け入れ続ければ、賢明にリスクに向かえるようになり、悔やまれるような決断も少なくなる。

バルコニーにて

- あなたが居心地のよい領域から踏み出していれば、リーダーシップをもっとうまく実践できたであろう場面を思い出してみよう。その経験から、現在取り組んでいる適応課題には、どのように対処すべきだろうか？　もしロバート・モーセのようなタイプであれば、目標を達成するために、どのようなときに組織の規範や文化の枠の外にある方法を使ったかについて考えてみよう。成否に関係なく、そのような手法は必要だったのか、単に可能だったから選んだ手法だったのか、自問してみよう。その上で、いま自分が向き合っている課題にどのように対処すべきなのか、洞察力を使って再度考えてみよう。
- 図22の上段に、適応を要する変革のために、あなたがリードしようとしている介入の根底にある目的を書き込もう。①の欄には、その目的を達成するために現在取り組んでいること、

③の欄には、目的の達成に近づくが（自分の考えでは）あまりに無謀で決してできないと感じていること、②の欄には、現在取り組んでいることよりは勇気が必要だが、③に書いたものほど無謀ではないことを書き入れる。数日間、表を見ないようにする。次に②の行動を検証し、実行可能なものがないか、③の行動に挑もうと思う環境がないかを考えてみよう。

現場での実践演習

- 自分にとって大切な目的をあげる。次に、その目的を共有できそうな人を、さまざまな関係者から一〇名選ぶ。その人たちに、その目的の実現のために何をしてきたか、これから何をしようと思うかを聞いてみよう。
- 叫び声をあげるのは不快な行為である。あなたもそう感じているなら、ぜひ叫んでみよう。「適応を要する変革をリードするのに役立つ可能性はあるが、自分には不慣れな行動をとってみる」のがどのようなものかを

図22　目的達成のためのワークシート

目的		
①	②	③
今実行していること	実行できるかもしれない新しいこと	決してできそうにないこと

体験できる。自分がキャット・ウーマンやプロレスラーのハルク・ホーガンになったつもりでやってみよう。何かに夢中になったとき、怒ったときに叫んでみる。普段やらないことを本気でやれば、(いつもより声を張り上げているだけでも)頬が紅潮するのを感じる。相手の顔を引っ掻いたり、相手を抱え上げて投げ落としたりする必要はない。

目的を活かし続ける

私たちの目的は、毎日の業務、危機、仲間からの要求の陰に隠れがちである。目的との接点を失うと、人生に意味を見出せなくなる。だから日々の生活において目的意識を失ってはいけない。その役に立つのが、「思い出させてくれるモノ」と「慣例」である。

● **思い出させてくれるモノ…**毎日見るものは、困難であってもリードしようとする理由を思い出させてくれる。思い出させてくれるモノが周知されていればそれだけ、友人、家族、仲間たちも目的を忘れないようあなたに注意を促してくれる。よくある例を紹介しよう。(一)感動を与えてくれる愛読書をベッドサイドのテーブルに置き、パラパラ読めるようにしたり、シンボルにしたりする。(二)特別な英雄やメンターの写真を職場のデスクの上に置く。(三)元気を与えてくれる言葉や文章を額に入れ、いつも見える所に飾る。(四)目的や重要なことに忠実であり続けることを誓った、今は亡き大切な親友や家族の形見。ある州の教育改革プロジェクトで私たちが一緒に仕事をした関係者は、会議のときに「私たちは子どものために取り組みます」とプリントされた同じTシャツを着ていた。また、ある議員はセオドア・ルーズベルトの有名なスピーチ「アリーナに立つ男《マン・イン・ジ・アリーナ》」のカードを財布の中に入れて、日々政治の駆け引きに追われながらも集中し、断固とした態度で勇気を持てるようにしている。私たちのコンサルティングでも、時々カメのぬいぐるみを取り出して、首を引っ込めず前進する姿勢を思い出してもらう。

●**慣例**…どのような組織にも、何度も繰り返し、組織文化のDNAになっている行動がある。会議のはじめ方や新入社員とのつきあい方、昼食を一緒に食べるグループ、会議後のウォータークーラー前での雑談など、お決まりになっているものだ。このような日々の慣例の存在は、方向の定まった価値観を思い出させるきっかけになる。例えば州議会議員になると、通常オリエンテーションに参加し、法案の提出方法や洗面所の場所は教わるが、選挙に立候補して国民のために尽くそうとする最も高尚な理由を思い出させるようなことは何もしない。私たちはワシントンとカンザスの二つの州で、新人議員対象の研修に目的や使命についてのセッションを組み込むという実験に関わり、技術的でありふれたものでも、重要な目的を果たす慣例を民主政治の目指すべき価値観とも結びつけようとした。また、定例会議の終了時に考える時間を作り、自分たちが大きな目的に近づけたかどうかを問いかける組織もいくつか知っている。

これらの事例が示しているのは、目的を強化する要素を加えることで既存の慣例を定着させる方法である。だが、新しい慣例を作ることもできる。アレクサンダーがダイエットを試みた時期があった(何度かあるうちの一回である!)。そのとき作った慣例は、健康器具のテレビCMが流れると、腕立て伏せをするというものだ。おかげで腕立て伏せの回数は増えた(テレビを観る時間は少なくなった)。自然の中で過ごす、日記を書く、元気づけてくれるメンターと定期的に昼食を共にする。これらはすべて目的を忘れないための慣例になる。私たちがよく知るある組織では、過密スケジュールのなかでも職場を離れてじっくり考える機会を定期的に作り、常に目的を意識するようにしている。

バルコニーにて

- 過去三カ月間で、自分の大きな目的を一番意識していたのはいつだろう? どこで、誰と、何をしていたのかなど、具体的に思い出してみよう。自分自身がまさに目的とつながっていると感じた瞬間は、どんなものだったのか? その経験から何が得られ、また、目的を思い出させる象徴や慣例として何が考えられるだろう?
- 日常生活と自分の目的を結びつけるために、あなたが活用できるものや、毎日あるいは毎週できる行動をリストアップしてみよう。

現場での実践演習

- 強い目的意識を持つ人やコミュニティに囲まれていれば、頻繁に自分の目的を熟考するようになる。これから二週間、毎日一定の時間、常に目的と接点を持っているグループに加わってみよう。例えば宗教的儀式に参加する（自分の信条に合わなくてよい）、読書会や講演会に参加する、小学校の先生と親しくなる、救急待合室で一定の時間を過ごす、貧困者のための食事サービスを手伝うなど。
- 次の会議の議題を決めるとき、それぞれが組織の大きな目的とどうつながるのかを書き出してみよう。
- 適応を要する変革のリードが自分にとって価値あることだという目的の核心に迫るような、リーダーシップのスローガンを考えよう。一文にするのは時間がかかるかもしれない（「もっと時間があれば、もっと短い手紙を書くだろう」とブレーズ・パスカルも言っている）。一文が思いつけば、記憶して、毎朝目覚めたときに心の中で言ってみよう。仕事を始める前と、帰宅後にも繰り返す。仕事上の関係次第では、その目的を他の人たちと共有したほうがよいかもしれない。二、三週間やってみた後、何か変化があったかどうか、自分自身に問いかけ、他の人たちの意見も聞いてみる。
- 昼食後の五分間、今日の午後に何を達成したいかを考えよう。

自分の目的をうまく調整する

あなたには、組織の目的や優先事項、組織が目指すべきビジョンについて独自の見解がある。しかし、組織内には多くの目的が存在する。特に経営陣をはじめとする幹部は、それぞれの目的を大切にしている。あなたの目的は、他の人たちの目的と違う可能性もある。それらの違いに折り合いをつけ、複数の目的がお互いに打ち消し合わないようにすることが、アダプティブ・リーダーシップには求められる。

このプロセスを扱うには、他者の目的を知る必要がある。相手の目線に立つことが求められ、相手が大切にしていることが、たとえあなたが正しいと思う方向性とどれだけ違っていたとしても、それを十分理解しなければならない。同時に、自分の目的も相手に示し、じっくり考えてもらい、異なる意見も出させなければならない。つまり、自分が望む方向に進むためには、最初に目的に向かって進んだときとは違う場所に行き着く可能性があることも、受け入れなければならない。例えば、自動車メーカーで環境対策を担当する重役が、環境に優しい商品の開発と製造を強く望んでいても、企業が生き残るためには、短期的な利益確保という相反する責任も両立させなければならないということだ。

目的をうまく調整するプロセスを避けようとする人たちは多い。なぜなら、妥協することは自分の目的や優先事項に共感して支援してくれる人たちに対して不誠実だと感じるからである。目的の調整によって、おそらく何かを諦めなければならないので、尊重されることをとりわけ重視する人たちを失望させてしまうと思っている。実際に支援者は「裏切り行為だ！」と声をあげるかもしれない。そのため別の優先事項を持つ人たちと、自分たちの目的について議論すらせず、自らに誠実であるために行動したと言い聞かせる。あるいは組織を離れ、同じ考えの人たちがいる場所を探す。そこでは全員が考えや価値観を共有しているので、自ら主張しなくてよい。

自分の目的のなかで、譲歩できるところ、できないところを決めるのは簡単ではない。アレクサンダーは、二人の幼い子どもの父親として、よい親でなければならないと強く思っている。しかし夫婦間でよくあるように、妻の理想像とは異なるので、譲歩できる部分の判断に苦しむことがある。自分が親としてのよい行動を諦めると、子どもたちや、自分を育ててくれた親に対して不誠実だと感じるのだ。

相手の支援を得られるように自分の目的をうまく調整するもう一つの方法は、その目的を相手が理解し好意的に捉えられるような言葉に言い換えることである。例えば、医療制度改革が必要だと思っているとする。その場合、支援を得たい相手に応じて、大きな目的の別の側面を強調したほうがよい。財政面で保守的な考えの人たちには、改革による経済的恩恵をアピールする。医療システムの質と安全を改善すれば、効率がよくなってコストを抑えられると説明すればよい。また、リベラルな活動家には道徳的な要請を訴え、医療従事者にはこれまで我慢してきた悪夢のような官僚的システムの改善を強く主張する。

自分の目的に相手が反対しているときは、そのプロセスがさらに重要になる。例を一つあげよう。

ハリケーン・カトリーナによる被害を受けたニューオーリンズは復興の際、資金不足に陥った。もしあなたが、ルイジアナ州以外からニューオーリンズの復興資金を集めなければならないとすると、辛い仕事が待っているだろう。「資金提供は正しいことだ」と、ただ道徳面を訴えているだけでは成功しない。だが相手の目的に結びつけながら自分の目的を説明するのであれば、前進する可能性は高い。例えば、ルイジアナ州以外から選出された、愛国心の強い議員に会ってみる。国民のプライドを話題にして、「アメリカ国民は、自分たちのことは自分たちで何とかするものです。だから身近なところにいる人たちが、未開地のような状況にいるのを放置できません。まして、その様子が連日テレビで世界中に発信される事態は看過できません」と説明するのだ。

　そのような目的の調整や説明とともに大切なのは、具体化である。方針、計画、戦略、スケジュールなど、具体的にどのように進めるのかを明らかにする。高尚な目標を掲げるのではなく、具体的な形を示し、自分の言いたいことを理解してもらえるようにする必要がある。マーティン・ルーサー・キング・ジュニアは、北部の住民から公民権運動に対する積極的な支持を得るのに苦労していた。そのため黒人に対する暴力の映像を毎晩テレビで放映し、自分がどうしても解決したいと思っている問題を視覚的に訴えた。それにより北部の住民がこの運動を受け入れ、政治的、経済的、個人的な支援が増えはじめた。

　重要な目的の達成には時間がかかる。目的に向かって真っ直ぐに進むのではなく、回り道をしているときでも、それは目的を断念しているわけではないのだ。

バルコニーにて

- あなたの目的を達成するために、グループや組織の中で支援を得る必要がある人たちのことを考えてみよう。その相手について知っていることから考えると、相手の目的は何だといえるだろう？　あなたの目的と相手の目的が重なる部分はないだろうか？　あなたの目的を調整できる部分はないだろうか？　目的の中で、あなたが相手の目的のために犠牲にしてもよい要素はどんなものだろうか？

現場での実践演習

- 公の場で自分の目的を訴える。例えば組織のメンバーに、どのように変革して目的を達成しようとしているのかを詳しく説明する。そのときに欠かせないのが具体性だ。それぞれのメンバーと話すときは、どのような画像、言葉、情報が共感を呼び、どのようなものが無反応かを確認する。

野心と志を一体化する

マーティとロナルドは、数十年間のハーバードでの教員生活でおもしろい現象に気づいた。ハーバードの大学院で公共サービスを専攻している学生（行政・政治学大学院、教育学大学院、公衆衛生大学院、神学大学院など）は、高尚な目的や志は気持ちよく話すが、野心については議論したがらない。権力、富、地位、評価、名声に対する強い欲求はタブー視されている。一方、ビジネススクールやロースクールの学生の多くは、富や名声に対する野心をためらいなく話すが、高貴な志についてはうまく語れない傾向がある。それらをオープンに話すのは慈善家ぶっているようで、「現実世界」から乖離していると見られるのを懸念しているようだ。

どちらの視野も不要に狭く、専門教育を受けている機関の文化や価値観を強く映し出している。野心と志の両方を持つことはできるし、両方を積極的に満たすこともできる。アメリカの最も優秀な大統領たちは、極めて野心が強く、公共的なリーダーシップを発揮するための政治手腕にも長けている。それだけでなく、国家のために最善を尽くす高貴な志も持ち合わせている。その野心と志は、互いに相容れないものではなく、一体化している。

政治と同じように、ビジネスの世界においても野心と志を一体化できる。ロナルドが駆け出しの医師だった頃、一年間、ニューヨークの診療所で経営者の健康診断をしていた。この経営者たちは福利厚生の一環として、年一回の健診を受けられるようになっていて、ロナルドを含めて六、七人の医師が担当していた。そのときロナルドが気づいたのは、CEOや上級副社長の多くが五〇代後半になると、「先を見越した」公共的な目的に目を向けはじめることだった。グローバル企業を立ち上げ、懸命に働く原動力となっていた野心をしのぐ志を持ちはじめる。その追求のために企業の力も投入しようとする。まるで目覚まし時計が鳴りだし、死すべき運命を思い出させたようだ。ビジネスでは「成功した」ものの、築きあげてきたもの以上に永続的な意味を遺産として残したいと願っている。次に紹介する「パナソニックにおける野心と志の融合」もその一例である。

パナソニックにおける野心と志の融合

世界のリーディングカンパニーの創業者である松下幸之助は、貧しい家庭で孤児同然に育った。松下電器産業（のちのパナソニック）創業後の一九三二年、ある宗教団体を見学し、二カ月間考えた後、多数の幹部社員が集まる場で将来に向けた企業理念を発表する。その内容は「貧困を克服し、社会全体を窮状から救い、豊かさをもたらす」というものだった。[2] 社員たちはひどく驚き、松下がおかしくなってしまったのではないかと思った。だが論拠は簡単だった。松下電器産業のビジネスは、世界中の一般家庭に対して省力化された高品質の機器を提供することである。そうすれば企業が儲かるだけでなく、貧困層の生活水準も改善できると考えたのだ。

[2] John P. Kotter, *Matsushita Leadership* (NewYork: The Free Press, 1997). ジョン・P・コッター著『幸之助論――「経営の神様」松下幸之助の物語』（金井壽宏監訳，高橋啓訳，ダイヤモンド社，2008年）

もちろん、野心と志のどちらかを選ばなければならない場面もある。日常的な状況では、子どもたちと過ごしたいという思いが、仕事上の重要な目標を達成したいという思いとぶつかることがある（頻繁にあるかもしれない）。私たちは誰でも、野心と志のバランスをとるという緊張感とともに生きている。どうすれば両方を大切にできるのだろうか？

それには、野心に対する罪悪感、志に対する戸惑いを和らげればよい。罪悪感や戸惑いによって正直な気持ちにはなれるが、一方で幅広い選択肢を制限してしまう危険もある。こうした選択肢を自由に探るには、「自分は何者なのか」についてあなたが自らに語りかけるストーリーと、「自分がどうあるべきか」について他の人たちがあなたに語るストーリーを検証し、修正するという個人的な課題に取り組まなければならない。これらのストーリーに人生を支配されたままでは、人間性が奪われ、本来より小さな世界を生きることになる。

バルコニーにて

- あなたの野心は何だろう？　あなたの志は？　どのようにそれらの折り合いをつけているだろう？　自分の野心については、どのように感じているだろう？　志については？　その感情は、野心や志に関する判断にどのような影響を与えているだろう？

現場での実践演習

● 自分がリストアップした野心を、大切にしているグループ（同僚、コミュニティ、先人）の仲間と共有しよう。まず野心を聞いてもらいやすい仲間から始める。徐々に聞いてもらいにくい仲間にも話していく。受け入れてもらいにくい仲間にも、自分の野心は丁寧に、悪びれずに語ろう。例えば「私は、ワクワクした快適な休暇を過ごすために十分な金を稼ぎたい」というように。リストアップした志についても同じプロセスを繰り返してみよう。

よくある落とし穴を避ける

目的意識を持つことはリーダーシップの実践に欠かせない。目的があれば、リーダーシップの荒波を乗り越える意欲とエネルギーが生まれる。その一方で、よくある落とし穴に落ちてしまうと、目的は足かせになりかねない。そんな落とし穴を紹介しよう。

● **周りが見えなくなり、聞く耳を持てなくなる。** 崇高な目的を持つことの情熱と責任から、周りが見えなくなり、聞く耳を持てなくなる。一途になればなるほど、自分の目的に反する情報を見たり聞いたりしにくくなり、訂正や軌道修正の必要性を示すサインに気づけなくなる。例えばビル・クリントンの大統領一期目の早い時期に、ビルとヒラリーが大規模な医療保険制度改革を提案したとき、自分たちの理念の正しさに傾倒しすぎてしまった。その結果、提案がもう少し控えめで試行的であれば実現可能だったかもしれないが、提出する法案が可決される可能性はゼロに近いという明確なサインを読み取れなかった。また、ジョージ・W・ブッシュ大統領も、サダム・フセインの打倒が政権交代に欠かせない重要な要件だと信じ込み、フセインの打倒は困難な作業の始まりにすぎないという現実に向き合うのに数カ月かかった。

● **殉職者になる。**全精力を傾けられるような崇高な目的を持つ人は、その目的のために無駄死にしてしまいやすい。組織の日常においては、成功の見込みのないことの提唱者があまりにしつこいために、過小評価されたり、さらには解雇されたりする可能性もある。目的が文字どおりの意味を超えて、職務上の生命を絶たれるリスクもいとわないものとなり、緊張関係が生じる。しかし死ぬかもしれないと思えば、やむを得ない妥協や苛立たしい後退に中断されながら小さな成功を積み上げていく厳しく忍耐のいる仕事を続けるよりも、(例えば経営会議のたびに同じ問題を取り上げるなど)自ら殉職を選ぶほうがよいという気にさせられるものだ。

● **独善的な印象を与える。**自分が正しいと声高に繰り返せば、独善的な印象を与えかねない。そうなると、他人からの反発につながりやすい。ただ賛成したくないからという理由で反発する人たちもいる。また、高圧的で押しつけがましい親の言いなりに生きている感覚がよみがえる人もいる。すると目的を弱体化させる一〇代半ばの反抗期のような態度に戻ってしまう。この罠にはまってしまったCEOを何人も知っている。実際に組織で「私の思いどおりにするしかない」と何度も繰り返す。結果的に、CEOが会社の将来を決めることになり、人々は組織の新しい方向性に責任感を持てなくなる。

● **「最高目的責任者」を自認することになる。** 適応を要する変革をリードするときには、本格的な介入行為の背景にある大きな目的を、グループや組織のメンバーに気づかせなければならない。しかし、過度に意識させてもいけない。日々の出来事や判断のなかには、グループとしての包括的な目的にまったく関係ないものもある。葉巻の意味を聞かれたフロイトの言葉として知られているように、葉巻はただの葉巻にすぎないこともある。もしすべての出来事、判断、会議に目的を吹き込もうとすれば、存在を軽んじられるリスクがある。目的について聞かされることにうんざりした人たちは、あなたを追いやろうとする。そうなれば目的が遠のくばかりである。自分自身が「最高目的責任者」になるより、目の前の出来事や判断が目的に関係すると思えるときだけ、目的に気づいてもらうようにすればよい。

バルコニーにて

● 自分自身の行動を振り返ろう。先ほどの四つの落とし穴のなかで、どれが一番危険だろう？　例えば、妥協や方針変更が必要になりそうな、正反対の考え方やデータに反論するだろうか？　もし簡単に弱気になってしまうとしたら、難しい状況になったときにリスクを負って諦めるか、あるいは殉職するだろうか？　自分の目的をいつも大声で、積極的に叫び、抵抗を生んでいるだろうか？　自分の目的について何度も話し続け、その結果、相手はうんざりして自分を追い払おうとする状況をつくっていないだろうか？

現場での実践演習

● 自分の目的に同意し、共有してくれる人を見つけよう。そして一定期間、自分の行動に加わって指揮してもらおう。その間、相手のリーダーシップをじっくり観察する。どのような作戦が最も成功につながっているだろう？　どのような落とし穴にはまってしまうだろう？　うまくいかなくなったとき、相手の経験からどのような教訓を引き出し、どのようにリーダーシップに活かせるだろう？

chapter

20 勇気をもって取り組む

若き政治家だった頃のマーティは、毎日自宅を出て、最初の呼び鈴を鳴らすのが苦痛だった。どうせ拒絶される。最初の家はよくても、次の家ではきっと断られる。それが嫌で、選挙戦に出るのに必要な勇気を奮い起こせずにいた。家から出られない日々もあった。

リーダーシップのための勇気を出せない主な原因は、少なくとも五つある。

- 自分の行動を正しいと信じてもらえない人たちへの忠誠心
- 能力がないことへの恐怖心
- 正しい道筋であるかどうかの不安
- 喪失に対する恐怖心
- 厳しいチャレンジに立ち向かう気持ちの不足

これらについて順に検証し、克服するためのアイデアを紹介したい。

過去は過去と考える

適応を要する変革をリードするためには、忠誠心を作り直さなければならない。つまり、自分の心の中での会話と同時に、自分が忠誠心を抱いている人たちとも直に会話する。そして相手が自分に抱く期待のすべてでなくとも多くには敬意を表しながら、それを取捨選択しなければならない現状と理由を説明するのだ。難しい作業であり、下手をすれば危険を伴う。イスラエルのイツハク・ラビン首相とエジプトのアンワル・サダト大統領は、国民に暗殺されている。二〇〇〇年夏に行われたキャンプデービッドでの中東和平プロセスについての協議後、エジプトのホスニー・ムバラク大統領は、パレスチナ自治政府ヤーセル・アラファト議長に、パレスチナ難民が祖国に戻るという夢を捨てさせるような提案を受け入れることは、議長の暗殺につながりかねないと警告したといわれている。

中東和平交渉のプロセスは、忠誠心を作り直す作業のよい事例だ。選択肢を探るために、交渉する側は支持者、コミュニティ、先人に対する忠誠心を再検証しなければならない。自分たちの中に取り込み、アイデンティティを形成してきた、過去と現在の多様な声にも向き合わなければならない。パレスチナ難民は、祖国への帰還を強く望み、イスラエル入植者は、ようやく自国に戻ってきたと信じている。それぞれの支持者やコミュニティと向き合う戦略を提案しようとする前に、移住と難民の帰国の話題があがったときの強いアレルギー反応を克服しなければならない。パレスチナ難民とイスラエル入植者にとっては、現状打開よりも断絶のほうがはるかに支配的な考え方だったのである。しかし、諦めずに取り組んできた結果、話し合いの一歩は踏み出せるようになった。長年の忠誠心からの逸脱と再交渉は、歩み寄りには欠かせないものだった。

組織において適応を要する変革をリードするときも同じように、自分の質問、考慮する可能性、前向きに聞こうとする意見は、自分の忠誠心に影響される。場合によっては、目の前にある問題の解釈や行動の判断に、非生産的な形で大きな影響を与えることもある。例えば忠誠心のために、ある行動の選択肢を考慮しようとしないかもしれない。というのは、それが組織が抱える課題への理想的な対処法だったとしても、主要な関係者を激怒させることになるからだ。では忠誠心による制約は、どうすれば排除できるのだろう？　そのプロセスを紹介しよう。

ステップ1　自分の言葉と行動の違いに注意する

自分が大切だと思っているものについて、どんな話をしているだろう？　その話と行動は矛盾していないだろうか？　中東問題では、双方が平和への思いを公言しながら、まだ安定した合意には至っていない。職場では、どんな自分の目的を達成すると約束しているだろう？　そして実際に何を達成しているだろう？

ステップ2　目の前のことに向き合う

ずっと昔の出来事を根拠に、自分自身の現在の行動や態度を正当化していると気づいたときは、おそらく過去を引きずっている。ある大手専門サービス企業は、二〇年前に報酬制度をめぐって分裂しかけた。そのときの状況が、いまも心にひっかかっている幹部社員がいて、現行制度を経営陣の議題にすることさえ抵抗する。そのようなアレルギー反応があるということにあなたが気づけば、自分にとっても他人にとっても、過去がどのように現在に対して強い影響力を持ち続けているかを確認できる。その上で仲間がその問題を認識し、昨日と今日の違いを分析し、古傷を癒やし、自分を解放して現在の課題に向き合うための行動に取り組めるようにする。

ステップ3　作り変えなければならない忠誠心を特定する

職業上の仲間、コミュニティ、先人の期待のなかで、再検討し、場合によっては作り変える必要があるものを決める。そうすれば、過去にとらわれずに前に進むための自由裁量を自分自身のために作り出すことができる。先の企業の場合、まずCEOが本人のメンターをはじめとする組織内の年長者と話をする必要がある。その後であれば、報酬制度の見直しを進められるだろう。

ステップ4　必要な会話を行う

期待を変更してもらわなければならない相手のところに行き、議論する。難航するかもしれない。

自分と相手との口頭あるいは暗黙の約束を破っていることを許してもらうよう求めるのだ。大切にしてきた友情や連携が、危機に陥る可能性もある。例えば先のＣＥＯの場合、メンターとそうした会話を持つことで、少なくとも相手を失望させ、さらに疎遠になってしまう危険がある。

会話することによって、自分が忠誠心を抱くグループやその期待が、自分の思い込みにすぎないと分かることもある。マーティが今も忘れずにいるのは、余命数カ月の父親との会話だ。ある日父を訪ね、ユダヤ教の礼拝堂に通うという暗黙の約束について、もう一度話をしようと決めた。父が死ぬ前に話しておかなければ、自分の信条に関係なく礼拝に出席して、父への忠誠を果たさなければならないと感じると思ったからだ。「父さん、話があるんだ」と切り出した。「もし父さんがいなければ、この数年間、礼拝に行こうと思わなかったんだ」「おもしろいことを言うね。だって、もしお前がいなければ、私もこの数年間、礼拝には行こうと思わなかったからね」

二人は、相手が期待していると思って礼拝に通っていたのだ。話をすることによって互いが安心し、理解を新たにした。

ステップ5　先人への忠誠心を作り直すための慣例を作る

話をしなければならない相手が、故人や接点のなくなった仲間であれば、その忠誠心の非生産的な部分を排除するような慣例を作ればよい。その忠誠心の象徴となるような本や記念品は、廃棄しよう。墓地を訪れ、二人の約束だと思ってきたことをやめると報告する。相手の声は聞こえないと分かっていても、謝罪して許しを求める。あるいは手紙を書いて、理由を説明する。

ロナルドと姉は、母親のベッツィーを東ヨーロッパに連れて行った。一二歳のときにナチスドイツから逃れて以来六〇年ぶりだった。ベッツィーは、最初あまり乗り気ではなかったが、二人が過去の惨事をずっと引きずってきたと言うので行くことにした。若き日の夏を思い出すウクライナの村を五月に訪ねると、ベッツィーには当時がよみがえった。記憶に残っている思い出、ジョーク、皮肉、恋愛、友人など、あらゆるものが次々と浮かんだ。死んだように白黒だった写真が、カラー写真に変わったようだ。驚いたことに、亡くなってしまった家族だけでなく、幼いロナルドたちでさえも、そこで生きているようだった。

農場内のさびれた墓地を歩いていると、ベッツィーの祖母サラの墓地を見つけた。戦前に自然災害で死亡していた。ロナルドは「どうすればいいのでしょう？　どのように敬意を示してほしいですか？」と語りかけた。すると「人生は神様からの授かり物。どうぞ幸せに」というサラの声が聞こえたようだった。

ステップ6　自分が守っているものに集中する

もはや健全とは言えなくなった考え方をやめても、基本的な原則や価値観が変わってしまうわけではない。すべての忠誠心を捨て去るわけではなく、前進の妨げになる要素だけを排除しようとしているにすぎない。たとえ相手から非難されても、相手の考えの重要な部分、揺るぎない部分を大切にしようとしていた苦労は、いつか理解してもらえるだろう。

バルコニーにて

- 自分の人生に欠かせないと思う人たちの名前を、すべて書き出してみる。次に、それぞれの人の自分に対する期待を書く。相手にとって自分はどんな存在だと思われているのか、何を必要とされているのか、何を望まれているのかを考えてみよう。その中から、相手の期待に応えようと思うもの、思わないものをチェックしてみる。

現場での実践演習

- 先ほど書き出した「相手の期待に応えようと思うもの」のうち、翌月実行するとした場合、自分にとっての制約が少ないものから着手してみよう。
- 忠誠心の見直しによる喪失を軽減する一つの方法は、自分がどうしても守ろうと思うものと、もしかしたら期待に応えられないかもしれないものを明確にすることである。周りの人たちと直接次のような話をしてみよう。「私はあなたをがっかりさせる点があるかもしれないが、自慢してもらえる点もあると思う。このように私は違う方向に進もうとしているが、あなたにも心から満足してもらいたいと思っている」

能力の及ばない領域に踏み出す

適応を要する変革をリードするときには、習慣的な行動を離れて未知の領域に踏み込み、何か新しいものを学ばなければならない。それは、自分の能力が及ばないことを身をもって経験するということだ。もし自分の能力の限界に来ているとか、限界をわずかに超えていると感じなければ、おそらく適応課題に向き合ってはいないのだ。適応課題ではなく技術的問題に取り組んでいる、あるいは適応課題を技術的問題として対処している可能性がある。

能力の及ばない領域には、どのように踏み出すのだろうか、どうすれば何かを見つけ出す状況になれるのだろうか？ ここからは、二つの方法について説明しよう。一つは、体系化されたチャレンジングな学習機会を見つけ出すこと、もう一つは自分にとっての事実を思い込みとして考え直す方法である。

▼体系化されたチャレンジングな学習機会を見つけ出す

能力の限界を超えるときには、方向を見失ったり、困惑することがよくある。これを軽減するには、職務上の適応課題とは関係なく、体系化された安全な環境で、要求水準の高いスキルを身につけるチャンスを見つければよい。自分の能力が及ばないことが経験できるリスクの低い状況を探し出すのだ。

マーティは政治家や大学教員としてのキャリアを離れ、長年の希望をかなえた。一九九五年に家族でニューヨークに移り、演劇クラスに入学したのだ。彼の年齢は、自分の次の年長者の約二倍。意欲的な若者たちの中には、すでにプロの役者として活躍しているメンバーもいる。最初はひどく恐ろしい気分になったが、約四〇年間の人生で初めて「無能な状態にどっぷり入れた」という（決して役者としての名声を得たわけではなかったが、自分の無能さを受け入れる方法について何かを学んだ）。

演劇クラスに限らず、自分の均衡が崩されるような環境や経験であればよい。インドの僧院で過ごす、ゴルフを習う、楽器を始める、四半世紀ぶりに学生に戻る、カリブ海でスキューバダイビングのレッスンを受ける、新しい言語を学ぶ、あるいは地元の劇団のオーディションを受けてみるなど、どんなことでも構わない。私たちの友人によると、一輪車のレッスンのフラストレーションは、小さな企業の経営課題に通じるものがあるそうだ。

やりがいのある新たなアイデアを探そう。どんな場所でも、どの書店でも、自分の視点や考えを共有できるどんな場所でも、新たな考えは見つけ出せる。自分以外の専門分野に目を向ければよい。いくつかの異なる専門分野について学べば、その考え、創意、発見を他分野にいかに応用するかをメタファーとして考えられるようになる。例えば本書の場合、自然界における適応プロセスについての進化生物学の考え方を組織に応用し、組織が社会への適応能力を高める仕組みを考えている。また、組織における課題の対処についてのヒントを得るために、即興で対応し、状況理解のために耳を傾け、包み込む環境を作るといった音楽や舞台芸術の知見を取り入れている。ある友人は、ビジネスコンサルティングに手品を取り入れ、思い込みが選択肢の幅を狭めていると伝えている。

▼事実を思い込みとして考え直す

人は日々、事実を組み合わせてストーリーを作り、それを解釈して意味を理解する。ある朝の様子を、次のように描写したとしよう。「午前七時に起床。朝食はベーグルとコーヒー。八時一五分に自宅を出てオフィスに向かい、九時一五分にオフィスに到着」。この単純な事実の羅列には、ほとんど解釈は含まれておらず、あまり意味もない。では、次の説明はどうだろう。「午前七時に疲れが残ったまま起床。西海岸でのレッドソックスの試合を遅くまで観てしまったので、寝不足である。けれど最終イニングで勝利を決めたので、少なくとも観る価値はあった。おかげで出勤時間が遅くなり、その日の午後に部下に渡すはずだったレポートを自宅に忘れてきてしまった」

朝の様子についてストーリーを作るとき、一部の事実を取り上げて残りは排除し（そのとき関連があると思ったことを基準に決める）、選択した事実に解釈を加える。そうすれば意味のある説明になる。イライラしていたのか、楽しい気分だったのか、疲れていたのか、あわてていたのか、単なる事実説明だけでは分からない様子が伝わる。だが、自分自身が選んだ事実に意味を持たせているのであって、他の人たちがどの事実を選び、同じ事実にどのように意味を持たせるのかは、必ずしも一様ではない。例えば本人が「あー、今日は惨敗だ」と思っても、その言葉を聞いた仲間は「試合を観られるなんて幸運じゃないか！　自分と違って人生を謳歌しているよ」と考えるかもしれない。

組織が直面している課題や自分が取り組もうとしている変革についてのストーリーにおいても、意味を作るという同じプロセスが展開されている。どの事実を強調し自分のストーリーに取り込むのか、またこれらの事実が何を意味するのかは自分の選択であるため、自分のストーリーは、現実についての「事実」の一つの可能性にすぎない。他の人が作れば、同じ課題や変革であっても別の事実を選び、あるいは同じ事実を選んだとしても違う解釈をするだろう。すると、数え切れないほどの「事実」が存在する。

私たちが取り組んだプロフェッショナルサービスの報酬制度の変革プロジェクトでは、既存制度の価値についての互いに矛盾する考え方があった。同じ事実についても、あるグループは実務家の能力に報いる制度だと考え、別のグループは共同作業に対する評価が低いので収益性を弱めると主張した。

そのようなストーリーを事実と認識すれば、ほかの可能性が目に入らなくなる。そうなると、他者の立場を理解して、行動の選択肢を広げることもできなくなる。自分の無能な領域に踏み出すともに、自分の事実認識を一つのストーリーと見なし、事実ではなく思い込みと考える練習をしてみよう。思い込みを検証し、的確でない可能性があれば見直す。報酬制度の変革プロジェクトにおいても、二つのグループが協力して低リスクの検証を行い、どちらの考えが目的に近いかを調べることができる。

バルコニーにて

- 最後にあなたが自分の無能さをさらし、何か新しいことを学んだのはいつだろう？　反対に自分の無能さを自覚したくない、あるいは他の人たちに無能だと思われたくないという理由で、何かをすることに抵抗したのはいつだろう？
- 常々学びたいと思っている新たなスキルは何だろうか？　いまそのスキルを獲得しようとすると、何が必要だろう？
- プライベートや職場、あるいは一市民として、自分が向き合っている問題を説明してみよう。次に、その問題に関わっている他者の視点からその問題を説明してみる。そこから何が分かるだろう？　問題についてのストーリーをどのように変えられるだろう？

現場での実践演習

- グループや組織が苦労して取り組んでいる適応課題について考えてみよう。数時間仕事を離れ、専門分野や研究分野を二つ持つ人や、専門領域や業界が自分とは異なる人と話をしてみる。相手の分野における最新研究を聞いてみよう。その後、適応課題への対応のヒントを考えてみる。

●直面する問題の対処法について新たな洞察を生み出せるように、自分の専門分野以外から学んでみよう。例えば、チームメンバーの業績を改善したいとしよう。ある日、アメリカ海軍所属のアクロバット飛行隊ブルーエンジェルスのパイロットの講演を聴くことになった。その話から、ブルーエンジェルスの優れたパフォーマンスはパイロット同士の信頼関係にかかっているということが分かる。信頼を育てるために報告を欠かさず、相互に責任をはっきりさせている。安全は極めて重要なので、デモンストレーション後にはうまくいった点、改善すべき点を必ず報告し、次のフライトで改善しようと思っていることを説明する。あなたの立場に置き換えると、定期的な報告はチームの業績改善につながるかもしれない。新たに週一回の会議を開催し、メンバーが学習した点、やろうと思っていること、見直そうと思っていることについて報告してみよう。

難しい決断が好きになる

アダプティブ・リーダーシップは、難しい決断の連続である。その決断が難しい理由は、図23のようにさまざまである。

あなたの周りには、難しい決断を楽しんでいる人、少なくともいつも進んでそうしているように見える人がいるはずだ。反対に、大きな決断（結婚するかどうか）から小さな決断（どのメニューを選ぶか）まで、いつも決められない人もいるだろう。適応課題をリードするときに発生する難しい決断をうまくできるようになるには、どうすればよいのだろう？　そのヒントを紹介しよう。

- **人生には、難しい決断が必要となることを受け入れる。** 難しい決断の裏には、必ずもう一つの決断がある。すなわち難しい決断について悩み、心配することもできるし、それを受け入れることもできる。だがひとたび難しい決断を下せば、それに心血を注ぎ、可能性を育て、その上で一連の行動をとると確約しなければならない。恋に落ちて一気に結婚まで進むようなものだ。だから、難しい決断に惚れこむことをお勧めする。
- **永遠に続くものはない。** 決断をやり直せばよい。もし決断に苦しんでいるのなら、どれを選んでも何らかのメリットがあるはずだ。正しい決断をする確率は、間違った決断をする確率とあ

図23　なぜ決断が難しいのか?

特徴	例
危機的状況である	ある適応課題に取り組むときに2種類の介入が考えられ、それぞれに（一見したところ同じように重要な）強みと弱みがある。そのうちいずれかしか実行できない。
既知のことと未知のことから選択しなければならない	あなたは、万事が順調ではないと考えている。しかし現実は分かっているし、どう乗り切るか、どうすれば自分にとってうまくいくか、そのルールや報酬も分かっている。もう一つの選択肢は、よく分からず謎である。既知の方法よりよいかもしれないし、そうでないかもしれない。そのため、変革のイニシアチブのためにどちらに乗り出すべきか決められない。
正しいことをすると重大な喪失を招く	適応課題に取り組むために頭の中にある介入を実行すると、自分自身や周りの人たちは何かを失うことになる。それだけの価値があるのか、犠牲となる人たちへの対応ができるのか確信が持てない。例えば、業績が低迷している事業部門を売却しなければならないと考えているものの、それに伴う一時解雇が、組織全体の士気を著しく低下させる懸念もある。
いくつかの価値観が対立している	自分の信じる価値観が対立し、変革を進めるにはどれかを優先させなければならない。例えば、合意による意思決定を大切にしているが、将来を大きく左右する問題をめぐってチームの意見がまとまらない。

まり変わらない。決断しないというのも、一つの決断である。いずれにしても何らかの決断をしなければならない。その結果は、おそらく自分ではどうしようもないこと、自分の想像以上の影響をもたらす。しかも、決断は繰り返さなければならないものである。行動を起こせば、そのリスクを負う。うまくいけば続ける。そうでなければ修正する。

● **難しいからといって重要だとは限らない。**幸い、何もかもが変わってしまうほど重要な決断はほとんどない。人が想像するような一か八かの懸けはめったにない（戦争の戦略や医療判断などでは起こり得るが）。そのときはどうしようもなく難しいと思える決断であっても、後になれば何でもなかったというものだ。ロジャー・ローゼンブラットの名著『だれもあなたのことなんか考えていない』[1]は、「あなたが大切だと思っても、それほどではない。そう思えば、何十年も長生きできる」というアドバイスで始まる。その決断はダンスフロアでの次の動きにすぎないと考えよう。そうすれば決断が楽になり、的確な選択につながるかもしれない。

バルコニーにて

● これまでの難しかった選択を思い出してみよう。どの学校に進学するか、家を購入するかどうか、ある仕事に就くかどうかなど、当時悩んだものであればよい。なぜ

[1] Roger Rosenblatt, *Rules for Aging: Resist Normal Impulses, Live Longer, Attain Perfection* (New York: Harcourt, 2000). ロジャー・ローゼンブラット著『だれもあなたのことなんか考えていない――他人にしばられずに長生きするための58条』（春日井晶子訳，早川書房，2002年）

それほど難しかったのだろう？　どのように選択したのだろう？　どんな決断をしていようとも、生き残っていることに自信を持とう。もし、そのような難しい決断の場面で間違った選択をしたと思っているのであれば、その経験から学んだ将来に活かせるものは何だろう？　軌道修正できていれば、もう少しよい結果になっていたと思うことはあるだろうか？

現場での実践演習

- いま直面している難しい決断について考えよう。危険性がそれほど高くなさそうな部分を、試しにやってみる。例えば、大規模な新戦略を本格的にスタートする前に、試験的プロジェクトで事前調査をしてみる。そこから正しい方向に向いているかどうか、修正が必要かどうか、そのまま続けるべきかどうかを検証する。
- 「体に情報提供する」[2]というテクニックを試してみよう。まず、直面している難しい決断に関するできる限りの情報や見解を、自分自身やほかの情報源から集める。次に、数日間まったく別のことに没頭して、その決断のことは忘れる。そうやって情報が頭から体に浸透する時間を作る。頭は単なる情報の受信機や翻訳機だと考え、体に入れてから行動してみる。

[2] アレクサンダー・グラショウとマーク・グラショウの個人的な会話。

失敗を許容する

この本を読んでいるのは、きっと自分が大切にしている何かのために、組織、コミュニティ、家族に変化を起こしたいからだろう。成功したいのだ。失敗に胸を躍らせる人はほとんどいない。失敗したくないだけでなく、「子どもを養育しなければならない」「チームが私を頼りにしている」「親をがっかりさせたくない」など、失敗できない理由も自分に言い聞かせている。

自分が失敗するかもしれないことを受け入れられず、適応を要する変革のリードをためらう人もいる。学生の頃のマーティは、ずっとB評価をとることを目標にしていた。楽にもらえたし、それを本人も分かっていた(それでなぜウィリアムズ大学やハーバード・ロースクールに進学できたのか、友人たちには謎のままである)。外から見れば、B評価は悪くない。決して失敗でもない。ただし、本人は「能力を出し切っている」わけではなかった(多くの教師や親戚の意見である)。マーティは、B評価を続けることで、失敗から自分を守っていた。もしA評価がほしいと思えば、達成できなかったかもしれない。自分の基準を下げることで、失敗するリスクを避けることができたのだ。

だがその方法は、適応を要する変革をリードするには役立たない。適応を要する変革のリードでは、実験的なマインドセットが求められ、リスクを負わなければならず、失敗の可能性もある。だから失敗を受け入れなければならない。そのためには、次のような対処法が役立つ。

- **適応を要する変革への介入についての成功の定義を広げる。**「うまくいかなかった」「うまくいった」という二つの基準で自分のイニシアチブを判断しない。実験的マインドセットを忘れず、完全には望みどおりではなかった取り組みから得られた教訓を考える。どうすれば次に活かせるだろうか？

- **支持者に心構えをもたせる。**周りの人たちの期待をうまくコントロールして、自分の取り組みには失敗の可能性もあることを受け入れられるようにする。試しにやってみて学習するように協力を求める。そうすれば互いに主体性が高まり、失敗しても非難の矢面に立たされにくく、不合理な基準を適用される可能性も低くなる。支持者の期待をコントロールするときは、言葉に注意しよう。「私に任せておいて。成功させるから」ではなく、「私たちは新しいことをやろうとしているんだ」「限界に挑むことで何が起きるかを見ていこう」と言うほうがよい。

- **小さな実験をする。**小さな失敗のほうが受け入れやすく、被害も小さい。比較的低コストの実験的取り組み（試験的プロジェクトなど）であれば、アイデアの検証や失敗もしやすく、途中で台無しになりにくい（組織が壊れてしまうこともない）。

バルコニーにて

● 検討中の変革の取り組みについて考えてみよう。その取り組みの失敗を自ら受け入れるにはどうすればよいだろうか？　例えば、教訓として次に活かせるように、進捗の目安を決めることができるだろうか？　比較的小規模で安全な方法で、成功の可能性を検証できるだろうか？

現場での実践演習

● リードしようと思っている変革の取り組みに欠かせない人たちを決めよう。それぞれのメンバーへの説明では、取り組みが実験であり、失敗の可能性があることが伝わる言葉を使おう。

リーダーシップの旅路に耐え得る気持ちを作る

適応を促す作業には、腹立たしいほどの脱線、回り道、些末に思える出来事がつきものである。本当の危機が見えなくなったり、短期的な均衡を維持するために姑息な手段に訴える人々も多くなる。そうなるとひどくやる気を削がれたり、燃え尽きてしまったりする。そもそも価値があるのだろうか、希望が大きすぎたのではないかと疑問を感じ始めるかもしれない。さらにはフラストレーションすら感じなくなったり、諦めたりするかもしれない。希望が持てない絶望的な状況で挑戦し続けるのは簡単ではない。だが変革をリードするには、絶望を制御して前に進み続ける力が必要である。リーダーシップの旅路に耐え得る気持ちを作ることが求められる。

レジリエンスをつけるのは、マラソンの練習に似ている。まずスタートしなければならない（例えば最初の数週間は毎日一、二キロ走り、徐々に距離を伸ばしていく）。組織に当てはめると、この種の訓練は、難しい議論をいつもより長く続ける、チームが直面している議論しにくい問題を取り上げる、不快な話題を避けるために辛辣な冗談で議題を変えようとしない、といったことだ。

マラソン選手はトレーニングにおいて、いくつかの基準を設定している。短い区間で区切りその目標をはっきりさせていれば、進捗が確認できる。月間のあるいは四半期ごとの現実的な目標を定めることによって、全距離を走るための体力作りになる。それと同様に、わずか数分でも敵対勢力を同席させることは、後々より長い会議を行うためのよい練習になる。

アダプティブ・リーダーシップのためにさらに気持ちを作るには、目的を忘れないことである。ランナーは前を向き、下を見ない。目標を見続ければ、そこにたどり着くのに必要なステップで頭がいっぱいになったり、途方に暮れたりしないですむ。

若い頃、ニューヨーク市の保健局で働いていたアレクサンダーは、同僚とともに市内にある四七カ所の市立病院と医療センターの患者ケアの能力を調査した。最初に訪問した数カ所の病院では、協力を拒まれた。よい結果にならないことを懸念して、必要なデータを提供してもらえなかった。そのような病院が続き、アレクサンダーたちは疲れてしまった。そこで、各病院の訪問後、長期的な目標を思い出す時間を作り、簡単な食事ではなく健康的なランチを食べて気分を高めようと決めた。

強い気持ちを作るには、粘り強さも必要である。自分のイニシアチブをどれだけ懸命に前に進めようとしても、限界があるだろう。介入に反対の人たちが自分たちの限界を察知すれば、どれだけ強く抵抗すればよいのかも知られてしまう。私たちが知っている最も優秀なリーダーシップの実践者は、誰もが難しい議論になるだろうと思っている会議の冒頭で、「この会議には、いつまでも必要なだけ参加するつもりだ」と公言していた。どれだけ長くなろうと会議の場にいるのだと分かるとすぐに、それほど議題を重視していなかったメンバーが、引き延ばしや妨害行為を止め、逃げ腰になり始めた。こうして彼は、必要な作業をほぼ終了させた。

適応を要する変革をリードするということは、まさに自分の忍耐力の限界をテストするようなものである。マーケットシェアを拡大したり、低所得者層向けの住宅を建設したり、担当する課題を初めて経営チームの議題に入れるなど、たとえ多くのことを達成したとしても、ほかにもっと仕事が残っていると分かっているので、その進捗を喜ぶのも難しいだろう。

忍耐力がなければ、さまざまな苦痛を感じるかもしれない。会議で難しい問題を提起し、すぐに反応がなかったとする。すると、すぐに立ち止まって問題を懸命に考え続ける。そのたびに、自分だけが問題の責任者であるというメッセージを送ることになる。自分の問題だと認めることになってしまう。それが続くと、周りの人たちの当事者意識も薄れていく。自分たちにはまったく関係ないと思われると、どんな解決策が見つかっても、力を貸してもらいにくい。
自分が大切だと思っている課題に多大な時間がかかりそうなときは、変革に関わるメンバーへの強い思いを力にすればよい。相手の窮地を理解し、相手に要求しているものの大きさを自覚する。相手が何かを失うかもしれないということを理解すれば、自分よりもさらに難しいかもしれない相手のチャレンジを、落ち着いて辛抱強く見ていられる。

バルコニーにて

● 過去に相当な忍耐が必要だった状況を思い出してみよう。なぜ耐えられたのだろう？ 自分の子どもがキャッチボールや水泳、車の運転、ピアノの演奏、本を読もうとするときは、おそらく我慢できたはずである。自分がどれだけ大変だったか、覚えているからだ。また、多くの人が困難なチャレンジを乗り切ってこそスキルを習得できると信じているからかもしれない。できると信じる、その楽観的な意識が忍耐力を高めていたのだ。

現場での実践演習

● よくイライラさせられる相手や状況を考えてみよう。例えば、変革の提案を前にした同僚のマネジャーが予想通りに後ろ向きの姿勢を見せたとき、あなたはすぐにカッとなるだろう。「イラッとさせられた」ときに、自分がその人に行使でき、さらに自分を忍耐強くさせてくれるような行為についてブレーンストーミングしてみよう。次に怒りを我慢できなくなりそうになったとき、その行為を試してみよう。質問したり、窓の外を眺めたりして、挑発されても大局を考えるようにするのだ。

chapter 21

人を鼓舞する

鼓舞する《インスパイア》には、息を吹き込み、気迫で満たすという語源がある。そして鼓舞すること《インスピレーション》とは、相手に働きかけ、より深い意味を与えてくれるもので相手の心を満たすことによって人を動かす力である。

組織をリードし適応を要する変革を推進するためには、人を鼓舞する能力が欠かせない。適応課題には、単なる事実や論理だけでなく、価値観が関わる。その問題を解決するには、頭ではなく、信条や忠誠心といった心に訴えなければならない。

人を鼓舞することは、才能豊かなカリスマ性のある人物だけに備わっている生来の力ではない。誰もがすでに持っている力だということを確認するには、小児病棟を歩いてみればよい。そこには活気を与えるための人々の日常の力があふれている。練習すれば、誰でも人を鼓舞するスキルを高め、リーダーシップに活かすことができる。

そこで本章では、自分自身の「声」を探し、活用する方法について説明する。声を活用するスキルは磨くことができ、それは自分独自のものだ。人を鼓舞するには、自分を動機づけた目的、組織や社会が直面している特定の課題、自分自身のコミュニケーションスタイルによって作られた自分にしかない声で話さなければならない。

声は相手との関係によって変わる。声のなめらかさについて話しているわけではない。ジャック・ウェルチは相手を活気づけられる人物だったが、言葉に詰まりながら話していた。モーゼも発話障害を抱えていた。重要なのは、相手の考え、価値観、ニーズにどれだけ訴えられるかである。そのための自分の声を見つけるには、事実や論点をうまく話すだけでは不十分である。事実や論点を、相手の心に届く言葉に翻訳しなければならない。

鼓舞することが必要な状況はいくつもある。相手が目的を忘れてしまっているとき、グループ間で互いに対する寛容さが限界に近づきつつあるとき、コミュニティが希望を失いかけているとき、誰も明るい未来を想像できないとき。こうした極めて重要な局面で、鼓舞することによって、人々は自分を支えている明るい未来に気づくことができる。これまでにない未来を描くとともに、新たな可能性を見出すこともできる。

人を鼓舞する力を得るには、二つのスキルを高めなければならない。心から聴くこと、心から話すことである。相手の心の内と自分の心の底にあるものが分からなければ、人と深くつながることができない。

相手と通じ合う

適応を要する変革をリードするときは、あなたや、相手とあなたが分かち合っている目的に対して心を開くように相手に求める。そのためには、あなたも同じように相手に、また相手の目的に心を開かなければならない。相手にとって耳の痛い話をするとき、生気のない相手の表情や抵抗を示す態度に腹を立ててはいけない。あなた自身の感情と相手からの言葉によらないシグナルを情報源として、相手に心から耳を傾け、相手が話していることの奥にあるメッセージを読み取るのだ。

グループ作業をしているときに強い感情がこみ上げてきたら、それはメンバーの心の奥に流れる感情への糸口だと思えばよい。おそらく、自分と相手の感情が共振しているのである。自分が心配や幸福を感じるのは、相手の気持ちの反響かもしれない。

自分の心の声を聴くことに加えて、グループの中で話されていることの裏で起きている、何かしらの兆候に耳を傾けるのだ。何が起こっているのかを考えてみよう。それを読み解くのが難しければ、会話にあらわれないことを探る質問をしよう。次のコラム「心の底から耳を傾けること」では、これが実務においてどのように作用するかを紹介している。

心の底から耳を傾けること

ある自動車メーカーの幹部会議に同席したときのことだ。新たなイニシアチブについて話し合っていた。表面上は分析的で事実に基づいた議論のようだが、一部のメンバーの発言には明らかに否定的な感情が表れていて、わずかにトゲがあり皮肉まじりであった。

会議終了後、副社長に話を聞くと、このイニシアチブに疑問を持っているのは、事業戦略をめぐる対立で敗れたばかりの部署のメンバーだと分かった。その部署のエンジニアたちは、ポストや研究資金などのリソースを一方的に減らされるという事態にみまわれた。もし議題になっている新たなイニシアチブが承認されれば、その部署はさらに縮小され、マネジャーは部下たちの信用を失いかねない。自分たちの信用問題をはっきりと口にはできないため、ピリピリとした不安感が高まりながらも、そのイニシアチブのメリットとデメリットについて意見することに集中していた。

彼らの不安と隠された利害関係に気づいた経営陣は、反対している人たちが新たなイニシアチブに向けた新しい技術開発によって被るリスクや損失を考慮した戦略を策定することができた。すると反対していた部署の人たちが、部署の垣根を越えたエンジニアリングのデザインチームにおいて、経験したことのない新たな手法を習得しはじめた。

マネジャーたちの心配の種を把握できたため、イニシアチブを推進する経営陣は、その変革の中で苦境に立たされていた部署により共感することができ、支援する態勢が整えられたのである。

求められる能力は、言葉の裏にある意味やメッセージに耳を傾け、相手のどんなことが危機にさらされているかを把握することである。相手が話す悩みの種は何なのか？　その悩みから、グループ内の価値観や仕事の進め方における、どのような対立や矛盾が読み取れるのか？　その対立や矛盾には、どのような経緯があるのか？　今対立している様々なグループについて、幹部はどんな見解を示しているのか？　広い視点で捉えたこの問題は、自分が抱えている感情にどんな影響をもたらしただろうか？

何かを失うということが、変革のイニシアチブへの抵抗を引き起こす。失うということは、新たに難しい能力を習得すること、自分を支持してくれる人を失望させること、立場や仕事を断念することを意味する。それがどのようなものなのかを理解し、認識しなければ、適応を要する変革をうまくリードできない。心の底から耳を傾けることによって、その理解の助けになる。

ここからは、心の底から耳を傾ける力をつけるための方法を紹介しよう。

▼判断しようとせず、好奇心や思いやりの気持ちをもって聞く

判断しようとせず、好奇心や思いやりの気持ちをもって心の底から耳を傾け、提案したイニシアチブに対する相手の悩みの原因を理解する。「あなたの話を聞いていますよ」と言ったり、相手の言葉を繰り返すだけでは十分でない。相手が感じていることと同じことを感じるために、「相手の立場」に立とうとし、その上で、自分が何を理解したのかを伝える。最低限、信頼してもらえるように「分かります」と言えなければならない。

同時多発テロ事件の翌朝、ニューヨーク市長のルドルフ・ジュリアーニは、苦しみや恐怖を抱えるニューヨーク市民ならびに全国民に、雄弁に直接語りかけた。『ニューヨーク・タイムズ』では、次のように報じられている。「今日は、ニューヨーク市にとって間違いなく史上最悪の一日です」と優しく語り、「現在起こっている悲劇は、悪夢を見ているようなものです。テロリストたちの凄惨で凶暴な行為の犠牲になられた罪のない全犠牲者に、お悔やみ申し上げます。いまは、一人でも多くの人の命を救うことに全力を尽くさなければなりません」と続けた。市長は眼鏡越しに見上げると、生中継されている番組を観ている人たちの中には、被害にあったツインタワーで働いていた人たちの母親、父親、配偶者、恋人、子どもたちもいることを意識してこう語った。「被害者の数は……、私たちには耐えられないものになるでしょう」[1]。それからの数週間、彼は現場に立ち続け、自分も思いを共有していると市民に伝えた。彼の一貫した態度と思いやりは、ショックを受け苦しんでいる市民に、包み込む環境を整えた。市長が市民を安心させたのである。

相手の苦悩や恐怖をそのとおりに感じられなくても、相手の話していることを、頭で理解するだけでなく、心と体で感じることは可能である。何が問題なのか、何が原因で抵抗しているのかを理解できれば、相手と通じ合い、相手を動かせるだろう。

▼沈黙を許す

アダプティブ・リーダーシップの実践で足を引っ張られる人の多くは、しゃべりすぎている。うまく行動できないのは、主要メンバーが聞いていられる限度を超えてなお、話を続けるからである。

[1] Michael Powell, "In 9/11 Chaos, Giuliani Forged a Lasting Image," *New York Times*, September 21, 2007.

聞いている時間が長すぎると、心は動かない。

あなたは、どれくらい黙っていられるだろう？　何かしゃべらなくてはならないと感じるまでの時間には、個人差がある。だが、沈黙には目的がある。自分が言ったことを、相手が理解し受け止めるための時間が与えられる。提案した介入に抵抗されたときは、自分のメッセージを受け入れることが相手にとってどれだけ難しいかをもう一度考えてみよう。もしかしたら相手には、耐え続けなければならない喪失があるのかもしれない。だから時間を与える。五分かもしれないし、五日、五週間、五カ月、さらに長いかもしれない。待ってから提案した話に戻るのだ。しっかり相手を見て話を聞けば、前進させるためにどれくらい準備時間が必要なのか、言葉や態度から読み取れる。会議での発言に対するとっさの反応を相手の最終的な意見だと見なしたり、自分もその場で最後の決断をせざるを得ないように感じてしまう衝動を抑えよう。

沈黙は人々の注意を引きつけておくのにも有効だ。特に自分が権威のある立場にいるときはそうである。私たちのワークショップで混乱した雰囲気になってくると、セッションの冒頭に部屋の前に無言で立ち、参加者を注目させることがある。ビジネスでの会議の議長も、最初にメンバーが集まるときや、会話が悪循環に陥り手に負えないようなときに同じ手法を使う。最終的に沈黙によって、本人が今起こったことを処理し、バルコニーに立ち、目の前にある政治的力学を整理する時間が得られる。

沈黙にも意味はある。そこには緊張、安心、平穏、好奇心が含まれている。それを読み解くには、相手のボディーランゲージやアイコンタクトを観察し、部屋の空気を感じることだ。そのデータは、次の行動修正に活かすことができる。

複数のグループで構成される、組織横断的で大規模で複雑なシステムをリードする場合、課題に対応する上での利害は、それぞれのグループで異なる。しかし目に入るのは、自分たちの利害や大切なことだけである。したがって沈黙は、その糸口をつかみ、次のステップに進むためのかなり重要な要件になる。必要な時間は状況次第である。糸口を探るのは簡単ではない。時間をかけて話を聞き、結果を想定しながら実験的な行動に取り組むことが、リーダーシップにとって極めて大切な姿勢なのだ。

▼権威を持つ立場にいるとき

自分が権威のある立場にいるときは、心の底から耳を傾けることが特に難しい。組織や政治のシステムでより高い立場に上るまでの間、おそらく聞くことよりも話すことを多く訓練されてきたはずだ。ワーキンググループの議長となり会議を始めるとき、「ここに適応課題がある。では、みんなの意見を聞かせてほしい」と言ったとしよう。きっとメンバーは、あなたの発言を待つだろう。沈黙せずとも表面的に発言し、あなたの考えを聞こうとする。私たちが経営陣と仕事をするとき、会議に同席してCEOが議題を設定し、「参加を促す様子」を観察することがよくある。他の出席者が慎重に意見を述べることはよくあるが、本心はその問題についてのCEOの見解を探ろうとしているのだ。

もし権威のある立場で出席した会議で長い沈黙が続けば、あなたはその空白を埋めなければならないとプレッシャーを感じるかもしれない。黙って座っているのは辛い。出席者も、そのままじっとしていることを期待しているわけではない。彼らにとってあなたは最終的な指示を考え出さなければならない存在なのだ。あなたが考え出せるかどうか、あなたの最終的な指示によってグループが目の前の課題に対処できるかは関係ない。

バルコニーにて

- 自分の発言によって相手が苦しんでいる様子が感じられたら、どのように対処するだろう？どのように感じるだろう？　すぐに防衛的あるいは否定的な態度をとるだろうか？「うーん、もし彼が自ら進んで取り組めないのなら、彼なしでやるほうがよい」などとつぶやきながら、相手を判断するだろうか？　防衛的態度や相手を見限る行動をとろうとはせず、相手の考えや思いに興味を持つにはどうすればよいだろう？
- 会話や会議で不意に沈黙が生じたら、どうするだろう？　議長のときと、単なる出席者のときでは、対応は違うだろうか？　いつもの行動の結果は、どのようなものだろう？

現場での実践演習

- 膝がぶつかりそうな距離で、相手と向き合って座る。五分間、何も言わずに見つめ合ってみよう。長い時間に感じられるかもしれないが、沈黙に耐える訓練になる。その五分間、自分の中で何が起こるのかを確認してみよう。何が気になるだろう？　何を感じるだろう？　何を考えるだろう？　終了後、それらについて互いに話してみよう。

心から話す

古代ギリシャの哲学者アリストテレスは、神を「不動の動者」と形容し、世界を動かして人間の苦悩に動じない存在だと述べた。一方、現在の哲学者でありユダヤ人宗教指導者のアブラハム・ヨシュア・ヘッシェルは、神は「最も動く動者」であり、世界を動かし、私たちとともに苦悩する存在だとしている。どちらのイメージに共感するだろう？

人を鼓舞するには、心の底から耳を傾ける（ほかの人が感じていることを理解する）とともに、心から話す（自分が感じていることを表現する）ことが大切である。相手が直面している課題が本気で心配なら、それを伝える方法を探そう。あなた自身が動かされるだけでなく、相手も動かさなければならない。

なぜ心から話す必要があるのだろう？　それは、苦悩しながら難題に取り組み続ける価値が伝わるからだ。また、難題につきものの希望と絶望の繰り返しを精神的に支えることができる。心から話す能力は、どのような言葉で話すかだけでなく、声の「トーン」や態度にもあらわれる。例えば議長が、落ち着いた態度と、力強く穏やかなトーンの声で、分裂や決裂を回避した会議に出席したことはないだろうか？

心から話すには、自分の価値観、信条、感情とつながり続けていなくてはならない。だが仕事では、理性的でなければならないという思い、つまり自分の頭と心が衝突することが多々ある。一方、適応を要する変革において人をリードするときに障害になるのは、相手の（頭ではなく）心である。あなたが相手を前向きに受け入れなければ、相手の心にも入っていけない。

そのため、いつも以上に自分をオープンにしなければならない。だが特に女性の場合、「感情的すぎる」として片づけられてしまう可能性があるので、難しい立場に置かれることが多い。

では、どのように自分をオープンにすればよいのだろう？　あなたが変革のイニシアチブを提案し、おそらく抵抗に遭うと分かっているような会議に出ようとしているとしよう。精神的、肉体的準備をするために、発表内容のリハーサルを行い、なぜ自分が提案しようとしているのかを思い出し、数分間沈黙して雑念を追い払う。集中して、あらかじめ自分が決めた場所に立つ。会議が始まると、自分の目的とその目的達成に向けた強い思いを、いつも以上に表現する。自分にとって感情的に居心地のよい場所の限界に立つことによって、自制できなくなると感じるかもしれない。だが自分をそこまで追い込めば、人々の心を魅了できる。ほかにも役に立つアドバイスを紹介しよう。

▼感情をうまく使って自分と相手をしっかりつなぎとめる

心から話そうとすることで、相手の心を動かそうとしながら自分の心が揺さぶられてしまうことがある。心から話すには、感情を通じて自分と聴衆をしっかりと結びつけなければならない。例えばあなたが娘の結婚式で乾杯の発声をしているとして、途中で涙があふれ声が詰まったとしても、その瞬間を単なる感情の発露からインスピレーションに変えるには、心を動かされながらも乾杯の挨拶を続けなければならない。

プレゼンテーションの途中、突然強い感情に襲われるとき、そうした気持ちを押しとどめたり、隠したり、抑え込むことによって、その場を台無しにしてしまう人は多い。途中で切り上げて退散したり、部屋から出て行ったりする人もいる。感情的でありながら、プレゼンテーションを最後までやり遂げるのは難しい。だがそれができれば聴衆は、状況が落ち着いていることを知り、あなた自身が感情を抑制できるのを見て自分にもできると思えるようになる。先に取り上げたジュリアーニ市長はこの能力を発揮して、同時多発テロの悲劇について自然に、正直に語りかけた。時々、感情で声を詰まらせる様子は、ニューヨーク市民が知る強い市長のイメージではなかった。だが感情を抑えて語り続けたことによって、多数の市民が経験していることに対する市長の声が伝わり、市民は絶望の中に意味を見つけ、希望を持ち続けられた。

▼音楽のように話す

子どもは、親や兄姉の言葉を、声のトーンや抑揚、沈黙から解釈する。人を鼓舞する一つの方法は、音楽のように終止《カデンツ》、音程、音量、トーンなどの様々な特徴に注意を払いながら話すことである。まず終止《カデンツ》について考えてみよう。相手に難しい話をするとき、小休止を入れれば内容を消化する時間ができる。わずかな沈黙によって、相手はメッセージを十分に理解し、重要性を考えられる。また、目的とも結びつけて考えられるようになるので、提案している変革がコストに見合うものだと思ってもらえるかもしれない。

音楽のように話すには、声の音程、音量、トーンも大切である。オーケストラの指揮者は、聴衆とのコミュニケーションのために、明快なトランペットから優美なバイオリンまで、あらゆる楽器を駆使する。あなたの声も同じように考えてみよう。ある変革について説明しているとき、トランペットを使って重苦しさを吹っ切り、問題になっている価値観の重要性を伝えなければならない。つまり、明快な声で部屋の温度を上げる。反対に緊張感が非生産的な状況まで高まっているときは、バイオリンの優美な声で話せば、温度が下がり、相手も落ち着く。

自分が権威のある立場にいるときと、部下や同僚の立場の場合では、声を変えているかもしれない。それは文化の違いによってつくられる。文化の違いに合わせて、権威のある人が、穏やかに話したり、私情をはさまないように話したり、自信に満ちたかたちで話したりする。また、相手に質問するより自分が話すことのほうが多い。聴衆もそれを期待している。というのは、権威のある人は、難局を切り抜け、問題を解決してくれるものだと思っているからだ。しかし適応を要する状況で、組織やコミュニティの垣根を越えた幅広い人々の心や気持ちや習慣に問題解決の道があるとすれば、権威のある立場の人たちはどうすべきなのだろう？

反対に自分が権威のある立場になく、誰も自分の話を聞いてくれない状況に悩んでいるかもしれない。そうなると無意識に大声になり、より切迫感のある、耳障りな話し方になっている可能性もある。どんな状況にあっても、権威の大きさに関係なく、その状況に合った声を使い、その場の聴衆のニーズや課題、情勢の移り変わりに対応しなければならない。

権威のある立場から適応課題に向き合っているときは、声の選択肢が四つある。トーンとメッセージをともに強くする（一般的）、トーンとメッセージをともに控えめにする（あまりない）、トーンだけを控えめにする、メッセージだけを控えめにする。私たちが勧めたいのは、最後の選択肢、すなわちメッセージの内容のみを控えめにすることだ。重要なのは、人々が求めている権威を感じさせるような存在感をもって話すことであり、これによって、人々は求められていることが自分たちにもできるのだと安心する。だが、不均衡を軽減して具体的な答えを出してほしいというプレッシャーに屈して、ただ威圧的に宣言したり断言してはいけない。穏やかに、はっきりと相手に質問し、しっかりと課題を主張し、新たな解決策の発見と実行という適応プロセスには必ず不確実性が伴うことを説明しなければならない。

権威を持たずに変革をリードするときも、同じようにトーンを強く、メッセージを控えめにしよう。権威のない立場であれば答えを期待されないため、質問を投げかけることは簡単に感じるかもしれない。だが過度にきつくなったり、急かしたりしてしまう（あるいは過度に控えめな言動になる）

ことがある。それは権威者が話すときと比べてどうしても注目度が低くなるからだ。そういうときは、相手は聞いてくれる、相手は注目してくれると思うことが大切である。話し手が極端に切迫感をもって、心配そうなトーンで話しはじめると、聞き手は耳を貸さなくなるものだ。相手は自分の話を聞いてくれるだろうと自信を持てば、自然と自信に満ちた声になる。自信に満ちた話は、相手にも聞いてもらえる。

▼一つひとつの言葉を大切にする

心から話すときは、一つひとつの言葉を大切にしよう。一番大切なポイントを分かりやすく伝え、同時にその論拠も明らかにする。どれだけ印象深く信頼できる話であっても、多くのポイントを同時に伝えると、主張を理解できなくなってしまう。

また、言葉が持つ別の意味も理解し、正しく使わなければならない。チームが適応課題に取り組もうとしているとき、価値観に則った、歴史的な重みのある言葉を使えば人々の心に響くだろう。しかし、相手の感受性をうっかり刺激すると、逆効果になりかねず、その結果うまくやり遂げられなくなる。同時多発テロ直後のブッシュ大統領は、十字軍という言葉を使ってテロリストの撲滅を訴えたが、解決できていない歴史問題を蒸し返すだけになった。それこそテロリストの意図、戦略だったのだ。その後、その言葉が使われることは決してなかった[2]。

自分が意図している意味が伝わるように正しく言葉を選ぶには、試行錯誤するしかない。普通は、自分にとっての意味に基づいて直感的に言葉を選ぶ。だが、ある言葉が相手によっては

[2] Ron Suskind, "Faith, Certainty and the Presidency of George W. Bush, "*New York Times Magazine*, October 17, 2004; "Powell Slips, 'Crusade' Re-Enters US Lexicon on War," Agence France Presse, March 23, 2004.

言外の意味を持っているかもしれない。実際に使ったときの相手の反応を見ながら、どの言葉がどんな反応をもたらすかを探ろう。ある言葉に対する反応が極端に否定的だったからといって、「相手に誤解された」「自分の意図が伝わらなかった」と判断するのは短絡的である。言葉を撤回するのではなく、問題をはっきりさせるのだ。実際に、聞き手はあなたの言葉の中の何かを聞き、あなたには何もなくとも、相手には響いているということがある。そのため相手の反応を糸口として、自分が無意識に浮かび上がらせた、解決が待たれている課題を探らなければならない。同時多発テロ事件直後の十字軍という言葉は、キリスト教世界とイスラム教世界の宗教的な正当性と政治的統治をめぐる戦いが決着しておらず、影響が続いていることを明らかにした。適切なリーダーシップと解決が、現在も待たれている。

次のコラム「キング牧師の心」は、言葉の威力を実感する好例である。

キング牧師の心

一九五五年、博士号を取得したばかりの二六歳のマーティン・ルーサー・キング・ジュニアは、アラバマ州モンゴメリーにある小さな教会の牧師になった。その地域には古い教会があり、聖職者の中には尊敬される年長者もいる黒人コミュニティの新入りだった。その年の一二月、ローザ・パークスがバスで白人に席を譲るのを拒み、デモのきっかけになった。黒人コミュニティの長老の多くは、その行動を危険すぎると判断し、パークスの抵抗がよい結果にはつながらないと思っていた。だがローザを支援しなければならない。そこで、最初の抗議集会でのメインスピーカーに新参者のマーティン・ルーサー・キング・ジュニアを指名し、自分たちは傍観者の立場を選んだ。キング牧師には犠牲になってもらい、抗議集会が集団行動につながらなくても、危険にさらされるのは彼の信頼であって、自分たちには影響しないと考えた。

一方のキング牧師は、長年演説の勉強をしてきている。さまざまな説教も聞き、聴衆の感情を結集する方法も数多く学んできた。それらのテクニックの練習も続けていた。日曜日ごとに違う説法を聞き、どうすれば説得力のある話ができるかを考えていた。ところが、これまで学習や研究をしてきたにもかかわらず、モンゴメリーに赴任した当初のスピーチは、学者風で聴衆の心を動かせなかった。一二月の夜のスピーチも、バスの乗車をボイコットするよう呼びかけると、聴衆は退散しはじめた。しかし「強い抑圧で踏みにじられることにうんざりする日が来る」というフレーズで、流れが変わった。

聴衆からすぐに不満の声がわき起こった。キング牧師はエネルギーを感じ、心の琴線に触れたと思った。準備していた学者風のスピーチをすぐに中止し、「うんざりする」というフレーズを繰り返した。即興で「うんざりする」という表現を紡ぎ出したのだ。スピーチが終わる頃には、モンゴメリーの黒人の間には強い絆が生まれていた。その絆のおかげで長く厳しい行動に踏み出し、このスピーチが結果的には公民権運動を左右する出来事となったのである。

バルコニーにて

● 自分自身のスピーチやチームのミーティングをリードしている様子を録画してみよう。その内容を一人であるいは仲間と一緒に観て、声のトーン、音量、感情やエネルギーについてチェックしてみる。自分が最も前向きな瞬間、聴衆が前向きな瞬間、反対に本人や聴衆が前向きでない瞬間をとらえてみる。そして、心から話をする能力を高める方法についてブレーンストーミングしてみよう。

現場での実践演習

● 演劇クラスや即興のワークショップに参加してみよう。特定の感情を経験し表現する練習になり、聴衆の反応の変化を感じて対応する訓練にもなる。自分自身が動かされながら、聴衆も動かしてみよう。

chapter 22

実験を行う

リーダーシップは、即興の技能である。レシピもない。文献によっては、いくつかのすべきこと、すべきでないことを示し、処方箋を提供しようとするものもあるが、現在のように変化のスピードが速く、複雑な世界では、いかなる「問題解決策」も一時的な休憩所にすぎない。公園のベンチのようなもので、小休止して一息つくと、ゲームに戻らなければならない。

適応を要する変革をリードするときに行うことは、すべて実験である。ところが多くの人は、そうとらえようとせず、自分の行動によって確かな結果を残さなければという大きなプレッシャーを感じ屈してしまう。すべてを実験だと考えれば、余裕を持って新たな戦略に挑戦し、質問し、何が絶対必要なのか、何は失ってもよいのか、どんなイノベーションが有効なのかを見出すことができる。しかも実験であれば、失敗しても許され、攻撃を回避できる。

リーダーシップを一つの実験だと考えることによって、自分を解放し、どんな変革プロジェクトも根拠のある推測と見なせるようになる。つまり実験しようと決めたとしても、地面に不動の杭を打つようなことは求められない。自分の行う介入は、目的を達するという強い思いの表れではあるが、どのように物事を進めるかの最終判断というわけではない。実験的なマインドセットで複数の計画を同時進行させることで、どれが最善かが見つかることもある。また実験することにより、仮説の検証、反証データの収集、新たな知見を得て、軌道修正することもあり得る。実際、これは大統領一期目のフランクリン・ルーズベルトの危機管理戦略の中心となっていた。パニック（活動家が声高に不安をあおったため生じた）を抑え、数々の経済対策を試すという複数の実験を同時に行い、いくつかは成果につながった。その経験は、ルーズベルトの次の計画だけでなく、約七〇年後のオバマ政権の実験的経済政策にも活かされている。

会議に出席する機会があれば、実験的なマインドセットを実践してみよう。アイデアを出し、計画を提案する。何か行動をするたびに先を急いではいけない。攻撃から守るために即刻説明する必要もない。アイデア提案後は一歩下がり、メンバーが何をするのか、しないのかを観察する。もしあなたが「誤解されている」と思ったとしても、あるいはあなたの考えが、批判されたり無視されたとしても、自分の意見を何度も繰り返すようなことはしない。なぜ進展がないのかを考えてみよう。説明の仕方が悪いのだろうか？　グループ内の自分の役割のせいだろうか？　何度も同じアイデアを繰り返しているからだろうか？　会議の場で支持されている、あるいは無視されているのは、あなた本人ではないことも忘れてはいけない。評価されたり、批判されたりしているのは、あなたが試験的に提案したアイデアなのである。

実験的なマインドセットを取り入れるもう一つの方法は、長期的実験を策定することだ。具体的には、明確な目標、具体的なスケジュール、評価指標、データ収集システム、体系だった中間評価の設定である。保険数理士が経営する、あるファイナンスのコンサルティング会社では、リーダーシップを組織に根づかせるために長期的で手の込んだ企画を試していた。

だが、実験的なマインドセットを仕事に取り入れたからといって、自分が実験中だと宣言する必要はない。特にシニアなポジションにいる場合は、答えや明確な意見をスタッフから求められる。幹部たちがプロジェクトの成功を確信していなければ、スタッフは気が気でない。特に相手に犠牲を強いる場合は、不安を募らせてしまう。そのため、適応を要する変革の対象となる人たちと、どれくらい実験的なマインドセットを共有するのがよいのか、調整が必要だ。

また、不確実な状況における不安感の共有は、ゆっくり進めなければならない場合がある。二〇〇八年、アメリカの財務長官ヘンリー・ポールソンは、明らかに金融機関の救済計画を実験的に進め、金融セクターの再生を図るとともに深刻な景気後退を阻止しようとしていた。そのために実験データを収集しながら、計画の微調整と変更を進めた。だが、すべての対応が実験だとは明言できなかった。政治家や国民全体から強大なプレッシャーを受けており、それぞれの対応や方針変換は間違っていないと、あえて自信を見せたのだ。

もし、相手が実験的な取り組みを支援してくれると思えば、実験と呼べばよい。自分のアイデアが成功すると信じてもらうためには、とにかく相手に仲間として参加してもらわなければならないと思えば、解決策と呼び、自信を示さなければならない。ただし説明の準備は必要である。状況に応じて相手の期待を調整し、ある程度確実でないと受け入れられないとする相手の考えを正さなければならない。次に紹介する「地雷原でのナビゲーション」は、「解決策」の成功例である。

地雷原でのナビゲーション

朝鮮戦争の真っ只中、あるイギリス軍部隊が、北から攻撃してくる中国、北朝鮮の兵士と南にある地雷原に追い込まれた。部隊長は死んでいる。すると、ある小隊の兵士が「ここからの脱出方法を知っている」と言って、地雷原を歩き出した。彼がゆっくりと進むと、ほかの兵士たちも後に続き、全員生き延びることができた。後日、兵士たちがなぜ道を知っていたのかと聞くと、彼はまったく何も知らなかったと白状した。みんなが幸運だったと言うのだ。もし知っているふりをしなければ、兵士たちはついてこなかっただろう、と。

ここで、自分の介入を実験、または解決策として組み立てるためのガイドを示しておきたい。

● **組織やコミュニティが緊急事態で、状況が圧倒的に悪い…**この場合は、実験よりも解決策と呼ぶほうがよい。ただし、それによって強めてしまった非現実的な期待は、速やかに調整が必要である。深刻な状況を経て結果が（予期せぬ結果になる場合も含めて）明らかになったタイミングで、軌道修正が必要だと知らせる。また、緊急事態直後の深刻な状況は、適応を要する変革の症状にすぎないと理解してもらう。根源的問題が現れれば、さらなる（しかも、おそらく一層難しい）変革が必要になることも説明しなければならない。

- **グループや組織が緊急事態ではなく、極端に不安定でもない**…この場合は最初から実験（パイロットプロジェクトなど）と呼ぶのがよい。環境が極端に悪いわけではなく、メンバーも大きな悩みを抱えていなければ、新たな実験にも前向きに取り組むだろう。

リスクに挑む

実験的なマインドセットをもつと、これまでよりも大きなリスクに挑むことになる。重要な目的のために、これまでは五分五分のリスクを受け入れていたとしよう。つまり成功する確率と失敗する確率は同じである。これを失敗の見込みが成功のそれをやや上回るような45％対55％に変えるとすると、それは以前であれば尻込みしたであろう場面でリーダーシップを実践することになるのだ。

大切な問題のために勇気を出して、リスクのある行動をとってみよう。明らかに自分の行動を制限していた恐怖に向き合い、最悪のシナリオについての懸念と許容範囲を探ってみる。これまで避けてきた領域のどこから始めてもよい。五分五分のリスクから10％成功、90％失敗の状況に挑戦しようと言っているわけではない。いままで居心地のよかったところから、ほんの少しリスクの高いところに踏み出せばいい。

バルコニーにて

- 最近、リーダーシップの実践を断念したことをリストアップしよう。当時、どういう理由で断念しようと自分に言い聞かせたのかを書き出してみる。さらに、断念した原因となった将来に対する不安についても書いてみよう。何が怖く、ためらったのだろう？　断念したことの中から一つを選び、次にチャンスが訪れたときにリーダーシップを発揮したら何が起こるかを考えてみよう。

現場での実践演習

- いつものスタッフミーティングの進め方、参加の仕方を変えてみよう。例えば、最初に重要事項と疑問点を書き出して沈黙する。数名の同僚に新しいことを試していると知らせ、状況を観察してもらい、ミーティング後に感想を聞く。
- 一日のスタートを変えてみよう。ジムに行く、ヒントになりそうなものを読む、いたずら書きをする、いつもは週末に食べるパンケーキを焼いてみる、シャワーですませず入浴する、一時間早く起きる、三〇分遅く起きるなど、何でもよい。ちょっとした冒険をすることで何が起きるだろうか。

- いつもとは違う居心地のよくない状況で週末を過ごしてみよう。例えば、アウトワード・バウンドのプログラムに参加して体力の限界に挑む、静かな別荘で静寂に耐えてみる、演劇のレッスンを受けて感情表現に挑戦するなど。経験がなければローラーコースターで走ってみよう。きっとできないだろうと思うことは、いつも動かないでいるためのウソを作っていることと同じだ。だから「真実」として恐ろしいものと思っていることを、検証できる仮定にどんどん変えていこう。
- 第14章で作成した図18（294頁）を見返してみよう。この表を使えば、さらにリスクを負って実験する機会が得られる。実際にやってみよう。もし③の行動をとらなければ起きてしまうと想像したひどい事態が本当に起きるかどうか、小さな実験を考えて検証してみる。マーティが最初にこの表を使ったときは、③の行動が「遠方への仕事の招待をすべて受け入れる」だった。そうなると一回限りの仕事のための移動時間を減らし、自宅で家族と過ごす時間やクライアントとの交流の時間を増やすという希望がかなわない。⑤の懸念は「もし招待を断れば、その仕事がなくなり、コンサルティング業務が減って家族の生活費を思うように稼げない」だった。そこでマーティは妻とともに実験を計画し、一年間、毎月一定額をすぐに引き出せない口座に入金することにした。支出を切り詰めると、自分たちの生活に影響するかどうかを確認するためだ。一年後の検証では驚いたことに、自分たちが支出を減らしていることにすら気づかなかった。その結果、マーティは以前に比べてずっと仕事を選べるようになり、仕事も家族との生活も一段と充実したものになった。

権威を超越する

自分の権威を超越するときは、よく考えなければならない。アダプティブ・リーダーシップの実践が危険な理由の一つは、いつも自分の権威が及ぶ範囲のギリギリのところで行動するからである。少なくとも、上司、同僚、部下、組織外の人物など、権威の授与者にあたる一部の人たちに対しては危険といえる（図24）。他の人たちが決めつけている自分の行動範囲を破ってみよう。誰も議論したがらない難しい問題を提起し、周りの人たちが大切にしている価値観と実際の行動のギャップを指摘しよう。公式、非公式に決められている行動範囲を出なければ、「正しいマネジメント」から「アダプティブ・リーダーシップ」には変わらない。

図24　権威の範囲の超越

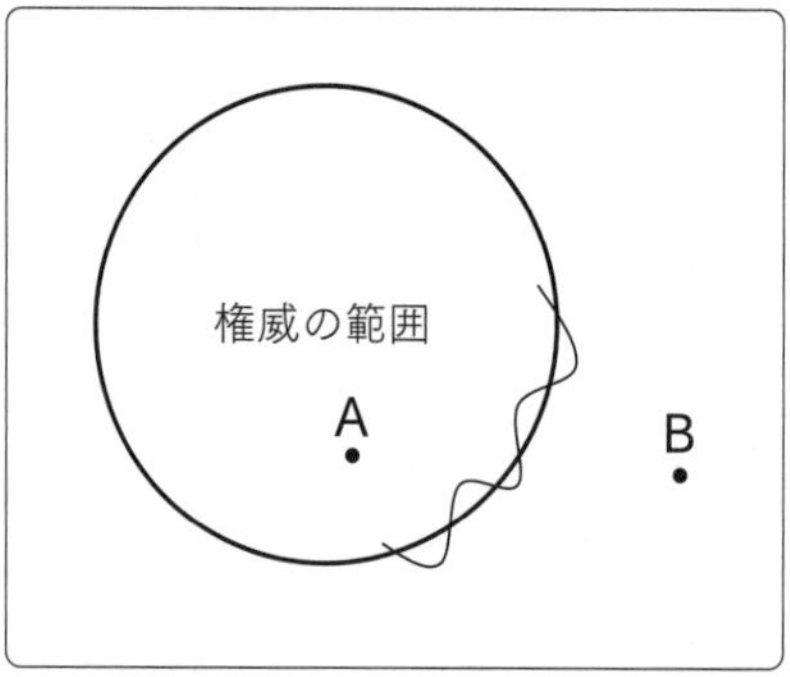

　しかし、これは取り扱いが難しい。意図的に権威を超越すれば、権威の授与者は不穏な動きだと感じるかもしれない。一方で、注意深く目的を持って権威の及ぶ範囲の限界で行動し、反対されるリスクを負わなければ、組織やコミュニティを動かして適応を要する変革を前に進めることはできないだろう。権威の授与者が、あなたを自分たちが望む型にはめている限り、抜本的な変革は起こらない。相手は現状維持を企てている。自分たちの犠牲を最小

限にできる解決策を望んでいる。

権威の範囲を超えるのが難しい、もう一つの理由がある。範囲の境界線が明確でないのだ。おそらく採用や昇進の段階で、はっきりした言葉で示されてはいないはずである。初めて境界を意識したのは、自分の仕事だと思っていたことをやりはじめて「それはあなたの仕事ではない」と言われたときではないだろうか。

現状維持を大切にしている人たちは、権威の範囲内で行動していても（図のA点）「あなたは物事を強引に進めすぎる」と言うかもしれない。あなたの失敗を望む人たち（なおかつ難しい課題を代わりに担ってもらいたいと思っている人たち）は、あなたが権威の範囲を逸脱して排除されそうな状況であっても（図のB点）あえて行動を止めようとしないかもしれない。危険を承知でB点まで行ってはいけない。簡単に孤立させられ、無力化されてしまう。ただ少しは境界線を超え、規範に挑まなければならない。例えば、会議で難しい問題を提起したり、ほかの人のプロジェクトに疑問をぶつけてみたりすればよい。実験をする許可を求めるのではなく、実際に行動してから許してもらうよう求めるべきである。

権威の境界線は明確でも固定されてもいないということが、課題をさらに難しくしている。だから境界線を確認するには、試してみて相手の抵抗の激しさを調べるしかない。まったく抵抗がなければ、現状は守られており、したがってアダプティブ・リーダーシップは実践できていない。やや抵抗があれば、権威の範囲の境界線だと思えばよい。そして抵抗が激しければ、相手が想定している権威の範囲を逸脱してしまっている証拠である。

バルコニーにて

- あなたの公式な役割では、何を行うことが期待されているだろう？　非公式には、どのような権威が与えられているだろう？　つまり組織の人たちは、公式の権威を越えた、どのようなことを期待しているのだろうか？
- あなたの組織で、自分のアイデアやイニシアチブを進めるのに抵抗を受けたのは、どんなときだっただろう？　そのアイデアを前進させることは、あなたの権威の範囲をどのように越えていたのだろう？

現場での実践演習

- 明日オフィスで、アイデアに対する抵抗のサインを探してみよう。どのような形で、誰に向けられているだろうか。さらに自分自身も、新しいアイデアや行動を抵抗を受けるまで続けてみよう。抵抗は、冗談、話題の転換、いつもと違う感情的な反応など、見つかりにくいように隠れていることが多い。それらの合図を深く掘り下げ、何が相手を本当に困らせているのかを見つけてみよう。どの境界線に近づいたのか、どの境界線を超えたのかを確認しておく。相手は抵抗によって、どのような価値観や利害を守ろうとしているのかを考えてみよう。

熱を高める

誰だってトラブルメーカーになりたくない。だがアダプティブ・リーダーシップを実践すると、その役割を引き受ける機会が増えていく。トラブルになりそうなので避けたいと思っている問題やその責任への注目を集め、組織の熱を高めようとするときは、特にその傾向が強くなる。次のコラム「行動と役割を変えたＣＥＯ」はその一例である。

行動と役割を変えたＣＥＯ

グローバル企業のＣＥＯのフランクは、世界市場の変化に適応するためには、伝統的なオペレーション手法を変えなければならないと思っていた。それまでの企業文化は、強い自主性、起業家精神、一対一の意思決定を特徴としてきたが、フランクは、仕事をより協業的に進めることを考えていた。例えば、ユニットリーダーたちがクライアント向けに共同提案を作るとき、「もっと協力しよう！」と熱心に呼びかけたものの成果がなかったため、自分がモデルになって（自分自身の行動を通じて）マネジャーに何を求めているのか、手本を見せ始めた。幹部会議では難しい質問をするようになり、議論している問題に直接関係のない出席者にも意見を求めた。出席者たちが他部署のマネジャーとも接点を持ち、組織全体を見渡す視点を持ってほしかったのだ。

いつもと違う行動をフランクが繰り返すたびに、部屋の温度も目に見えて変化した。フランクは当初、行動や役割を変えようとしている自分自身が不安だった。以前から彼は組織の温度を下げる特別なスキルを持っているかのように感じていた（他人からもそう思われていた）。彼が熱を高める実験を行うと、メンバー同士だけでなく、サイロとなっていたそれぞれの担当部署でも徐々に変化が見られるようになった。

たとえトラブルメーカーのレッテルを貼られても、適応を要する変革をリードするには、熱を高めることが重要なときもある。グループや組織の熱を調整しながら、どれくらいメンバーを後押しして、組織の発展に必要だと思う変革を進められるかを調べていく必要がある。

バルコニーにて

- どんな変革を行えば、あなたの組織が適応課題に取り組めるようになるだろうか？　人々が必要な変化に集中しつつ、ひるんだりやめてしまわないように熱を高めるには、どのような行動を実験すればよいか？

現場での実践演習

- 自分自身を問題とせずに、問題についての熱を高めてみよう。回避行為は、問題の対象をメッセンジャーに変え、難しい課題から注意をそらせてしまう。熱を高める介入を、全員の問題として組み立ててみよう。そして責任を明確にするために、介入の前にこう宣言しておこう。「これは全員の問題であり……」、「この会議の目的は……であり……」、「このチームでは……という価値観を実現することを目指している。そのため……への取り組みは」などだ。グループがあなた自身ではなく、あなたのメッセージに注目するには、どのようなテクニックが役立つのかを観察してみよう。

自分の責任を認める

適応を促す作業において、あなたは自分が応分の責任を取るという態度を見せ、相手に求めるのと同じように自分も辛い犠牲を払うつもりだと示す必要がある。

例えば、従業員に保証していた福利厚生の一部を諦めてもらうようCEOが頼んだとする。そのとき本人も大幅な報酬カットを受け入れるような人物であれば、その提案は受け入れてもらいやすい。二〇〇四年に経営破綻に直面したUSエアウェイズも、新たにCEOに就任したブルース・

レイクフィールドがスタッフ全員の大幅な賃金カットを交渉しようとしていた。だが広報担当者によると、本人の億単位の報酬は同業のCEOたちと同程度だったため、削減する必要はないと彼は考えていた。この説明の後、賃金カットへの反対はやはり強くなった。[1] 一方で二〇〇八年から始まったアメリカの自動車業界の構造改革や再生計画は、経営陣や政治家や組合関係者が自分たちの間違いの責任を取ることによって、信頼を回復する重要な機会になっている。

「混乱の一因となっている自分の責任部分」を認め、相応の犠牲を払えば、みんなと同じ船に乗っているという強力なメッセージになる。自分が信じるもののために、相手にばかり難しい行動を求めるのではなく、自分自身もそれを実行していることを示す。そうすれば、提案している介入への支援が得られるチャンスも大幅に高まる。

バルコニーにて

- 組織やコミュニティが取り組んでいる適応課題について考えてみよう。その問題のどの部分に、あなたの責任があるだろう？　課題の取り組みの妨げになるようなことで、行っていること、行っていないことは何だろうか？　その課題における自分の役割を受け入れ、困難な変化を自分にも積極的に課していることを周りに示すためには、何ができるだろう？

[1] Micheline Maynard, "US Airways to Cut 10% of Management Jobs," *New York Times*, October 5, 2004.

現場での実践演習

- 組織のメンバーに、自分が必要だと信じる変革について話すときは、その痛みを認めた上で、変化がもたらすメリットについての議論もバランスよく行うようにしよう。自分が個人的に覚悟している犠牲についても詳しく説明する。そして実際に犠牲を受け入れる（言葉だけではいけない）。そのとき、提案する変革に対するメンバーからの抵抗が強まるか弱まるかに気を付けておこう。

自分の能力が及ばないことを見せる

あなたが今の地位まで昇れたのは、人々の問題を解決し、答えを提供してきたからだろう。色んな角度から、公式、非公式にあなたに権威を与えてくれる人たちは、あなたから自分が知らないことや能力が及ばないことを見せられたくないだろう。しかし無知や無能をさらさなければ、何も学習できない。また組織では、能力の未開拓領域に入らなければ、自分たちが直面している適応課題の解決に何が必要なのかも分からない。

まず学習の文化を高めるために一歩踏み出そう。それには自分の能力が及ばないことを見せてみればよい。自分が知らないことを認め、誰もがあなたにとって初めてだと分かる役割に、皆が分かるように挑戦してみる。すると難題への取り組みに必要なスキルを習得するために、何でも喜んでするというあなたの姿勢を知ってもらえる。しかも、相手もあなたと同じようにオープンになり、未開拓領域を進むよう後押しできる。

バルコニーにて

- 自分がリードしようとする変革のイニシアチブについて考えてみよう。それを進めるにあたって、自分の能力として持っているものと持っていないものをリストアップしてみる。そこで持っていない能力のうち、特に不安を感じるものを選んでみる。作業を進める上で、この能力を持っていないことをどのように見せればよいのか、その方法についてブレーンストーミングしてみよう。

現場での実践演習

- 次にチームメンバーと会議をするときは、試しにあなたが苦手なことに挑戦してみよう。やろうとしていることが苦手なことだと率直に伝えればよい。「初めてだけど、やってみれば楽しいと思う」などと言っておく。そうすればあなたもチームメンバーも、あなたは新しいことに挑戦する人物だと思えるようになる。うまくいかなければ、そのことを認めて、別の苦手なことをやってみよう。

chapter 23

成長し成功する

消耗しきるまで働いてはいけない。自分自身を大切にしよう。極度の疲労（燃え尽き症候群）の原因は、情熱を注いでいる目標をうまく展開できていないことにある。例えば不適切な判断、家族との絆の欠落、健康管理などである。自分を大切にするということは、甘やかすことではない。目的を達成する可能性を最大限に高め、苦労の末の成果に満足できるようにするということだ。この章では、適応を要する変革をリードしながら、成長し成功するための実践的な方法を説明しよう。

個人的な支援ネットワークの構築

一人で行動する必要はなく、またすべきでもない。他者からの精神的な支えや助言がなければ、弱みを露呈しやすく、反対派の危険にさらされる。アダプティブ・リーダーシップという長い道のりにおいて、レジリエンスの源泉となるのは、本人の内面にある「緩衝装置」に加えて、長く続く人間関係である。

変革に取り組んでいるシステムの外で、個人的な支援ネットワークを築こう。具体的には、次の三つの方法がある。

- 相談できる相手を見つける。適応を要する変革をリードしようとしている組織とは別の場所にいて、あなたが対処しようとしている問題ではなく、あなたのことを考えてくれる人がよい。
- 仕事以外で渇望*を満たす。そうすれば反対の立場の人たちは、それを利用してあなたを攻撃することができなくなる。
- 複数のコミュニティで居場所を作る。

▼相談できる相手を見つける

アダプティブ・リーダーシップは長いプロセスである。なぜ自分がこの作業にエネルギーを費やしているのかを気づかせてくれる、そして精神的負担を一緒に担ってくれる相談相手が必要だ。そうすれば、ギリシャ神話のシーシュポスのように、自分で大きな岩を休むことなく運び上げ続ける感覚にはならない。

親しい友人、家族、コンサルタント、コーチ、セラピストなどが相談相手になり得る。自分の役割と自分自身を区別することを手助けし、習慣的対応に陥って目的の達成に向かって進ま

［＊訳注］Hunger：人間が常に満たそうとするニーズ。「権力と支配」、「肯定と重要視」、「親密さと喜び」の3種類がある。

ない状況も指摘してくれる。扱いが難しい渇望を克服できるようにもなる。例えば、協力的な配偶者やパートナーによって「親密さと喜び」が与えられ、友人は自分の存在意義や重要性を感じさせてくれて、優秀なコーチからは人生をうまくコントロールする方法を学ぶことができる。

相談相手が、あなたにとって誰よりも価値ある存在でいようとするならば、あなたがうまくやったことを認めるとともに、あなたのどんな引き金があなたをトラブルに陥れるのかを指摘しなければならない。新しいコンサルタントやコーチと一緒に仕事をするときは、あなたのどの渇望が、あなたを最も危険にさらすのかを話さなければならない。

もちろん自分の弱さをさらけ出すのは、それほど簡単ではない。信頼している相談相手であっても同じである。「聞いてください。私は本当に賢い人間でいたいと思っています。でも、それが問題なのです。私に聞けばよいと思われてしまいます。でも私だってミスをします。きっとこうだと思い込むこともあります」などとは言いにくいだろう。

自分の弱さを相手に見せれば、何よりも心強いサポートが得られる。簡単ではないかもしれないが、重要なことである。まずちょっとした弱みや不安を一つ、二つ見せて、相手の様子をうかがいながら先に進めばよい。

▼仕事以外で渇望を満たす

私生活で渇望が満たされていれば、仕事では欲が態度に出にくい。例えば、どうしても好かれたいと思っていれば、ほかに理由がない限り、激しく反対する人たちから逃げようとするだろう。誰でも愛され、親しくされ、重要視され、肯定されたいものである。個人差はあるものの、リーダーシップのストレスは、それらの願望を増幅させる。一方、自分の弱さを知り、自己管理をすれば、自分に満足し続けることができ、またトラブルを避けられる。家族、恋人、友人、あるいはコミュニティ（依存症からの回復を目指す「一二のステップ」のプログラムでも、自転車同好会でもよい）があれば、綱渡りをしているような日々でも目的を持って、生産的に過ごせるようになる。状況が厳しくなっていくときには、的確な人物に頼れるように準備しておく必要がある。自分の渇望が満たされ、コントロールされていると、オフィスに向かっても、優しさ、評価、称賛を他に求めず、目の前の仕事に集中できる。

▼複数のコミュニティで居場所を作る

適応を要する変革をリードするには、時間、エネルギー、注意、配慮など、あらゆるものが必要になる。没頭してしまうことによって、自分の中で境界線が引けなくなる。燃え尽きてしまわないように、家族、スポーツ、趣味、市民グループ、宗教グループのように、組織から離れた複数のコミュニティに自分の居場所をしっかり作ろう。こうしたコミュニティに関わることで、組織での適応を促す作業に役立つさまざまな考え方やスキルも身につけられる。例えばコミュニティのボランティア活動を通して、どうすれば活気を与えられ、自分も活気づけられるかを学べば、それを職場でも応用できる。

バルコニーにて

- あなたの人生における相談相手をリストアップしてみよう。その名前の横に、あなたが介入をリードしようとするときに、一番の助けになるのはどのようなことなのかを書き出してみよう。相談相手の考えを活用して、精神的な支えになってもらえるように、定期的に話をしよう。
- 渇望（肯定と重要視、権力と支配、親密さと喜び）について、それぞれの充足度を五段階で評価してみよう（1＝充足していない、5＝とても充足している）。その充足度をもっと高めるために、何ができそうかを考えてみよう。例えば配偶者との関係が、ある程度親密だが、もっと必要だとしよう。親密度を高めるために週に一度外食するだろうか、よりよい年末の休暇を計画するだろうか、それとも一緒にプロジェクトやワークショップに参加するだろうか？　どうすれば、ときめきをよみがえらせられるだろう？
- どのようなコミュニティ活動に参加すれば、リーダーシップの行使による自らの消耗を防げるだろう？　候補をリストアップし、参加するための手順を書いてみよう。

現場での実践演習

- 相談相手は複数人見つけよう。そうすればパートナーや配偶者、親友は、あなたの精神的な支えとなりアドバイスをするという負担をすべて一人で背負わなくてよくなる。だが相談相手の候補は、必要だからといって簡単に現れるものではない。積極的に探さなければならない。よい相談相手になりそうな人を職場以外で二、三人見つけ出し、年に数回電話をかける相談相手になってもらえるように頼んでみよう。そして、自分がどのような課題に取り組み、どのような支援やアドバイスを必要としているのかを説明しよう。
- 前述の「バルコニーにて」で作成した、自分の渇望を満たしてくれる相談相手のリストを見返してみよう。そして最も効果が期待できそうな相談相手を選び出し、実際に相談してみよう。
- これからの二カ月間、先ほどリストアップしたコミュニティ活動に参加してみよう。実際に仕事をする上で落ち込むことが減り、極端に疲れず、ひどく消耗することがないかどうかを検証してみる。また、それらの活動を通して学んだスキルの中から、仕事上のリーダーシップに活かせるものを探してみよう。

プライベートにおける包み込む環境作り

リーダーシップを実践するには、自分の体との密接な連携が欠かせない。自分というシステムがいまどのような精神状態なのかを理解できなければ、自分も組織も動かすことはできない。リーダーシップの実践中は、いつも以上にストレスを抱えている。目的のために消耗し、一番重要なときに自己管理を忘れがちになる。十分な睡眠、運動の習慣、健康的な食事が自分のパフォーマンスに与える影響について、改めて言うまでもないだろう。ただ強調しておきたいのは、アダプティブ・リーダーシップの実践者が受けるストレスは、適応を要する変革に関与するあらゆる人が受けるストレスと同じように強いということである。

リードするためには強大な力が必要である。行動している間は、アドレナリンやコルチコステロイドなどのホルモンが分泌されるのでストレスを感じないかもしれないが、隠れた影響は起こり始めている。実践者にとってセルフケアのための定期的なウォーキング、トレーニング、デートなどは、実はとても重要なのである。それらが目的の達成を大きく左右する。

▼安らぎの場作り

これまでの出来事を振り返り、これからの準備をする時間や空間を常に持っているだろうか？安らぎの場は、本人のためになるものであれば、どんなものでもよい。一週間の優先順位を決めるための日曜日の夜の数時間、頭をすっきりさせて週末に備える金曜日の昼休みの散歩、毎朝三〇分の瞑想、自宅でコミュニティの人たちと食事をする。そのような時間を確保しなければ、適応を要する変革のリードによって消耗するリスクがさらに高まる。

安らぎの場があれば、対立から逃れ、自分自身の心の状態を修正することができる。敏感に反応する引き金《トリガー》をやり過ごし、渇望を静め、これまでの出来事をじっくり振り返ろう。もし組織で扇動的な役割を担うことが多ければ、「強要しすぎていないだろうか？　自分自身や人に対して無理強いしている恐れはあるだろうか？　人に対して求めている犠牲をしっかりと理解しているだろうか？」と自問してみよう。安らぎの場があれば、バルコニーに上がって自分の役割を取り戻すことができ、少し後戻りすることがあっても、長期的に見れば自分の努力が成果につながるという信念が呼び起こされる。

そのような安らぎの場は、仕事上の課題を進めやすくするだけでなく、本来の自分を取り戻す機会にもなる。音楽や美術に造詣の深い人もいれば、文学を愛する人もいるかもしれない。そうしたことからこそ、人生の意味を再発見できるであろう。安らぎの場とは物理的なものであれ、精神的なものであれ、自分の思いを聞き、仕事の疲れを癒やし、心を静められる場所なのである。

バルコニーにて

- 睡眠、食事、運動の習慣をどのように変えれば、心や体は最も早く、最大限回復するだろう？　いつもより三〇分早く寝る、野菜と果物を一品増やす、運動する日を一日多くするといった簡単なことかもしれない。

● 自分の安らぎの場を作っているだろうか？　もし作っているとすれば、どんなものだろう？どのように役立っているだろう？　まだ作っていなければ（あるいは今の安らぎの場が有効でなければ）、その状況を改善するために何ができるだろうか？　自分にできるちょっとしたことを考えてみよう。例えば毎朝出勤前に、一〇分間瞑想するのはどうか？　イライラした会議や難しいプロジェクトの後、一〇分間散歩をして、頭をすっきりさせて穏やかになるのはどうだろうか？

現場での実践演習

● 先ほどの「バルコニーにて」で考えた小さな変化を実践してみる。最適なものはどれか、相談相手と話してみるとよい。実際に取り入れたとき、何が起こるかを確認してみよう。疲れは減っただろうか、増えただろうか？　集中力は？　楽観的になったり、希望を持てるようになったりしただろうか？　結果が出たら、さらに変化を加えて改善していこう。

自分自身のリニューアル

私たちがあなたに望むのは、単なる生き残りではない。もちろんそれは大切だが、私たちはあなたに、成長し成功してもらいたいのだ。それは、生き残りをはるかに超える意味があり、新たな難しい環境で力強く成長し、飛躍するということだ。

そのためにはレジリエンス（険しい道のりであわてないための衝撃吸収力）、強靭な力（健康とスタミナ）、そしてリニューアルが欠かせない。リニューアルとは、自分がチャレンジして受けた傷や厳しい経験から溜まった垢を取り除き、本来の価値観や存在意義を取り戻す前向きなプロセスである。本書が相当な分量を割いてリーダーシップの内面の作業、すなわち自分自身をどのように扱い、相手をどのように動かすかに焦点を合わせているのは、頭だけでなく、心と胆力もリーダーシップにおいて不可欠だからだ。

変化の激しい環境の中で成長し成功するために、自分自身をリニューアルする三つのヒントを紹介しよう。

▼バランスのよいポートフォリオを作る

自分が生きる意味を数カ所に分散して求めることが重要だ。まさに投資アドバイザーがバランスのよいポートフォリオと呼ぶものである。シェイクスピアが描いたリア王は、王としての役割と同じように父親としての存在意義を見つけ、スキルを高める必要性に気づくのが遅すぎた。私生活と仕事の両面において、複数の存在意義を見つけ出そう。年齢を重ねるにつれ心身ともに高機能を維持する上でも意味がある。逆境のときは支えとなり、人生の楽しみを分かち合い、倍増させてくれる友人関係も大切である。仕事、家庭、地域生活、宗教活動など、どれか一つに人生の意味を限定することなく、バランスのとれた人間関係のポートフォリオを作ることが、大きな環境変化の備えとなる。

▼日々の身の回りの中から充足感を見つける

壮大な夢の中で迷子になってはいけない。人の心を動かす壮大なビジョンに取り組むことと、目の前で毎日起こる小さな変化の間にはギャップがある。あなたの手の届くところで人々の生活を改善するために、自分が何をしているのかに目を向けよう。子どもたちがキラキラ目を輝かせるようにスイッチを入れることには、かけがえのない意味がある。

あなたの属するコミュニティや組織や世界にとって最も高貴で崇高な志は、一生かけても成し遂げられない。しかし、正しい方向に向かって、毎日何かを成し遂げることはできる。職場の仲間との小さな交流でもよい。夕食の途中で勧誘の電話がかかってきても、相手は家族を養うために仕事をしているのだと共感するのもよい。自分が大切にしている価値観を子どもたちに見本として示すのもよい（例えば、空港までタクシーで急いでいるとき、あなたに怒られるかもしれないのに、混乱しながら懸命に地図を広げている家族を助けるために車を側道に停めたドライバーを称えるというように）。

こうした見方をすれば、自分の行動にはどのような影響があり、自分がどれだけリニューアルできたか、そこにどんな意味があるのかが分かる。そうやって日常の場面でも成長し成功できる。

▼冷静に現実的に、あわてず楽観的になる

楽観的かつ現実的になろう。どちらかを選ばせようとする人もいる。だが一方の考え方をするのか、両方の考え方をするのかは自由である。両方の考えを持ち続け、あわてず楽観的に、冷静に現実的になる。同時に、楽観的が無邪気になったり、現実的が皮肉な見方にならないようにする。

これまで私たちは、リーダーシップ開発の仕事や本書の執筆において、楽観的かつ現実的な姿を見せようとしてきた。また、グループや個人が、失望や挫折にもかかわらず楽観主義を貫く姿勢には、何度も心を動かされた。彼らは一体どうやって楽観主義を続けているのだろう?

第一に、何事も現状のままではいけないという信念を新たにすることに、時間をかけている。豊かな歴史とプレッシャーにあふれた複雑な環境で生きていても、変化や改善は可能なのだと思い出させてくれる方法を持っている。必ずしも変化や改善ができなくてもよいのだ。それを意識し、それに向かって行動することに意味がある。

第二に、結果の成否にかかわらず、自分の行動を振り返る自制心を持っている。間違いはあるものだと考え、行動しながら学習を続ければよいと思っている。さらに、他者の人生に価値をもたらすことができるチャンスを求めて毎日を生きているということを彼らは忘れない。その理想は、人生最後の日まで愛し、与えようとする姿である。その姿は私たちに、臨終の場でどうやって互いに神の加護を祈りながら別れを告げたいかを教えてくれる。

◆

本書で紹介してきた実践ツールやテクニックは、すべて私たちが本当に役に立つと思ったものだ。複雑なものもあれば簡単なものもある。目的と可能性を持って生きるための努力、鍛錬、思いの大切さは伝わっただろうか。本書のきっかけになったのは、変革に取り組む世界中の人々との出会いである。理念、ビジネス、イノベーション、正義、組織、国家やコミュニティのために、日々リーダーシップのリスクを負い、実践する人たちとの交流は名誉であり、その機会に感謝している。

リーダーシップは尊敬に値する。その行動はどれも大切なものである。リーダーシップを今より少しでも実践することができたら、世界はきっと一層素晴らしい場所になるだろう。

謝辞

過去四半世紀以上にわたって、課題、ストーリー、学びを共有してくれたクライアント、プログラムの参加者、学生、友人たちなしで本書を書くことはできなかっただろう。本書は私たちの本というよりも、こうした協力者全員による共著書である。

本書には多くの先人が登場する。ライリー・シンダーが、ロナルド・ハイフェッツとともにアダプティブ・リーダーシップの知的基盤を確立したのは、三〇年以上前である。その研究は、同僚であり実務家、またロナルドの前妻のスーザン・アバディンが二〇年以上かけて引き継ぎ、さまざまな形で表現を豊かなものにしてくれた。ジェフ・ローレンス、カレン・リーマン、エリック・マーティン、ジョアン・マーティン、ヒュー・オードリー、リー・タイテル、クリスティン・ドノップをはじめ、ケンブリッジ・リーダーシップ・アソシエイツ（CLA）の同僚による、知恵とアドバイス、本書のアイデアやツールに対する重要なインプットの提供、本書の内容の実証研究への積極的な関与、CLAの本来の業務以上に出版作業に時間を費やしてもらったことに感謝したい。また、CLA設立メンバーでありマネジングディレクターのリズ・ニールは、当初から本書の計画を支持してくれた。リズがいなければ、おそらくCLAは存在していない。

ロナルドとマーティは、ハーバード・ケネディスクールの友人たちにも深く感謝している。何代もの学部長、マネジメント、リーダーシップ、政治学の研究者たち、ピート・ジマーマン、クリス・レッツをはじめとする幹部教育のチーム、ほかにも多数の関係者に支援してもらった。友人、元同僚であり、『リーダーシップは教えられる』の著者でもあるシャロン・ダロッツ・パークスは、最初から出版を応援し、原稿全体に対して洞察に富んだフィードバックを与えてくれた。

アレクサンダーも、友人、家族、世界各国の仲間たちと貴重な経験をし、いつもにぎやかな食事を楽しんでいることに感謝している。なかでもギル・スキルマン、ペギー・デュラニー、ブルーユニットのスタッフ、イムラン・ジャマール、レイチェル・グラショウからはアイデアをもらい、経験の幅を広げ、夢を支えてもらった。

私たちの家族や大切な人たちは、一緒にいるときの数え切れないほどの電話、突然の外出にも我慢してくれた。そのおかげで私たちは協力することができ、この本を各自による並行作業でなく本当の意味での共同作業にすることができた。デイヴィッド・アバディン・ハイフェッツによる力強い激励と編集面の助言によって本書のクオリティが改善した。アリアナ・シリン・アバディアン・ハイフェッツは、彼女ならではの明確なフィードバックと継続的な視点によって、本書のアイデアを現場で検証する手助けをしてくれた。キャサリン・アン・ヘリングは、根気強く話し相手を続けてくれた。アレクサンダーの妻ヤスコ・タマキは、この期間中驚くほど寛容で、一人の子育てをしながら、さらに本書の執筆中にもう一人を出産し、強さと優しさをもたらしてくれた。マーティの妻リーン・ステイリーは、三〇年間にわたる夫の頑固さ、不合理さ、自己陶酔に適応しながら、締め切り日に何度も遅れる中、寛大な態度でデザインコンサルタントとしてサポートしてくれた。心からありがとう。

用語解説についてはブリット・アイラーにサポートしてもらい、ローレン・ケラー・ジョンソンが外部編集者として読みやすい文章にしてくれた。ハーバード・ビジネス・プレスのジェフ・ケホーは、いつものように熟練した仕事振りで、巧妙にアメとムチを使い分け、私たちのアイデアを形にしてくれた。

この仕事は、私たち三人の関係やコミットメントを検証する作業でもあり、場合によっては仕事や私生活での関係が破綻することも覚悟の上だった。最後に、団結して一冊の本を書き上げることに挑んだ私たち三人それぞれに、謝意を表したい。

現れることが多く、憂慮すべき問題から注意をそらす、あるいは第三者に責任を転嫁するなどの意図があることが多い。

不均衡　disequilibrium
組織などのシステムが安定を欠く状態。適応課題によってもたらされる緊迫、対立、不協和、緊張感の高まりによって作られる。

不均衡の生産的領域
productive zone of disequilibrium
最適な苦痛の範囲。その中でメンバーは適応を要する作業に参画するよう動機づけられる。不均衡状態が生産的領域を下回ると、危機を感じずに現状の作業の進め方を維持しようとしてしまう。逆に高すぎれば圧倒されて、混乱しはじめたり、責任転嫁や暗殺といった回避行為が深刻な形で現れてしまう。**回避行為**の項目も参照。

不均衡への移行
living into the disequilibrium
メンバーを不確実、無秩序、対立、混乱などの不快な状態に徐々に慣れさせるプロセス。メンバーを圧倒することなく、自分たちにとって居心地のよい場所から踏み出させて、適応課題に取り組めるようにまとめあげ動かしていくこと。

ま

目的　purpose
包括的な意味での目指すべき方向であり、組織や政治の様々な活動に対する貢献を意味づけるもの。

問題の機が熟していること
ripeness of an issue
利害関係者のグループを超えて危機感が共有されるようになり、問題に対処する協力体制が整った状態。

や

役割　role
個人やグループによって提供されるサービスを規定するもの。社会システムにおける期待の総称。

安らぎの場　sanctuary
個人がリフレッシュするための場所や行動。

勇気をもって行う会話
courageous conversation
関係を維持しながら、対立する優先順位や信条の問題を解決する対話。**対立の組織化**の項目も参照。

ら

レジリエンス　resilience
時間をかけて不均衡を受け入れるための個人や包み込む環境の力。**包み込む環境**や**圧力鍋**の項目も参照。

レパートリー　repertoire
能力のレンジを。その範囲の中で個人が快適さとスキルを獲得してきた。**能力の容量**の項目も参照。

適応　adaptation
うまく適応した生命体は、新たな環境や厳しい環境で繁栄する。適応のプロセスは、保守的かつ先進的であり、その伝統、独自性、歴史の中から最善のものを未来に継承できる。**成長し成功する**の項目も参照。

適応課題　adaptive challenge
人々が持つ（成長し成功することをもたらす）価値観と、目の前にある現実（その価値観を実現する力が不足している現況）とのギャップ。**技術的問題**の項目も参照。

適応力の高い文化　adaptive culture
適応力の高い文化では、少なくとも次の5つが実践されている。①「エレファント」を指摘する、②組織の将来に対する責任が共有されている、③自立性のある判断が期待されている、④リーダーシップを育てる力が発達している、⑤内省と継続的学習が日々の業務に組み込まれている。

適応力　adaptive capacity
適応のプレッシャーならびにそれによる不均衡状態において、問題の特定および解決に関わる人たちのレジリエンスとシステムの能力。

適応を促す作業　adaptive work
メンバーが既存の文化的DNAを取捨選択し、自分たちが新たに成長し成功できるような文化的DNAを生み出し、あるいは発見するために、一定期間の不均衡状態にメンバーをとどめること。つまり、あるシステムの中でメンバーが適応を成し遂げられるような学習プロセスを指す。**技術的作業**の項目も参照。

敵対者　opposition
あなたの考えが認められると、危険だと感じ、何かを失うリスクにさらされるグループや派閥。

典型的失敗　classic error
適応課題を技術的問題として扱うこと。

な

熱のコントロール
regulating the heat
不均衡の生産的領域の中でとどまるために、システム内の苦痛を高めたり、和らげたりすること。

能力の容量　bandwidth
能力のレパートリーのこと。その範囲の中で快適さとスキルを獲得してきた。**レパートリー**の項目も参照。

は

パートナー　partners
協力者や相談相手など、共同して取り組む個人やグループ。**協力者**や**相談相手**の項目も参照。

バルコニーに上がる
getting on the balcony
遠くから全体を見ること。ダンスフロアを離れ、目まぐるしい現在の行動を中断して、自分自身や大きなシステムを観察し、考えを見つけ出す精神的な活動。現場では見えないパターンを発見できる。**観察**の項目も参照。

非公式の権威　informal authority
期待に応えてもらうために黙示的に与えられる権力や権限。例えば、礼儀正しさなどの文化的規範の象徴、変革の動きを擁護する道徳的権威に与えられることがある。

避雷針　lightning rod
グループの怒りや不満を受け止める人。そうした怒りや不満は、個人攻撃として

衝動的行動　leap to action
習慣化した反応によって、不均衡状態に対して拙速に応じてしまうこと。

静観する　holding steady
自己防衛が主目的ではなく、行動、再行動の的確なタイミングを待つために、自分の考えを留保すること。動揺せず、問題の対処に反対する人たちのヒートアップや抵抗にも寛大になる。

政治的行動　act politically
人に対して働きかけ、まとめあげて動かしていく戦略に、相手の忠誠心や価値観を取り込む、あるいは考慮しようとする行為。誰も個人として単独で行動しているわけではなく、自分の背後にいる人々の一連の忠誠心、期待、プレッシャーを、公式、非公式に体現していることが前提となっている。

成長し成功する　thrive
最も大切な価値観に従って生きていくこと。そのためには、適応することが求められ、失ってよいものと不可欠なものを区別し、革新を続けることによって、社会システムがその過去の中から最高のものを将来に継承することが必要。

先人　ancestor
個人のアイデンティティの形成に影響を与えている先代の親族やコミュニティの人々。

前進　progress
システムが新たな厳しい環境で成功できるように、新たな能力を構築すること。グループ、コミュニティ、組織、国家、世界の改善につながるような、社会的、政治的な学習プロセス。**成長し成功すること**の項目も参照。

相談相手　confidant
相手の考えや課題よりもむしろ、相手の成功や幸福に注力する人。

た

代理行為　carrying water
他人がなすべき作業を代わりに行うこと。

対立の組織化
orchestrating the conflict
グループ間の価値観や考え方の違いを解消するのではなく、違いのあるグループが生産的にうまく機能するよう工夫し、リードするプロセス。**勇気をもって行う会話**の項目も参照。

ダンスフロア　dance floor
行動が起きている現場。衝突、騒音、緊張、システム全体の活動が生じる。仕事がなされる場。

チューニング　tuning
個人の心理状態。その忠誠心、価値観、考え方によって世界観やアイデンティティが形成され、意識的あるいは無意識に、生産的にあるいは非生産的に外部刺激に反響する。**習慣的対応**の項目も参照。

注目　attention
リーダーシップに不可欠な要件。適応課題を前進させるには、一定期間の不均衡状態の中で、厳しい問いかけによってメンバーの関与をつなぎとめなければならない。

包み込む環境　holding environment
適応を促す作業によって軋轢が生じる中でも、メンバーの結びつきを維持するための絆が存在するような場。例えば、親密なつながりや愛情、合意されたルールや手順や規範、目的や価値観の共有、伝統や言語や慣例、適応を促す作業への慣れ、権力への信頼などがある。包み込む環境は、グループにアイデンティティを与え、難しい問題を抱えた現実に対処するときに生じやすい対立、無秩序、混乱を抑制する。**圧力鍋**、**レジリエンス**の項目も参照。

公式の権威　formal authority
職務明細書や議会における権能などの明示されている職務を遂行し、期待に添うために与えられる明確な権力や権限。

個人的なリーダーシップ作業
personal leadership work
適応を促す作業において、より効果的に人々をまとめあげ動かしていくための、自分自身に関する学習やマネジメント。

言葉に隠れたメッセージ
song beneath the words
言葉に隠された意味、言葉にあらわれない背後の意味。多くは、ボディーランゲージ、声の調子や強さ、言葉の選び方にあらわれる。

心（首から下）　below the neck
感情、霊感、本能、運動など、知的能力以外の人間の能力。

さ

作業の調整　pacing the work
システムがどれくらいの混乱に耐えられるかを把握した上で、複雑な課題を小さな要素に分け、メンバーが受け入れられるペースで順に配分する。

仕事を相手に返す
giving the work back
自分の問題解決の責任を取り去ってほしいというメンバーからのプレッシャーに負けず、権威を持つ者が主要な利害関係者に、適応を促す作業をする責任を担わせる行為。

自分を戦略的に動かす deploying yourself
自分自身の役割、能力、アイデンティティの意図的なマネジメント。

システムの崩壊という錯覚
illusion of the broken system
どんなグループも、現在出している結果の達成に合致するレベルで機能している。現在の状況は、システム内のメンバー、少なくとも支配的な力をもつ利害関係者による、明示的あるいは黙示的な決断の産物である。そういう意味では、壊れているシステムはない。ところが変革プロセスは、組織が壊れているという考えで進められることが多い。この見方が、システムにおける既存のオペレーションという、多くのメンバーのための従来からの機能を軽視することとなる。

実験的マインドセット
experimental mind-set
適応課題へのアプローチを解決策と見なすのではなく、仮説の検証、状況の観察、学習、軌道修正そして必要であれば別のことを試すという継続的プロセスの始まりと考える態度。

実地検証　reality testing
状況に関する事実情報と解釈を比較し、見定めるプロセス。どちらの解釈が適切か、あるいは対立する解釈を新たに統合するかを判断する。

自分の声の発見　finding your voice
問題を効果的にまとめ、うまくストーリーを作って語り、相手に刺激を与えるために、自分自身を楽器のように最大限活用するプロセス。

社会システム　social system
共通の課題を抱える集団（グループ、組織、ネットワーク、国家、世界）。その課題は、相互に関連しているために相互作用的な動きや特徴を持っている。

習慣的対応　default
問題や刺激に対する日常的な反応。**チューニング**の項目も参照。

いう意識的あるいは無意識的な行為。

渇望　hunger
普通に人が満たそうとするニーズ。①権力と支配、②肯定と重要視、③親密さと喜び。

観察　observation
対象から離れ、できるだけ多くの情報源から関係のある事実情報を集めること。**バルコニーに上がる**の項目も参照。

慣例　ritual
コミュニティ意識を共有するための象徴的意味を持つ行為。

技術的作業　technical work
既存の知識、プロセス、文化的規範をうまく機能させ、組み合わせ、応用し、問題を特定し、解決する行動。

技術的問題　technical problem
既存の知識や手順を用いることで、短期的な診断および解決が可能な問題。専門知識や定型的なプロセスのマネジメントで解決できる。

犠牲者　casualty
適応を要する変革の影響で自らの価値観、役割などを失ってしまう人。

協力者　ally
特定の問題について支持し、協力する人。

グループ　faction
次の条件を満たす集団。①伝統、力関係、忠誠心、利害によって形成された見方を共有している、②独自の状況分析基準があり、自分たちに意味があるように危険度や問題の条件、解決策を独自の論理で規定している。

グループマッピング　faction map
適応課題に関係するグループを表す図。各グループがその立場をつくっている忠誠心、価値観、喪失の危機にあるものを含んでいる。

権威　authority
システム内の公式、非公式な力。あるグループが、別のグループからサービスを受けるためにそのグループに委ねる。権威によって与えられる基本的なサービスや社会的機能は、①指揮、②保護、③秩序。**公式な権威**、**非公式な権威**の項目も参照。

権威のあるリーダーシップ
leadership with authority
権威のある立場から、メンバーが適応課題に対処するようまとめあげ動かす行動。その権威のある役割は、リーダーシップを実践するための力にも制約にもなる。

権威のないリーダーシップ
leadership without authority
公式、非公式に期待される権威の範囲を超えて行動し、メンバーを適応課題に対処するようまとめあげ動かすこと。例えば、組織のミドルが上層部に対して予期せぬ疑問を提起したり、組織の期待にチャレンジしたり、組織の境界を超えてメンバーを参画させたりすること。権威がないことも、同じように力にも制約にもなる。

権威の範囲　scope of authority
一定の権力、権限の中で遂行することを委ねられた仕事やサービスの範囲。

権威の範囲の境界線上の行動
dancing on the edge of your scope of authority
公式、非公式に本人が期待されている行動の範囲の境界線あたり、もしくはそれを超えたところでとるアクション。

用語解説

この用語解説は、ライリー・シンダーとディーン・ウィリアムズならびに著者たちが、25年かけて作成、更新してきたものである。確定的な定義というわけではないが、リーダーシップというテーマや実践について、より深く、広く考えるために役立つだろう。

あ

頭と心（首から上と首から下）を働かせる
engaging above and below the neck
リードする人々すべての側面とつながりを持つこと。同時に、本人のすべてをリーダーシップの実践に注ぎ込む。頭（首から上）は論理や事実確認などの知的能力、心（首から下）は価値観や信念、行動習慣や反応パターンなどの感情的な能力。**心（首から下）**の項目も参照。

アダプティブ・リーダーシップ
adaptive leadership
適応を促す作業に向けて、人々をまとめあげ動かしていく活動。

圧力鍋　pressure cooker
適応を促すプロセスにおける不均衡状態に耐え得る強さを持つ、包み込む環境のこと。**包み込む環境**や**レジリエンス**の項目も参照。

暗殺　assassination
社会システムの別のグループや派閥が、どうしても沈黙させたい考えを持つ個人を（人格を消すという意味で）抹殺あるいは無力化すること。

エレファント　elephant in the room
組織やコミュニティにおいて、メンバーの誰もが気づいていながら、公然と議論されない困難な問題。**「エレファント」の指摘**の項目も参照。

「エレファント」の指摘
naming the elephant in the room
「エレファント」を指摘したり、話題にすること。エレファントに取り組むことは、適応課題を前進させるために重要だが、集団の均衡を維持するために目を背けられがちである。**「エレファント」**の項目も参照。

温度の計測　taking the temperature
システム内の不均衡レベルを検証すること。

か

解釈　interpretation
状況を理解するために、行動パターンを特定すること。また、そのままの事実情報を分かりやすい理解とストーリーで説明するプロセス。ほとんどの場合、可能な解釈は複数存在する。

介入　intervention
適応課題を前進させるための一連の行動、特定の行動。意図的に行動しないことも一種の介入となる。

回避行為　work avoidance
適応課題を前進させることを犠牲にして、システム内の均衡を修復するために、人の注意をそらしたり、責任を転嫁すると

つ

て

せ

そ

す

こ

索引

著者・訳者紹介

ロナルド・A・ハイフェッツ
Ronald A. Heifetz

ハーバード・ケネディスクール（行政大学院）上級講師。同パブリックリーダーシップセンター共同創設者

1951年生まれ。コロンビア大学、ハーバード・メディカルスクール卒業後、外科医、精神科医の研修を経て1983年からリーダーシップ研究に専念。独創性に富んだリーダーシップの教育と実践手法は世界中から高く評価され、ハーバード卒業生の「最も影響を受けた授業」に選出。元国連事務総長の潘基文氏、コロンビア大統領のフアン・サンチェス氏、元ギリシャ首相のゲオルギオス・パパンドレウ氏、グローバル企業CEOらが卒業生として名を連ねる。IBM、マイクロソフト、マッキンゼー、世界銀行、CIAなどの企業、政府、NGOのアドバイザーも務める。チェリストでもあり、ロシアのチェロの名手グレゴリー・ピアティゴルスキーの愛弟子のひとり。著書に『リーダーシップとは何か!』（産能大学出版部）、『[新訳]最前線のリーダーシップ』（英治出版）。

マーティ・リンスキー
Marty Linsky

ハーバード・ケネディスクール非常勤講師

1982年からケネディスクールで教鞭をとり、うち3年間はマサチューセッツ州知事第一秘書を担当。ボストングローブ紙の社説担当記者、マサチューセッツ州議員、ハーバード・エグゼクティブプログラムの代表者などを歴任。ウィリアム・カレッジ、ハーバード・ロースクール卒。野球カードコレクターでもある。著書に『[新訳]最前線のリーダーシップ』。

アレクサンダー・グラショウ
Alexander Grashow

ストラテジスト、ファシリテーター、作家。フォーチュン100企業、社会起業家、ビジネススクールなどに対してコンサルティングを行う。USアフリカチルドレンフェローシップ共同創設者。ウェズリアン大学卒。版画家でもある。

3人は、グローバルなリーダーシップ教育を目的とするケンブリッジ・リーダーシップ・アソシエイツのパートナーでもある。ロナルドとマーティが共同設立者、アレクサンダーがシニアアドバイザー（元CEO）。

水上 雅人
Masato Mizukami

1984年関西学院大学経済学部卒業。日本企業において13年間、人事部、海外業務部勤務と米国駐在を経験。2002年に欧州企業日本法人の人事部長に就任以降、欧米グローバル企業日本法人において人事部門責任者を歴任し、ビジネスの成長を推進するための人事組織施策の実行に取り組む。現在、中高大学生に向けた学校におけるリーダーシップ教育、企業向けのリーダーシップ・プログラム、そしてエグゼクティブやビジネス・パーソン対象のコーチングに従事。ホームページ：leadershipforeveryone.net

● 英治出版からのお知らせ

本書に関するご意見・ご感想を E-mail（editor@eijipress.co.jp）で受け付けています。また、英治出版ではメールマガジン、Web メディア、SNS で新刊情報や書籍に関する記事、イベント情報などを配信しております。ぜひ一度、アクセスしてみてください。

メールマガジン：会員登録はホームページにて
Web メディア「英治出版オンライン」：eijionline.com
X / Facebook / Instagram：eijipress

最難関のリーダーシップ　変革をやり遂げる意志とスキル

発行日	2017 年 9 月 10 日　第 1 版　第 1 刷 2024 年 12 月 16 日　第 1 版　第 3 刷
著者	ロナルド・A・ハイフェッツ マーティ・リンスキー アレクサンダー・グラショウ
訳者	水上雅人（みずかみ・まさと）
発行人	高野達成
発行	英治出版株式会社 〒150-0022 東京都渋谷区恵比寿南 1-9-12 ピトレスクビル 4F 電話　03-5773-0193　　FAX　03-5773-0194 www.eijipress.co.jp
プロデューサー	山下智也
スタッフ	原田英治　藤竹賢一郎　鈴木美穂　下田理　田中三枝 平野貴裕　上村悠也　桑江リリー　石﨑優木　渡邉吏佐子 中西さおり　関紀子　齋藤さくら 荒金真美　廣畑達也　太田英里　清水希来々
印刷・製本	中央精版印刷株式会社
装丁	英治出版デザイン室
校正	小林伸子
翻訳協力	武田玲子　株式会社トランネット（http://www.trannet.co.jp）
編集協力	ガイア・オペレーションズ

ISBN978-4-86276-223-8　C0034　Printed in Japan